Helene Christaller

Meine Mutter

Ein erfülltes Leben

Verlag der Francke-Buchhandlung GmbH
Marburg an der Lahn

CIP-Kurztitelaufnahme der Deutschen Bibliothek

Christaller, Helene:
Meine Mutter / Helene Christaller
Marburg an der Lahn: Francke, 1987
(Edition C: E, Die Goldene Reihe; Nr. 23)

ISBN 3 88224 535 2

NE: Edition C/E

3550 Marburg an der Lahn
Umschlaggestaltung: Litera
Gesamtherstellung: St.-Johannis-Druckerei, Lahr

Edition C, Nr. E 23

Das Hoffmännische «Institut für Töchter höherer Stände» war in Darmstadt im Jahr 1837 an der Ecke der Wilhelminen- und Hügelstraße. Es lag im Hintergrund eines Schulhofs, zweistöckig, langgestreckt, gelbgestrichen, und war von der Straße durch eine niedere Mauer mit einem Eisengitter getrennt, das den Vorübergehenden den Blick auf den leeren Hof freiließ.

Ein Schusterjunge, der in jeder Hand ein Paar blanke Reitstiefel schwenkte, streckte seine vorwitzige Nase durch die Stäbe, denn jetzt läutete ein schetteriges, heiseres Glöckchen zur Zehnuhrpause. Und alsbald öffnete sich die braungebeizte Holztüre, und die Allerjüngsten stürmten mit lautem Geschrei in die Freiheit. Unter den faltig gebauschten Röckchen aus geblumtem Zitz und braunem Barège schauten handbreit die weißen Höschen hervor und waren sorgfältig mit gestickten Kanten, breiten Häkelspitzen und feinen handgenähten Säumchen verziert. Aus dieser blendenden Sauberkeit ersah man, daß man es wirklich mit Töchtern höherer Stände zu tun hatte, denn die bunten Kleidchen waren einfach, ohne Schmuck. Die Kinder begannen sofort ein Laufspiel, hier «Nonn' und Räuber», dort «Durchlauf» oder «Fangen», und der Schusterjunge folgte selbstvergessen dem Spiel; rief auch einmal warnend: «Gebt Obacht, der Raiwer kimmt!»

Der Hof hatte sich indessen gefüllt; Fünfzehn- und Sechzehnjährige gingen sittig Arm in Arm, äugten nach der Straße, wo ein paar Polytechniker in bunten

Mützen hereingrüßten, oder nach dem Herrn Kandidaten, der die Aufsicht über die Spielenden hatte und auf der obersten Stufe der Sandsteintreppe stand, von wo er den Hof überblicken konnte. Er machte keine ganz glückliche Figur in dem schwarzen langschößigen Rock, dem hohen Vatermörder und der umfangreichen vielverschlungenen Krawatte. Er war lang und schmal, hatte eine hohe kantige Stirne, blondes Haar, das eine Tolle machte, trug eine Hornbrille vor den blauen Augen und fühlte sich als Hüter von so viel Weiblichkeit nicht recht am Platz, denn er war erst vierundzwanzig Jahre alt und ein vielversprechender Gelehrter. Einstweilen aber verdiente er sich sein Brot als Lehramtskandidat, denn er hatte Theologie studiert. Aber er wollte von diesem Studium keinen Gebrauch auf der Kanzel machen, seine heimliche Liebe war die Geographie. Droben im Schulsaal hing eine sorgfältig von ihm gezeichnete Karte des Großherzogtums Hessen, mit der die höhern Klassen geplagt wurden.

Ein wenig kurzsichtig verträumt starrte er in das Gewimmel. Da spürte er, daß jemand ihn ansah. Drei Mädchen aus der Selekta gingen vorüber; die braunäugige Schöne, mit den Zöpfen in Schlingen über den Ohren, im schottischkarierten bunten Kleid mit schwarzem Samtband besetzt, hatte heimlich seitwärts geblickt, und als die Augen des Kandidaten sie trafen, war sie errötet und hatte sich schnell den schwatzenden Freundinnen zugewandt.

«Auguste Küchler», murmelte Doktor Walther und blickte ihr verloren nach. Da sah er den Schusterbuben am Gitter, der die Stiefel auf die Mauer gestellt hatte und hinaufgeklettert war. Gerade gingen die drei Mädchen an ihm vorüber; da tat er einen frechen Griff, packte Auguste am Zopfkringel und riß ihn herunter.

Ein Schreckensschrei des empörten Mädchens, zornige Scheltworte der Freundinnen und oben auf der Mauer ein Spitzbubengesicht. Aber da stürzte der Kandidat als Rächer durch den Hof und versetzte dem Lausbuben eine wohlgezielte Ohrfeige. Blitzschnell verschwand er mit seinen Stiefeln und rief zurück: «Nur weil's so e schön fein Bobb is!»

«Sonderbare Entschuldigung», dachte der Kandidat und las seiner Schülerin die Haarnadeln aus dem Kies des Schulhofes auf, die er ihr mit einer ungelenken Verbeugung überreichte.

«Danke, Herr Kandidat», flüsterte Auguste und sah ihn aus ihren warmen braunen Augen errötend an.

Der Kandidat erwiderte den Blick und sagte besorgt: «Hat er Sie erschreckt, Fräulein Auguste?»

Sie schüttelte den Kopf. «Nur ein bißchen.» Dann nahm sie den braunen Zopf und befestigte ihn wieder am Hinterkopf, so daß die Schlinge übers Ohr fiel und mit der anderen das zarte Oval ihres Köpfchens einrahmte.

Selbstvergessen blickte der junge Mann sie an, da ertönte das Glöckchen zum Zeichen, daß die Pause beendet sei. Verwirrt rannte Auguste ins Haus, die Freundinnen ihr nach, und langsam folgte der Kandidat über den stillgewordenen Hof.

«Schade, daß das Kind aus so vornehmer Familie stammt», dachte er. Warum das schade sei, brachte er sich nicht zum Bewußtsein, er hatte es nur aus einem unkontrollierbaren Gefühl heraus gedacht.

Und dann schloß er das Tor hinter sich und trat in das summende Haus, um bei den Kleinen eine Religionsstunde zu geben.

* * *

Das Haus des Regierungsrats Küchler beherbergte eine große Kinderschar. Die fünf Kinder aus erster Ehe waren zwar zum Teil schon in die Welt gegangen. Ernst, Ludwig und Hans studierten Jurisprudenz in Gießen und Heidelberg, und Fanny war mit dem Assessor Lichthammer verheiratet. Heinrich aber besuchte noch das Gymnasium und stand vor dem Abitur; er wollte Mediziner werden und studierte einstweilen an Fröschen, Salamandern und Mäusen die Lebensbedingungen der Geschöpfe. Was sein Zimmer nicht verschönte und der zweiten Mutter ein Greuel war.

Auguste war die Älteste aus zweiter Ehe; ihr folgte Henriette, ein ernstes Kind von zarter Gesundheit und großer Begabung. Dann kam der Fritz, ein Bengel von zwölf Jahren, der die Schwestern weidlich plagte, und Karoline, die zehnjährige, ein sanftes, heiteres Wesen, bescheiden und als Nesthäkchen geliebt und verwöhnt.

Diese zweite Mutter stammte aus einem alten Patriziergeschlecht aus Frankfurt und war eine berühmte Schönheit mit feinen Zügen und dunkeln Haaren. Man sagte ihr nach, daß der Rotwein, wenn sie ihn trinke, durch ihre weiße Kehle schimmre, so zart war ihre Haut. Aber sie erzählte auch gern, daß Jean Paul sie in dichterischer Begeisterung geküßt habe und daß sie von der Frau Rat Goethe einmal eine Ohrfeige bekommen habe.

Der Vater war vierundzwanzig Jahre älter als seine Frau. Er war ein behäbiger Herr, friedfertig und freundlich, mit gerötetem Gesicht, das wohl von einer kleinen Neigung zu den Weinen Rheinhessens kam, wo er oft beruflich zu tun hatte. Zu seinem Phlegma stimmte gut die ungeheure Lebendigkeit seiner Johanna, die seine Schwerfälligkeit besiegte und die zugleich von seiner Ruhe und Besonnenheit gedämpft wurde.

Die Wohnung, mit schönen, blanken Biedermeiermöbeln eingerichtet, aus Kirschbaum mit schwarzen Säulen, zeugte von Geschmack und Wohlstand. Am einfachsten war das Wohnzimmer. In der Mitte stand ein großer Eßtisch, der mit braunem Wachstuch überzogen war, was das tägliche Tischtuch ersetzte. An der Wand standen zwei Glasschränke; in einem sah man durch die Scheiben buntbemalte Tassen und feine Gläser mit eingebrannten Widmungen, im andern prunkte der Silberschatz des Hauses, der aus drei Familien zusammengeerbt war und jeden Monat einmal von Auguste mit Schlämmkreide und Spiritus geputzt wurde.

Am Fenster stand ein Nähtischchen, an dem die Mutter und Auguste saßen und weiße Strümpfe strickten.

«Wieviel Paar brauche ich denn zu meiner Ausstattung?» fragte Auguste und unterdrückte ein Gähnen.

«Nun, sechzig Paar zum mindesten», meinte die Mutter und zählte Maschen. «Oh weh, da werde ich eine alte Jungfer, bis ich die fertig habe!» Ein wenig gelangweilt sah das Mädchen auf die Straße. Der Spion, ein Spiegel, der in grünes Blech gefaßt war und der an der Hauswand hing, erlaubte ihr, die ganze Straße zu überblicken, ohne daß sie sich unziemlich aus dem Fenster beugte.

Ein paar Kameraden von Bruder Heinrich kamen vorbei. Sie schwenkten dicke Stöcke mit Elfenbeinkrükken und hatten silbergraue, niedrige Zylinderhüte auf. Sie äugten verstohlen herauf, sahen aber nur das feine Profil des Mädchens, das sich über die Arbeit beugte und die Straße nicht zu beachten schien.

Kaum waren sie vorüber, schaute Auguste wieder auf und in den Spiegel. «Da kommt der Doktor Walther», sagte sie erglühend.

«Achtundsechzig, neunundsechzig, siebzig», zählte die Mutter laut weiter.

«Ich glaube, er kommt ins Haus.» Auguste sprang auf, das Strickzeug fiel zu Boden. Die Mutter sah prüfend in das rosige junge Gesicht.

«Hat der Herr Kandidat Grund, sich über seine Schülerin zu beklagen?» fragte sie streng.

«Ach nein, Maman, ich glaube nicht. Was Sie gleich denken!» stotterte das Mädchen.

«Was wird er denn wollen?» beharrte die Mutter.

Auguste schwieg und bückte sich nach ihrem Strickzeug. Es schellte draußen; zaghaft bimmelte das Glöckchen nach. Das Dortchen, eine Unschuld vom Lande, öffnete.

Man hörte eine dunkle Männerstimme, Schritte gingen über den Flur. «Herr Regierungsrat, da is jemand», gellte des Mädchens Stimme, denn der Herr war ein wenig schwerhörig.

Die Türe fiel zu, die Frauen sahen sich an.

«Auguste», sagte die Mutter dringlich, «hast du mir etwas zu gestehen?»

«Ach nein, Maman, wirklich nicht. Er war nur ein wenig komisch und hat mich gefragt, ob ich ihm erlaube, einmal mit Papa zu sprechen.»

«Und was hast du zu ihm gesagt?»

«Ich habe nur gesagt: ‚Herr Kandidat, ich habe doch da nichts zu erlauben.' ‚Vielleicht doch, Fräulein Auguste', hat er da gesagt.»

«Da bist du natürlich rot geworden», fiel die Mutter lebhaft ein.

«Ja, Maman, das werde ich doch immer, das wissen Sie ja.»

«Und dann?»

«Dann ist Fräulein Hoffmann in die Klasse gekommen, und der Herr Kandidat hat mir die Hand zum Abschied gedrückt. Sehr fest», gestand Auguste.

Die Mutter sah sie strafend an. «Geh du jetzt in die Küche und koche den Brei, und paß gut auf, daß er keine Klümpchen bekommt wie das letztemal. Die Kinder werden bald aus der Musikstunde kommen; es ist halb sieben.»

«Ja, Maman», sagte das Mädchen und erhob sich.

* * *

«Jetzt noch nicht, Herr Kandidat! Sie haben ihre Achtung, das sei Ihnen einstweilen genug», sagte sehr würdig der Herr Regierungsrat zu dem jungen Mann.

Der Kandidat saß vor ihm und drehte den Zylinderhut in den schwarzbehandschuhten Händen. Er sah nicht aus, als ob ihm die Achtung des geliebten Mädchens genüge. Aber ehe er antworten konnte, knallte die Türe auf und die temperamentvolle Frau Johanna, die gehorcht hatte, stand mitten im Zimmer. Die feierlichen Mienen der beiden Männer beeindruckten sie aber so, daß sie stumm stehenblieb und nur sehr eindringlich ihren Gatten anschaute.

Der erbarmte sich denn auch ihrer. «Liebes Kind», sagte er väterlich, «dies ist Dr. Walther, und er wirbt um unsere Auguste.»

«Ach», sagte Frau Johanna lebhaft, «ich glaube, daß sie ihn liebhat.»

«Darauf kommt es jetzt nicht an», winkte der Regierungsrat ab, «Auguste ist noch ein Kind und weiß nicht, was Liebe ist.»

Die schöne Frau rümpfte spöttisch das feine Näschen. «Was ihr Männer alles von uns Frauen wißt!»

Der Kandidat sah sie dankbar an. «Ich habe den

Eindruck, daß ich ihr nicht unsympathisch bin», bemerkte er bescheiden. «Ich bin zwar aus einfacherer Familie als Auguste, mein Vater hat sich vom Museumsdiener zum Inspektor hinaufgearbeitet. Er hat in der Hügelstraße ein hübsches Haus erbaut, in dem ein Stockwerk zu meiner Verfügung stehen dürfte, wenn ich heirate. Aber ich hoffe, eine gute Karriere zu machen; meine Zeugnisse sind die allerbesten, und eine Stelle an der Hofbibliothek ist mir versprochen.»

«Ich glaube, daß Auguste nur den Menschen in Betracht zieht und nicht seine Familie und sein Auskommen», fiel Johanna ein.

«Gewiß, aber ich spreche nicht zu Auguste, sondern zu den Eltern meiner Auguste.»

«Jetzt sagt er schon *meine* Auguste», murmelte der Vater und sah ungewiß auf seine Frau. Johanna setzte sich zu ihrem Mann aufs Sofa, nahm mit zärtlicher Überredung seine fleischige Hand in ihre feinen Finger und meinte fragend: «Man könnte das junge Paar ja noch zwei Jahre warten lassen, bis das Kind achtzehn alt ist?»

«Ich will gerne warten; aber geben Sie mir jetzt schon das Recht, Auguste als meine Braut zu betrachten. In zwei Jahren werde ich ihr ein Heim bieten können, das Ihrer Tochter nicht unwert sein dürfte.» Er mißhandelte in der Erregung seinen glänzenden Hut, bis die Mutter ihn wegnahm und auf den Tisch stellte. «Er muß doch bis zur Hochzeit noch halten», sagte sie lächelnd.

Der Kandidat strahlte sie an, und ein warmes Gefühl für die Mutter seiner Auguste wallte in ihm auf. Der Vater rückte unruhig auf seinem Platz. «Wir wollen die Auguste hören. Ich bin ja kein Rabenvater, der seiner Kinder Wünsche mit Füßen tritt.» Er ergriff eine kleine silberne Glocke und läutete. Seine Frau lächelte.

Auguste trat ein. Sie hatte gerade den Kinderbrei gekocht, und ihre Wangen glühten. Aber sie hatte doch Zeit gefunden, die Küchenschürze mit einem weißen Latzschürzchen zu vertauschen. Der Kandidat sah sie bewundernd an.

Sie knixte. «Sie haben mich gerufen, Papa?»

«Ja, hm. Da ist dein Lehrer gekommen.» Auguste knixte auch zu ihm hin mit niedergeschlagenen Augen. «Und er wirbt um dich.»

Sie sah erstaunt den Vater an.

«Ja», fiel die Mutter ein, «er möchte sich mit dir verloben.»

Auguste schwieg und erglühte noch tiefer. War das das Leben, das sie jetzt in seinen Wirbel zog?

Philipp Walther erhob sich und machte seiner Schülerin eine ehrfurchtsvolle Verbeugung, die sie aufs neue mit einem tiefen Knix beantwortete.

«Fräulein Auguste, ich habe Sie lieb und habe Ihren Vater um Ihre Hand gebeten. Was geben Sie mir für eine Antwort?» Es zitterte ein tiefes Gefühl durch die förmlichen Worte. Er streckte seine Hand bittend aus.

«Ja, ja», brauste es durch des Mädchens Herz. Aber wohlerzogen legte sie die Hand in die seine und sagte ebenso förmlich: «Ihr Antrag ehrt mich, Herr Kandidat, und ich werde mich dem Willen meiner Eltern fügen.»

«Na ja», meinte der Vater erleichtert. «Also verlobt euch, und in zwei Jahren ist die Hochzeit. Der Herr Schwiegersohn bleibt zum Abendessen da, damit ich mich an ihn gewöhne.»

Frau Johanna aber breitete ihre Arme aus, und die Tochter stürzte sich weinend hinein.

«Hast du ihn lieb?» flüsterte sie an der Tochter Ohr.

«Sehr lieb», kam es leise zurück.

«Nun also, dann gib deinem Bräutigam den Verlobungskuß», kommandierte der Vater, und wie ein Opferlämmchen so scheu empfing sie den ersten Kuß.

Dann aber hob sie den Kopf, und das Schulmädchen sagte siegesgewiß: «Und von morgen ab gehe ich nicht mehr in die Schule.»

Da lachten alle, auch der Kandidat, und er wagte es, seinen Arm um die schlanke Gestalt zu legen. «Ich werde Ihnen Privatunterricht erteilen, Fräulein Auguste», versprach er.

«In Geographie und Religion?» neckte der Vater.

«In der Liebe», dachte die Mutter, und ihre Augen leuchteten.

Bei einem Kinderbrei ohne Klümpchen wurde dann die Verlobung gefeiert. Die Großen aßen wenig davon, denn das Herz war ihnen voll. Aber die Geschwister hieben ein. Als Fritz nicht mehr konnte, leckte er den Löffel ab und sagte zu der Schwester: «Du kannst dich öfters verloben.»

Der Vater aber holte eine Flasche seines geliebten Weins aus dem Keller, auch die Kinder bekamen ein Gläschen, und dann stießen sie alle auf das Wohl des Brautpaars an.

«Jetzt brauche ich auch den Aufsatz über ‚die Tugenden der Frau' nicht mehr zu machen», rief Auguste übermütig.

«Sie werden sie dafür üben», sagte der Bräutigam zärtlich.

* * *

Diese zwei jungen Menschen wurden die Eltern von Elisabeth. Als die Jahre des Wartens um waren, zogen sie in das Familienhaus in der Hügelstraße. Es hatte damals nur zwei Stockwerke, und durch eine Torhalle gelangte man in den Hof und von da in den Garten.

Häuser, in denen man seine Jugend zugebracht hat, sind geliebt. Es hängt über ihnen ein Duft der Kindheit; ein Stück des eigenen Erlebens ist in die Bäume und Sträucher hineingewachsen, und lieblich erneut sich jedes Frühjahr das Wunder der Auferstehung und Jugend. So war der Garten dieses Familienhauses. Das grüne Gartenhäuschen hatte Philipps Vater selbst gezimmert, und noch seine Urenkel sollten darin sitzen, Schularbeiten machen oder fröhliche Spiele, wenn es draußen regnete.

Die eine Mauer des Gartens war mit weißen und rosa Rankenrosen bekleidet, die beiden andern mit Reben, die im Herbst blaue und weiße Trauben trugen. Um das Gartenhaus wuchsen Johannisbeeren; diese waren den Kindern preisgegeben und durften von ihnen gegessen werden. Was nicht ausschloß, daß man auch einmal mit schlechtem Gewissen an den blauen Trauben pickte oder Aprikosen auflas. Vor dem Gartenhaus stand ein alter Maulbeerbaum, der jeden Sommer weiche Früchte auf die Erde streute.

Im Winkel war ein Wasserloch, in dem der Regen von den Dachkandeln aufgefangen wurde und in das jedes Kind in drei Generationen unweigerlich einmal hineinfallen mußte, bis der jüngste der Väter einen Deckel machen ließ.

Der Hof hinter dem Haus war gekiest und der Spielplatz der Kinder, aus dem sie nicht vertrieben werden konnten, was im Garten öfters geschah. Er hatte eine gußeiserne Pumpe, und der Schwengel war mit einem dicken Messinggriff verziert, der immer blank war. Im Winter bekam die Pumpe ein Strohkleid, und Eiszapfen hingen an ihrem Trog. Neben der Pumpe, die jedenfalls mit zu den Kinderspielsachen gehörte, stand eine schöne, große Brunnenesche, die ihre Zweige bis zur Erde neigte, so daß man wie in einem Häuschen darin sitzen konnte, und an der Seite wurde der Hof mit Holzställen begrenzt. Da konnte man durch die graugebleichten Latten auf saubere Holzstapel blicken; Gartenwerkzeuge blinkten aus dem Dunkel, frischgestrichene Gießkannen warteten auf den Sommer. Kisten waren im Hintergrund, zerbrochene Stühle, die zu Brennholz werden sollten, grüne Schlitten und allerlei Gerümpel. Jedenfalls sah es geheimnisvoll und dämmerig aus. Am äußersten Ende war dann die Waschküche, an die sich der Bleichplatz anschloß. Die weiblichen Glieder der Familie wachten streng darüber, daß kein übermütiger Kinderfuß ihn betrat und die zarte Grasfläche zerstörte.

Das Haus selbst war behaglich und ohne ängstliche Raumersparnis angelegt. Die Treppen breit und langsam steigend, die Zimmer groß und hoch. Vorn blickten sie auf unbebautes sandiges Land, dazwischen Äcker und Baumgruppen; man sagte, der Großherzog wolle dort ein Palais mit Garten und Park bauen, denn das Schloß, in dem er wohnte, hatte außer dem Wall mit Fliederbüschen und den gelben Iris am Wassergraben keine gärtnerischen Anlagen. Der Wassergraben war von einem Bären im Zwinger bewohnt, der vom vielen Füttern der Darmstädter so fett geworden war, daß er seinen Kletterbaum verschmähte und den ganzen Tag mit aufgehobenen Tatzen um Rüben, Äpfel und Brot bettelte. «Mer könnt meine, ich ließ den Kerl hungere», sagte der Großherzog, der gern Dialekt sprach.

Hinter den Neubauten aber blickte man in die Hausgärten der Straße, die sich rasch besiedelte, weil die Stadt den Bürgern hier Grund und Boden geschenkt hatte. Der Großherzog wollte doch später nicht zwischen Äckern und Schweineställen wohnen, sondern zwischen stattlichen Bürgerhäusern, in denen seine Beamten und Hofleute ihn umgaben und deren Bewohner er alle kannte bis zum neugeborenen Kind hinab. Denn Darmstadt war damals eine kleine Stadt und hatte nicht mehr als 20 000 Einwohner.

Die Bewohner des Hauses Hügelstraße 57 waren bescheidene, aber tüchtige Leute. Jeden Morgen zehn Minuten vor acht trat der Herr Museumsinspektor aus dem Haus und begab sich in das alte Schloß, wo in einem Flügel das Museum untergebracht war. Er war ein großer stattlicher Mann, der als Hofbeamter eine blaue Uniform mit blanken Knöpfen trug, auf die ein L eingeprägt war. Seinen runden Kopf bedeckte ein tressengeschmückter Hut aus schwarzem Filz, den die Darmstädter ob seiner Schweifung «Schockelgaul» nannten. Er war fleißig, nüchtern und unternehmend und strebte nach Höherem. Seine Urenkel besitzen noch sorgfältige Abgüsse von Elfenbeinschnitzereien, die er von besonders geliebten Stücken selbst machte.

Seine Frau war ein sanftes, zartes Wesen, aus Pirmasens gebürtig. Sie gebar ihm drei Töchter und zwei Söhne, den Dr. Philipp Walther und Ferdinand, der früh als Kaufmann nach Mannheim kam. Aber Philipp war der Stolz der Familie und rechtfertigte das Geld, das man an seine Ausbildung gewandt hatte. Er war von unersättlichem Wissensdurst, hatte Theologie, Philologie und Geographie studiert, war sparsam nach der Gewohnheit kleiner Leute, aber strebsam in allem, was Beruf und Emporkommen anging. Der leise Stolz des aus eigner Kraft Aufsteigenden kam nur seinen Schwestern gegenüber manchmal heraus, die an Bildung weit unter ihm standen und ihr bißchen Selbstbewußtsein aus ihrer Tüchtigkeit im Haushalt und in weiblichen Handarbeiten ziehen mußten. Wenn sie dann noch den bedeutenden Bruder dazu nahmen, reichte es für die Freundinnen und die Nachbarschaft.

Die älteste war Lorchen. Sie war schon eine alte Jungfer, als der Bruder heiratete, auch mit der Verbitterung und Rechthaberei der alten Jungfer. Allerdings war sie erst dreißig Jahre alt, aber sie hinkte sehr merkbar. Sie hatte als Kind Scharlach gehabt, und da war eine Hüftgelenkentzündung dazugetreten. Wegen dieses Fehlers mußte sie sich an sitzende Beschäftigung halten, war an das Nähtischchen gebannt und entbehrte die Freuden der Jugend. Sie machte schöne Handarbeiten und strickte für ein Geschäft schneeweiße Kinderjäckchen, -höschen und -kleidchen und verdiente damit ein hübsches Taschengeld, das sie in einem Sparbuch anlegte.

Nach ihr kam die achtundzwanzigjährige Katharina, Kättche genannt, ein herbes Wesen mit scharfer Zunge, das dem Bruder die bevorzugte Stelle neidete, zu der sie durch Verzichten hatte beitragen müssen. Sie beherrschte die Küche, denn man hatte kein Mädchen, und sie hielt sehr darauf, daß man ihre Tätigkeit lobend anerkannte.

Die jüngste, Elise, war erst vierundzwanzig Jahre und «hoffte» noch. Sie war die liebenswürdigste der Schwestern. Groß und kräftig, mit Kirschenaugen und dunkeln glatten Haaren, immer guter Laune, fiel ihr die Schwerarbeit zu: Wäsche und Garten und das Wassertragen aus dem Hof in die Küche. Ihren Garten liebte sie leidenschaftlich, und niemand durfte dort Blumen pflücken, Gemüse und Obst ernten als nur sie. Sie grub um und düngte selbst die Beete aus der häuslichen Grube; sie okulierte Rosen und säte Salat, und der Umgang mit Blumen, Erdbeeren und der stummen Natur hatte ihr Gemüt gesänftigt.

Die stille Mutter trat vor den drei Töchtern zurück. Sie herrschte nirgends als nur in dem Herzen ihres Mannes, dessen persönliche Bedienung sie sich nicht aus den Händen reißen ließ. Sie hatte ein zartes schmales Gesicht, war mager und eckig, trug immer eine weiße Tüllhaube mit farbigen Seidenbändern und hatte schöne, edle Hände, die auch von der Arbeit nicht verdorben wurden.

In diesen Familienkreis geriet nun Auguste. Mit der sanften Mutter, die ein wenig Angst vor der vornehmen Schwiegertochter hatte, kam sie gut aus. Die junge Frau durfte die Schwiegereltern duzen, denn man war hier nicht so konservativ und vornehm wie bei Regierungsrats. Der Vater kniff ihr zärtlich die Wange und verliebte sich in die neue Tochter, wie das Schwiegerväter gern tun — aber in allen Ehren.

Man räumte dem jungen Paar den ersten Stock ein, indem man dem Herrn Finanzamtmann kündigte, und Auguste konnte ihre hübschen Möbel dort aufstellen. Da war ein großes grünes Samtsofa mit geschweiften Beinen, die Füllhörner darstellten; da gab es einen runden Ausziehtisch, an dem, ausgezogen, 20 Personen sitzen konnten, und er trug eine grüne Samtdecke, auf der eine silberne Visitenkartenschale stand: ein nackter Jüngling, der die Schale in seinen Händen hielt. Das war ein Geschenk des Großherzogs an seinen Hofbibliothekar und galt zugleich dem Sohn seines treuen Hofbeamten vom Museum. Die Stühle hatten geschnitzte Lehnen; auf einer Kommode mit schwarzen Säulchen stand eine Alabasteruhr unter Glassturz. Es war das Hochzeitsgeschenk von den Brüdern, die sich das Geld am versagten Frühschoppen abgespart hatten. Das war ihren Studien so gut bekommen, daß sie alle mutig auf einmal ins Examen stiegen und bestanden.

Dann war da noch eine höchst moderne Moderateurlampe mit einem Pumpwerk aus Messing für Petroleum, die alle Kerzen und Ölfunzeln des Hauses überstrahlte, aber nur sonntags oder wenn Gäste da waren angezündet wurde. Hübsche Glasschränke mit zierlich geschnitzten Holzranken über der Scheibe, ein grüner Teppich mit eingewebten roten Rosen, ein Nähtischchen mit Holzintarsien und ein Ohrensessel vervollständigten die bürgerliche Wohnung. Nur Philipps Zimmer stach in kahler Nüchternheit davon ab. Hier war vor allem ein riesiger Schreibtisch mit schwarzgestrichener Platte, so groß, daß man Landkarten darauf zeichnen konnte, und die Wände waren mit offenen Bücherregalen bedeckt, die eine stattliche Bibliothek aufwiesen. Die Fenster gingen nach Norden und waren ohne Vorhänge, des Lichtes wegen, während sie in den Südzimmern in schneeigem Mull sich bauschten.

Das junge Paar heiratete in eine unruhige Zeit hinein. Im Volk gärte es, man empfand das landesherrliche Regiment als Druck; die Bauern im Odenwald und Vogelsberg erhoben sich gegen ihre Standesherrschaften und deren Vorrechte; sie begehrten Freiheit mit Dreschflegeln und Sensen. Aber da das Militär treu blieb, wurden diese Aufstände bald unterdrückt.

Die städtische Bevölkerung verlangte Preßfreiheit, allgemeine Volksbewaffnung und Petitionsrecht. «Wir stellen mit Vertrauen die öffentliche Ordnung unter den Schutz der Freiheit und der Bürger, welche sie lieben», hieß es in einem Aufruf. Dreiunddreißig junge Menschen aus Darmstadt wanderten wegen Bedrückung nach Texas aus und wollten dort einen kommunistischen Staat gründen.

Philipp Walther war konservativ und sah mit großem Unbehagen der Entwicklung der Dinge zu. Seine junge Frau hatte das glühende Herz ihrer Mutter und neigte auf die Seite der Aufständischen.

«Und siehst du, Freiligrath, den du doch so gern hast, ist auch auf seiten der Republikaner. Hast du sein Gedicht gelesen?» Und sie zitierte mit begeisterten Augen:

«In Kümmernis und Dunkelheit,
da mußten wir sie bergen!
Nun haben wir sie doch befreit,
befreit aus ihren Särgen!
Ha, wie das blitzt und rauscht und rollt!
Hurra, du Schwarz, du Rot, du Gold!
Pulver ist schwarz,
Blut ist rot,
golden flackert die Flamme!»

Walther machte ein sauersüßes Gesicht und zitierte spöttisch:

«Er hängt an keinem Baume,
er hängt an keinem Strick,
er hängt nur an dem Traume
der deutschen Republik.

Dichter und Künstler sind immer unruhige Leute. Politik braucht besonnene Köpfe; sie ist die Kunst des Möglichen.»

«Aber die Tat braucht Begeisterung», warf Auguste ein.

«Liebes Kind, wir verzichten auf Taten, die von dieser Seite kommen», sagte der Hofbibliothekar überlegen. «Die Taten stehen der Regierung und dem Großherzog zu. Dem Volk ziemt der Gehorsam.»

«Du bist ein Hofschranze», eiferte die junge Frau. «Freiheit, Menschlichkeit, gleiches Recht für alle, dafür glüht mein Herz.»

Philipp lächelte nachsichtig. Sie sah so schön aus in ihrer Begeisterung, daß er nicht streiten wollte. «Komm, zieh dich hübsch an, wir müssen Besuch bei Minister Jaup machen.»

Sie zog ein Schnütchen. «Der ist auch so ein Lauer.»

«Er steuert klug zwischen den Ansprüchen des Volks und der Regierung», korrigierte Walther schulmeisterlich.

«Nun ja, lieber als der Dalwigk ist er mir immerhin. Und seine Frau ist reizend. Was soll ich denn anziehen?»

«Das Kleid, in dem du deine Brautbesuche gemacht hast vor zehn Jahren.»

Sie nickte und kam nach einer Weile wieder in einem schweren rosinfarbenen Seidenkleid und darüber einen Plüschmantel, der wie ein Tigerfell aussah und der mit blauer Seide gefüttert war. Ein Hütchen aus der Seide des Kleids saß ein wenig schief auf dem glatten dunkeln Haar, und ihre Hände steckten in einem großen Nerzmuff.

«Gefall ich dir?» fragte sie kindlich.

«Du gefällst mir immer.» Er nahm seinen «Schockelgaul», steckte sich noch schnell die Orden an die Uniform, an der viel Gold war, dann reichte er seiner Frau den Arm und führte sie die Treppe hinunter. Elise, Lorchen und Kätchen sahen ihnen durch den Spion nach.

«Ei, wie geputzt!» sagte Lorchen, «wo mögen sie hingehen?»

«Vielleicht zum Großherzog», antwortete Kätchen giftig. «Man erfährt ja nie etwas.»

«Wie gut Auguste das Kleid steht!» meinte Elise gutmütig. «Aber der Mantel wäre mir zu auffallend.»

«Besonders, wenn man ihn schon zehn Jahre lang jeden Winter trägt», rügte Lorchen, schob die Unterlippe vor und bückte sich wieder über ihre Arbeit.

«Der Philipp kann ihr nicht alle Jahre einen neuen kaufen», begütigte Elise.

«Das wär auch noch schöner», schrie Kätchen sie an; «ich hab den meinen schon fünfzehn Jahre.»

«Das gibt noch einmal einen hübschen Mantel für ein Kind», meinte Elise praktisch.

Das Walthersche Ehepaar war unterdessen die Hügelstraße hinaufgegangen und kam in die innere Stadt. Die Straßen waren ungewöhnlich belebt; man sah Polizei mit schwarzen Federbüschen am Helm und kleine Trupps weißer Dragoner zu Pferd. Bei ein paar Geschäften waren die Türen verriegelt; andere waren eben dabei, geschlossen zu werden.

«Da ist etwas los», sagte Auguste abenteuerlustig.

«Dein liebes Volk aus der Ochsengasse wird einen Umzug halten», stichelte Philipp. «Wir würden ihm besser nicht in die Arme laufen.»

Sie kamen auf den Markt; er war fluchtartig von den Bauernweibern verlassen worden. Das Pflaster war mit Rüben, Zwiebeln und zerstreutem Feldsalat bedeckt. An dem großen Röhrenbrunnen hingen Gassenbuben wie Trauben. Sie schrien Freiheit! Und einer sang: «An dem Darm des letzten Königs hängt den letzten Pfaffen auf.» Da sangen alle mit.

«Pfui!» sagte Auguste, und ihr Gesicht verfinsterte sich.

«Dein liebes Volk!»

«Ach was — Auswurf!»

«Und das Lied von deinen Dichtern?»

Sie antwortete nicht, denn jetzt wälzte sich aus der Ochsengasse ein Menschenhaufe heraus, Männer und Weiber und viele Halbwüchsige. Auch sie grölten ein Lied:

«Und seht ihr wo Tyrannen froh
und schwelgend beim Gelage,
so hungert gern und denkt: nicht fern
ist mehr die Zeit der Rache.
Es wird geschehn, es wird geschehn,
die Zeit ist nicht mehr ferne.»

Viele hatten rote Tücher als Schärpen umgebunden, und die Männer trugen flatternde rote Krawatten.

Als das Lied geendet hatte, schrie eine gellende Frauenstimme: «Mer wolle e Republik un de Großherzog an der Spitz.»

«Goldig», sagte Auguste und drückte den Arm des Gatten. «Unsere guten Darmstädter!»

Ein riesiger Mann in einem hohen schwarzen Schlapphut forderte mit geballter Faust: «Preßfreiheit un Zensur!» Ein paar Bürschchen nahmen den Ruf auf. Andere lachten und schrien: «Nix Zensur!»

«Hast du gehört? Preßfreiheit *und* Zensur? Oh du mündiges Volk!» flüsterte Walther.

Jetzt sah ein Gassenbub das festlich gekleidete Paar: «Ui Heiner, guck emol, Aristokrate.» Er bückte sich und warf eine Rübe nach Auguste; sie traf nicht. Der andere erwischte eine Zwiebel — sie verfehlte ihr Ziel. Auguste zog ängstlich ihren Mann in die Marktpassage. Ein Roßapfel flog ihr nach und zerplatzte auf ihrem Mantel; ein zweiter streifte das Hütchen.

Auguste begann zornig zu weinen. Eine Tür öffnete sich, ein alter Handwerksmann zog die beiden herein und schloß wieder zu. Draußen johlte das Volk:

«Der Feinde Losungswort ist: Blut!
Sie stehn im Dunkeln auf der Hut,
sie schmieden neue Ketten,
ihr Blut nur kann dich retten!

Wie schwer's auch sei, mit starkem Mut,
mein Volk, du mußt es lernen:
Tyrannen, Pfaffen, Sklavenbrut
hoch, hoch an die Laternen!»

«Dein liebes Volk», sagte Philipp aufs neue und tupfte mit seinem Taschentuch die Spuren des Wurfs weg.

Das Wort klang ihr in den Ohren und durchwogte wie eine aufreizende Melodie ihre Adern.

«Das ist gar nicht mein Volk», sagte sie heftig, «das ist Masse, Pöbel, Auswurf. Zum Volk gehört der Meister Spengler.» Sie legte dem alten Mann die Hand auf die Schulter und lächelte ihn dankbar an.

«Das sind Schreier», sagte der Alte ruhig. «Awer auch ich bin for Freiheit. Freiheit, aber auch for Gesetz. Gell, Frau Doktor? For uns all das gleiche.»

«Ja, Meister», sagte sie warm und drückte ihm die Hand.

Draußen wurde es ruhig, da traten sie auf die Straße. Auguste hängte sich in den Arm ihres Mannes und sagte sanft: «Und dennoch, Walther, mein liebes Volk!»

Er schwieg nachdenklich und nach einer langen Pause: «Meine liebe Frau.»

* * *

Im Jahre 1850 war Elisabeth als viertes Kind ihrer Eltern geboren. Es existiert in der Familie ein kleines Ölbild von August Noak: die älteste Schwester Mathilde, in blauem Kleid, blond und helläugig, sanft und ein wenig verblaßt, und Elisabeth vierjährig, im rosa Kleid, die dunkeln lockigen Haare gescheitelt, blitzende Augen, ein feines Näschen mit einem Ausdruck, als wollte sie sagen: Ich will ein liebes Mädle sein, wenn's auch schwer fällt.

Sie war ein sehr schönes Kind und sah der Großmutter Johanna ähnlich, von der sie auch das Temperament hatte. Sie war geneigt zu allem Guten, aber sie mußte herrschen; sie konnte heiß lieben und war dabei eifersüchtig wie ein Türke. Das zeigte sich, als die kleine Schwester, das Gustchen, geboren wurde. Die vergötterte Mutter hatte nicht mehr so viel Zeit für sie; das kleinere Kind durfte an der weißen Brust trinken; voll Unbehagen sah Elisabeth der Veranstaltung zu. Die Mutter schaute das Gustchen dabei so zärtlich und entzückt an, während Elisabeth aus einer Tasse mit einem Sprung trinken mußte, und verhaßte Haut schwamm auf der Milch. Und wenn gar Tante Kätchen erschien, um sie am Abend auszuziehen, statt der Mutter, so konnte das Kind ein kleiner Teufel an Ungezogenheit sein, weil das Herz ihm so komisch weh tat. Mathildchen aber kniete brav in ihrem rosa Nachtröckchen und betete für alle Lieben, auch für die kleine Schwester. Dies zu tun weigerte sich Elisabeth und brachte nur unter einem Tränenstrom heraus: «Die Mama soll mich wieder liebhaben, Amen.» Tante Kätchen war keine Psychologin und nicht einmal kinderlieb, so fand sie nicht das rechte Wort des Trostes, deckte das schluchzende Kind nur fest zu und sagte kategorisch: «Schlaf jetzt, und sei keine Gans!» Worauf Elisabeth ihr die Zunge herausstreckte. Ja, das tat sie, und zum Glück merkte es die Tante nicht, die gerade dabei war, den Schwimmer des Öllämpchens anzuzünden. Nur Mathildchen sah es, und das sanfte Herz schauderte ob so viel Verruchtheit. Aber sie sagte nichts; erst als die Tante draußen war, meinte sie strafend: «Aber, Elisabeth!»

Es waren nun drei Mädchen in der Familie, denn das

kleine Helenchen war zweijährig an Zahnkrämpfen gestorben und der einzige Knabe, der hochbegabte Georg, mit neun Jahren am Typhus. Sein Tod hatte die Mutter sehr beschattet; es dauerte Jahre, bis sie wieder froh wurde, und als zum erstenmal wieder der tiefe Glockenton ihres Lachens durchs Wohnzimmer klang, schien plötzlich alles golden zu werden: die Möbel, die Menschen, die Straße, der Himmel, alles leuchtete wie von einer aufgehenden Sonne, und der Dahlienstrauß auf der Kommode bekam satte, glühende Farben. Niemand sagte ein Wort über das Lachen, nur Philipps Hand stahl sich in die seines Weibes und hielt sie fest, und Mathilde und Elisabeth holten ihre Puppen und tanzten einen Ringelreihen mit ihnen, zu dem sie sangen:

«Ringle ringle Reihe,
sind der Kinder dreie,
sitzen unterm Hollerbusch,
machen alle husch, husch, husch.»

«Weißt du auch, daß das ein Reimlied aus uralter Zeit ist?» belehrte Philipp seine Frau, ohne die Hand loszulassen. «Der Holunderbaum war ein heiliger Baum, den Göttern geweiht, und vielleicht sind die drei Kinder die Göttinnen Freya, Sif und Iduna.»

Auguste hörte aufmerksam zu. «Daß die Germanengötter jetzt nur noch in Kinderspielen leben! So kommt man herunter», meinte sie gedankenvoll.

«Und doch sprach man einst von den ewigen Göttern. Vielleicht gibt es nichts Ewiges als nur das Leben und seinen ewigen Wechsel», sagte der Doktor. Elisabeth hatte mit dem Singsang aufgehört und war zu den Eltern getreten. Das Berthachen mit seinem unzerbrechlichen Holzkopf lag am Boden. Sie umschlang mit den nackten Ärmchen die beiden Eltern und barg stumm ihr

Gesicht in der Mutter Kleid. «Du riechst so gut nach Mama», sagte sie nach einer Weile gesättigten Behagens. «Wenn du fort bist, riech ich immer an deinem Morgenrock.»

«Du kleines Hundchen», neckte der Vater. «Rieche ich auch gut?»

«Du riechst nach Tabak», sagte die Kleine geringschätzig. «Aber du bist auch lieb», tröstete sie sofort gutherzig, als sie sein enttäuschtes Gesicht sah.

Die erste Geschichte aus Elisabeths Kindheit, die in der Familie aufbewahrt und erzählt wurde, machte den kleinsten Nachkommen immer am meisten Spaß. Elisabeth hatte ein neues «rotgedippeltes» (wie man in Darmstadt sagte) Kleidchen bekommen, das ihr ausnehmend gut gefiel. «Darf ich das morgen am Sonntag anziehen?» fragte die Sechsjährige. «Ja, wenn es schön Wetter ist», versprach die Mama.

«Ach lieber Gott, mach doch, daß morgen schön Wetter ist, damit ich mein rotgedippeltes Kleidchen anziehen kann», betete sie vertrauensvoll am Abend. Und am nächsten Morgen packte ein Sonnenstrahl sie am Näschen und sagte: «Ich bin da!»

«Gott sei Dank», seufzte das Mädchen und schrie ins Elternschlafzimmer hinein, um Gustchens Quäken zu übertönen: «Die Sonne scheint, Mama, ich zieh das Neue an.»

«Meinetwegen», rief die Mutter zurück und gab dem Gustchen eine trockene Windel.

Am Nachmittag machte man einen Spaziergang und ging den Schnampelweg am Rand der Wälder entlang. Ein munterer Bach, der Darm, schlängelte sich neben dem Weg her. Mathildchen ging fromm an der Hand der Mutter, aber Elisabeth war wie berauscht von dem schäumenden Wasser. Sie kletterte das Ufer hinunter, um ihm recht nahe zu sein; sie tauchte die bloßen Arme tief in die kühle Flut und spürte die Bewegung des Wassers mit geheimem Entzücken. Schließlich wollte sie den Bach auf moosigen Steinen überqueren, rutschte aus und fiel hinein. Ach, wie traurig sah da das Rotgedippelte aus! Es bauschte sich nicht mehr steif und gestärkt um ihr Gestältchen, daß es fast wie Mamas Krinoline aussah; es hing schlaff und schwer, und das Wasser rann ihr in die weißen Strümpfe und schwarzen Knopfstiefelchen. Und so mußte man heim durch die Stadt gehen — alle Leute guckten und lachten, sosehr man sich auch zwischen die Eltern drückte.

Wahrlich allzuviel Lebenserfahrung auf einmal: Gebet und Gebetserhörung, eitle Lust am schönen Kleid, geheimnisvoll lockendes und doch tückisches Element und zuletzt gedemütigte Eitelkeit. Man ging ins Bett und bekam Fliedertee als Vorbeugung gegen Erkältung, schwitzte, schlief ein und wachte schwer von Erfahrung am andern Morgen auf. Deshalb vergaß man das auch nicht und erzählte es später den Kindern, den Enkeln und den Urenkeln.

* * *

Doktor Walther stand im Schloß vor seinem Landesherrn. Der Großherzog war größer als alle seine Untertanen, dabei wuchtig von Gestalt, so daß der schlanke Hofbibliothekar klein neben ihm erschien. Er hielt dem Fürsten Vortrag über das neu gegründete Kabinettsmuseum, das er nebst dazugehöriger Bibliothek zu betreuen hatte. Jeden Samstag arbeitete er deshalb im Palais am Luisenplatz, während die Hofbibliothek im Schloß ihn entbehren mußte.

«Die römischen Goldmünzen, die der Händler in der

Hinkelsgasse uns angeboten hat, sind aus der Zeit des Kaisers Augustus und durchaus preiswert. Wünschen Königliche Hoheit, daß ich sie für das Museum erwerbe?»

Der Fürst antwortete nicht, sondern starrte immer auf die Brust des Redenden. War etwas nicht in Ordnung? Walther schielte an sich herunter.

«Walther, duhnse mer de Gefalle un mache Se den Knopf zu; mir wird's ganz schwindelig.»

«Verzeihen Sie, Königliche Hoheit, wir Gelehrte sind ein wenig unordentlich.»

«Ja, und ich bin ein alter Soldat», sagte Ludwig gutmütig, «sowas Unadrettes kann ich net sehe.»

«Und was haben Königliche Hoheit wegen der römischen Münzen beschlossen?»

«Hammer Geld in der Kulturkass'?»

«Es dürfte reichen. Vielleicht kann ich auch was abhandeln.»

«Nein, nein, Walther, den arme Mann wolle mer net drücke. Gäwe Se, was recht is. Und hawe Se die Gedichte von dem Freiligrath angeschafft?»

«Ja, sie sind beim Vogelsberger zum Binden.»

«Den Freiligrath kenne Se doch persönlich?»

«Ja, er wohnte ein Jahr in Darmstadt und kam auch in unser Haus.»

«Sage Se emal, sin die Gedichte denn wirklich so schlimm, daß der arm Kerl nach England gemußt hat?»

«Sie sind schön, aber sie sind gefährlich. Meine Frau liebt sie sehr.»

«No also, wenn se gebunde sin, will ich se lese. Aber was anners, Walther. Ich geh jetzt April bis Juni nach Italie und will Se mitnehme. Sie verstehe doch was vön Kunst und so Sache. Ich versteh nur was vom Regiere und von Soldate . . .»

Walther schrak zusammen. Das Angebot war beglückend und erschreckend. Italien sehen! Aber drei Monate Frau und Kinder verlassen!

Ludwig sah die Unsicherheit in den Zügen seines Beamten und deutete sie richtig. «Die Frau und die Kinder schicke mer so lang nach Auerbach ins Fürstelager. Da is e Haus frei. Da hawe se gut Luft und Freiheit.»

«Ich bin Königliche Hoheit sehr dankbar», sagte Walther und bemühte sich, Haltung zu bewahren, wo er gern einen Luftsprung getan hätte.

«Na ja, also Walther, mache Se's gut. Anfang April geht's los. Vierspännig über die Alpe, bis Rom und Neapel.»

Walthers Gesicht leuchtete.

«Könne Se Italienisch?»

«Nein, aber das lerne ich bis dahin.»

Bewundernd sah der Fürst ihn an und nickte befriedigt.

«Hat Ihne der Humboldt widder geschriewe?»

«Ja, und mir sein neustes Werk geschenkt: ‚Kosmos', mit schmeichelhafter Widmung.»

«Was hat er denn geschriewe?»

Walther genierte sich ein bißchen. «Dem mit reichem Wissen begabten Gelehrten, dem aufrechten Deutschen, dem würdig Strebenden von seinem wohlgeneigten Alexander von Humboldt.»

«Das is e Ehr.»

«So empfinde ich's auch. Meine Frau hat gesagt, das sei wie ein Orden.»

Daß sie gesagt hatte «besser als zehn Orden», verschwieg er.

«Also, das schaffe Sie auch für die Kabinettsbibliothek an. Ich brauch's ja net unbedingt zu lesen. Und jetzt gehnse, Walther, der Hofprediger wartet schon, is zur Audienz um elf befohle.»

Walther machte eine tiefe Verbeugung und ging rückwärts zur Türe, wo er sich aufs neue verbeugte. Sein Degen donnerte beim Hinausgehen wider den Türrahmen. Erschrocken hielt er ihn fest.

«Na ja, is halt kein Militär», sagte der Landesfürst zum Adjutanten. «Der Nächste.»

* * *

Von dieser Zeit ab durfte die Familie jedes Jahr drei bis vier Monate im Auerbacher Fürstenlager verleben, und sobald es im Mai sommerlich und schön wurde, packte man die Leiterwagen, denn Möbelwagen gab es damals nicht. Das Haus war wohl möbliert, aber das Bettwerk mußte mitgenommen werden, Geschirr und Lampen, Weißzeug und Bücher. Und vor allem das Klavier. Vier Monate ohne Musik zu leben, schien der Familie unmöglich. Sie spielten alle, auch die Kinder, und es verging fast kein Abend, an dem Vater und Mutter nicht eine Stunde vierhändig musizierten. Alle Sinfonien, Ouvertüren und Sonaten von Beethoven, von Mozart und Haydn kamen dran, und wenn die Kinder abends frühzeitig in den Betten lagen, hörten sie aus dem Wohnzimmer die Klassiker der Musik bis in ihre Träume hinein. Eines Abends spielten die Eltern die Heiligenstädter Sinfonie; die drei Kinder lagen in den Betten. Gustchen schlief schon, und man hörte sie tief atmen und dazwischen laut am Daumen lutschen, was für ein sechsjähriges Mädchen etwas schimpflich war. Die zwölfjährige Elisabeth unterhielt sich mit der siebzehnjährigen Mathilde.

«Ich finde es schön, daß in unserm Haus so viel

Musik gemacht wird, Tildchen. Bei meinen Freundinnen ist das gar nicht so.»

«Wir sind eben ein hochkultiviertes Haus», sagte Mathilde ein wenig hochtrabend.

«Ist hochkultiviert so viel wie gebildet?» fragte Elisabeth wißbegierig.

«Es ist noch mehr, aber das verstehst du noch nicht.» In Wirklichkeit war sie etwas schläfrig, und die Erklärung schien ihr mühsam. Aber dann ließ sie sich doch herbei, weiterzureden. «Es verkehren ja auch viele geistig hochstehende und selbst berühmte Leute bei uns. Den Freiligrath hat Mama besonders gern gehabt; sie kann viele von seinen Gedichten auswendig. Und an den Duller erinnere ich mich auch noch. Der hatte so ein ernstes und abgehärmtes Gesicht mit langem dünnem Bart. Der war brustleidend und ist vor neun Jahren gestorben. Er war immer wie ein zorniger Prophet, und ich habe mich ein bißchen vor ihm gefürchtet.»

«Hast du was von ihm gelesen?» Elisabeth setzte sich im Bett auf.

«Nein. Er hat hier in der Hofbibliothek das Material für die ‚Geschichte des deutschen Volkes' gesammelt. Papa hat ihm viel dabei geholfen. Aber dann hat er gesagt, er verbreite nur Halbbildung und Unzufriedenheit mit seinen Büchern. Einmal hab ich ihn bei den Deutschkatholiken predigen hören, ich ging mit Mama hin, aber ich war noch zu klein. Viele haben ihn sehr verehrt.»

«Und der Bodenstedt und der Schücking und die Luise von Gall? Ach, ich bin zu spät geboren!» Elisabeth warf sich in die Kissen zurück. Es gab eine Pause, in der man nur das unmutige Stoßen des Mädchens gegen die Bettlade hörte. Aber plötzlich saß sie wieder hoch und sagte begeistert: «Ich bin überhaupt stolz auf unsre Familie. Papa weiß so viel, man kann ihn alles fragen. Weißt du, Tilde, ich heirate einmal nur einen Bibliothekar oder einen Dichter oder einen Afrikareisenden.»

Mathilde lachte leise vor sich hin.

«Wen heiratest du?» drang Elisabeth in die Schwester.

«Einen Mann, den ich liebhabe, weder einen Bücherwurm noch den Himalayahüpfer.»

Ein empörtes Grunzen war die Antwort. Robert Schlagintweit war Elisabeths Schwarm, und den wagte die Schwester so despektierlich zu benennen!

«Ach, Els, wenn wir nur überhaupt heiraten!» fuhr die Schwester fort und seufzte. «Denk mal, im untern Stock in der Hügelstraße drei alte Jungfern, Tante Lorchen, Tante Kätchen und Tante Elise, und bei uns auch drei alte Jungfern, und wir sechs Walthersjungfern machen uns das Leben schwer und gifteln aufeinander.»

«Ich werde keine alte Jungfer», sagte Elisabeth sehr bestimmt, «ich will einen Mann und Kinder, und wenn ich keinen krieg, geh ich mit den Brüdern Schlagintweit nach Asien oder mit dem Tschudi nach Afrika.»

«Die werden dich grad mitnehmen», spottete Tilde.

«O ja, denen koche ich das Essen und stopfe die Strümpfe und pflege sie, wenn sie Fieber haben. Ich nehme lauter weiße Kleider mit, wegen der Hitze; ganz einfach, ohne Volants, nur mit einem goldenen Gürtel.»

Mathilde fing an laut zu lachen. «Die Toilettenfrage ist natürlich am wichtigsten.»

«Du brauchst mich gar nicht auszulachen, die Ida Pfeifer hat auch Entdeckungsreisen gemacht», ereiferte sich Elisabeth.

«Aber kaum im Ballkostüm, die trug Männerkleider.»

«Meinst du?» fragte die Jüngere kleinlaut. Sie verzichtete ungern auf die poetischen weißen Kleider.

«Und jetzt schlaf, die Sinfonie ist zu Ende. Ich bin müde, habe den ganzen Tag Johannisbeeren gepflückt.»

«Ich wünschte, ich könnte so gut Klavier spielen wie Mutterchen», seufzte Elisabeth.

Die Schwester antwortete nicht.

«Überhaupt unser Mutterchen», schwärmte die Kleine unentwegt weiter und faltete die Hände um die Knie und starrte begeistert ins Nachtlicht, das unruhig im Wasserglas knisterte. «Sie ist so gut und so großherzig; und neulich habe ich gehört, wie die Tanten bei Papa auf sie stichelten und wie er dann ärgerlich wurde und ihr Vorwürfe machte, nur weil sie dem Schwarzen Peter ein Mittagessen gegeben hatte.»

«Der Peter steht am Römereck
und frißt en halwe Wasserweck»,

sagte Gustchen verschlafen aus ihrem Kinderbett heraus.

«Guck, jetzt hast du sie aufgeweckt», flüsterte Mathilde vorwurfsvoll.

«Oh, ich hab alles gehört, ich bin schon lang wach.»

«Ich hasse die Tanten», stieß Elisabeth heraus. «Unser geliebtes Mutterchen verpetzen, das tausendmal mehr wert ist als die drei alten Jungfern zusammen!»

«Sie sind Papas Schwestern und arme Dinger», sagte die Älteste sanft.

«Du hast eine laue Seele», glühte Elisabeth.

«Und du verbrennst dich und andre.»

Dann wurde es still, und man hörte nur noch Gustchen lutschen und Elisabeth sich im Bett herumwälzen.

* * *

Das Fürstenlager bestand aus einer Reihe weißer Häuser an der Flanke des Champignonbergs im Stile der französischen Renaissance. Die Dächer waren aus Schiefer und gingen tief hinab; mächtige Linden und Platanen beschatteten sie. Das Schönste und Größte war der Fürstenbau. Der lag niedrig und langgestreckt auf einem runden Platz; hinter ihm kletterte der Wald in die Höhe, vor ihm stieg eine sanftgeneigte Rasenfläche auf, gärtnerisch wohlbetreut, mit ausländischen Baumgruppen, Zedern und Blautannen, Tulpenbäumen und Katalpen. Ein Weiher mit Goldfischen und Springbrunnen war von blühenden Azaleen, Levkojen, Rhododendron und Fliegenden Herzen umgeben. Im Gebüsch war ein Tempelchen, mit dichtem Maschendraht bekleidet, in dem sich eine Vogelhecke befand. In- und ausländische Vögel, bunt und prächtig anzusehen, zwitscherten, sangen und schwirrten durcheinander; man konnte es bis in die Häuser des Fürstenlagers hören. Seitlich war eine eisenhaltige Quelle in der Tiefe, von einem Gitter umgeben, das einen Rundbau krönte und Schutz bot.

Die Häuser waren meist nur im Sommer bewohnt, in den Wochen, in denen der Fürst hier Hoflager hielt. Da wimmelte der Damenbau von Hofdamen, Ehrendamen und Kammerfrauen und der Kavaliersbau von Adjutanten und Kammerherrn. Das Hofpredigerhaus war voll würdiger Einwohner, im Küchenbau liefen Dienstmädchen und Lakaien aus und ein, das Wachhäuschen mit dem Uhrenturm hatte eine Schildwache und beherbergte Soldaten. Aber die übrigen Häuser waren den ganzen Sommer belebt und standen den Familien der Hofbeamten zur Verfügung. Walthers wohnten in einem großen Haus, das früher eine Kaserne gewesen. Es hatte sieben Zimmer und zwei riesige Säle; einer dieser Säle war ganz den Kindern überlassen. Ein langer eichener Tisch stand drin, einige hölzerne Bänke und ein schöner alter geschnitzter Schrank. An den weißgetünchten Wänden hingen die überlebensgroßen Bilder der berühmtesten Maler. Sie waren auf dicke Pappdeckel mit Tusche gemalt und rührten von einem Künstlerfest her, zu dem der Großherzog das Fürstenlager hergegeben hatte.

Elisabeth kannte die Bilder alle und stand oft sinnend davor. Den Rembrandt mochte sie nicht; sie fand ihn plebejisch aussehend, aber der Raffael befriedigte ihr Kinderherz. Gerade so hatte sie sich einen Maler vorgestellt, so jung, so schön, so ideal und mit einer Kappe aus schwarzem Samt, an der eine Reiherfeder steckte. Der Maler Lukas in Darmstadt, der manchmal zu den Eltern kam, sah gar nicht wie ein rechter Künstler aus. Er trug eine Brille, hatte einen mächtigen Schnauzbart, rauchte eine lange Pfeife und trug im Hause einen türkischen Schlafrock. Aber lustig war er und konnte aufschneiden, daß die Balken sich bogen. So schön wie die Madonnen des Italieners waren seine Bilder aber doch nicht, wenn auch der Vater ihn schätzte und ehrfurchtsvoll von ihm sprach.

Herrliche Zeit für ein Kinderherz! Die Welt war ein Garten und gehörte Elisabeth. In der romantischen Wolfsschlucht war es zum Gruseln schön; auf dem Altarberg schwur man der Freundin Bertha ewige Freundschaft. «A la vraie amitié» stand auf dem Altar mit Goldbuchstaben geschrieben; das forderte doch direkt zu kultischen Handlungen auf. Bertha war nicht so romantisch; sie kletterte ehrfurchtslos auf den Altar hinauf und stand oben und beguckte sich die Welt mit ihren scharfen Augen.

«Ich seh den Wormser Dom», verkündigte sie stolz.

«Und ich hab einen ganzen Strauß Tausendgüldenkraut gepflückt», tönte es von der Waldwiese zurück, damit bekränze ich den Altar.»

«Oha», schrie Bertha, «ich komme!» Und sie sprang mit einem Satz vom Altar herunter, daß die Zöpfe um das kleine runde Gesicht flogen und der Kies zu ihren Füßen aufstob.

Im Sommer, als Elisabeth zwölf Jahre zählte, war Bertha nicht mit, und die Papierpuppenspiele mit ihren phantastischen Erlebnissen fielen aus. In andern Jahren hatten sich diese Spiele wie eine Dichtung über Tage und Wochen und Monate hingezogen. Schauplatz war der Bildersaal. Da zogen Prinzen ins Mohrenland zu Kreuzzügen, und Prinzessinnen in Krinolinen und schiefen Hütchen (sie waren aus einer Modezeitung ausgeschnitten) warteten weinend auf ihre Rückkehr. Da gab es eine Kleopatra mit der Schlange und einen Cäsar, dem man eine römische Toga anmalte und mit Wachs über den Frack klebte. Die Götter Germaniens und Griechenlands waren vertreten, und Venus trug ein weißes, gebauschtes Kleid mit Rosenranken; Sklaven und Sklavinnen dienten in den fürstlichen Gemächern, die aus standfesten Bänden des Konversationslexikons hergestellt wurden; aus den Ritzen des langen Tisches erblühte Park und Blumengarten. Da standen Buchsbäume und Tannen, Zedern und Wacholder, die man in den Anlagen gepflückt hatte, und es war ein artiges Spiel aus Wissen und Kindeseinfalt gemischt, aus künstlerischem Sehen (Bertha wurde später Malerin) und schweifender Phantasie, aus tiefem Gefühl und Ahnung des Lebens und seiner Schicksale.

Wenn das Wetter schön war, ging die Mutter mit den Kindern morgens in den Wald. Sie setzte sich auf eine Bank und zog das ewige weiße Strickzeug heraus, denn auch die Töchter verbrauchten Unmengen von weißen

Baumwollstrümpfen, und noch keine Maschine nahm ihr gütig die mühsame Arbeit aus der Hand.

Gustchen machte sich ein Kauflädchen und handelte mit Kartoffeln und Spinat, Zucker und Mehl und kleinen Blumensträußen. Elisabeth strickte zuerst brav die ihr aufgegebenen Touren, dann warf sie die Arbeit hin. «Ich komme gleich wieder!» Fort war sie.

Oben auf dem Altarberg lockte die Waldwiese mächtig. Bis zu den Knien stand man in Gras und Blumen; dichter Buchenwald war die Rückendeckung, und nach vorn öffnete sich der Blick in die weite Ebene auf den Rhein. Es war ganz still. Die Vögel hatten ihr Morgenlied gesungen und waren jetzt mit Nestsorgen beschäftigt. Schmetterlinge flogen lautlos über die Blumen hin, kein Wind bewegte das Laub der Bäume, kein Menschenlaut drang aus dem Dorf in der Tiefe herauf.

Das Mädchen faltete die Hände im Nacken und träumte in den weiten Himmel hinaus. Das Rauschen der Stille tönte in ihren Ohren. Was war das? War es eine Melodie, die sehnsuchtsvoll durch ihre Adern rann? Oder war es Harmonie des Weltalls, die die Natur durchwogte? Sie lauschte mit klopfendem Herzen, voll trunkener Seligkeit. Da sang ein Vogel, da schwamm ein Glockenton durch die Luft, das Wunder war gebrochen.

Mit sichern jungen Füßen sprang sie den Abhang hinunter bis zur Bank, auf der sie die Mutter verlassen hatte und wo sich nun auch der Vater eingefunden hatte, der aus der Zeitung vorlas.

«Mutter, was ist das?» fragte sie atemlos. «Wenn es ganz still ist, höre ich immer ein Rauschen wie Musik. Abends, wenn ich aus dem Fenster sehe und die Sterne stehen am Himmel; aber auch jetzt, oben auf dem Berg.»

«Das ist die Sphärenmusik», sagte die Mutter lächelnd.

«Wer macht sie?»

«Die wandernden Sterne, die ziehenden Wolken, die Sonne auf ihrer Bahn.»

«Die steht aber still», fiel Gustchen vorlaut ein.

«Dann ist es die Erde, die um die Sonne kreist, oder die Sonnenstrahlen, die sie streicheln.»

«Warum bringst du dem Kind die phantastischen Vorstellungen des griechischen Philosophen bei?» fragte der Vater unmutig.

Ohne den Einwand zu beachten, fragte das erregte Kind: «Warum hört man es nicht immer?»

«Wir sind zu sehr daran gewöhnt, deshalb vernehmen wir es nicht mehr», sagte die Mutter sanft und sah das Kind liebevoll an. «Nur wenn es draußen und in unserm Herzen ganz stille ist.»

«Das sind griechische Märchen», störte der Vater, «du hörst das Rauschen deines Bluts, das durch die Adern fließt.»

«Ach», sagte Elisabeth enttäuscht. Und es kam ihr plötzlich vor, als sei sie aus Glas, und rot durchpulstes Geäder laufe ihr bis in die Fingerspitzen. «Aber es ist nicht nur Rauschen, ich hör Musik», wandte sie ein.

«Das war der Schulmeister, der in der Kirche auf der Orgel übt», sagte Gustchen altklug und freute sich, die große Schwester abzutrumpfen.

«Was weißt denn du?» erwiderte Elisabeth hochmütig und fand Mutters Augen zärtlich auf sich ruhen. Das versöhnte sie sofort; sie griff zu ihrem Strickzeug, setzte sich dicht neben die Mutter, daß sie die Wärme ihres Körpers spürte, und begann langsam zu stricken, indes der Vater aus der Zeitung vorlas: «Wie wir hören, hat Seine Königliche Hoheit die Pläne des Architekten Kraus genehmigt, und es wird in absehbarer Zeit mit dem Bau des neuen Palais auf dem Wilhelminenplatz begonnen werden ...

Die Gasgesellschaft hat ihre Fahrten mit dem Gaskessel durch die Stadt eingestellt, weil die meisten Gasabnehmer sich jetzt direkt Leitung in ihre Häuser legen lassen ...

Minister Freiherr von Dalwigk hat einen vierwöchigen Urlaub angetreten. Die Sprechstunden fallen so lange aus ...

Der berühmte Entdeckungsreisende Robert von Schlagintweit ist im Gasthaus ‚Zur Traube' abgestiegen.»

Ein Entzückungsschrei Elisabeths unterbrach den Vorlesenden. «Oh, Vaterchen, lade ihn doch zu uns ein!»

«Der kommt schon von selbst», antwortete der Vater ein wenig grämlich. «Der möchte einen Orden, und ich soll den Wunsch beim Großherzog vermitteln.»

«Vater», brauste das Kind auf und warf das Strickzeug zornig zu Boden. «Das ist empörend, dem großen Mann solche Kleinlichkeiten unterzuschieben!»

«Du solltest endlich lernen, dein Temperament zu zügeln», sagte Walther streng und überhörte einen kleinen Gewissenszwicker, der dem Kind recht geben wollte. Aber natürlich, *er* hatte auch recht. Ohne daß er dabei die Verdienste des Gefeierten schmälern wollte. Ein wenig väterliche Eifersucht kam auch dazu.

Er faltete die Zeitung zusammen. «Es ist Zeit, zum Essen zu gehn», meinte er gemessen.

«Erst mach ich noch Ausverkauf!» schrie Gustchen und verteilte ihre Sträußchen. «Du kriegst auch eins», sagte sie gnädig zur Schwester. «Du kannst es dem Himalayahüpfer ins Knopfloch stecken, dann hat er seinen Orden.»

* * *

Am andern Tag stieg ein großer breitschulteriger Mann mit schwarzem Vollbart die Platanenallee hinauf, die von Auerbach zum Fürstenlager führte. Er hatte einen schwarzen Schlapphut auf dem gewaltigen Haupt, war von einem grauen Staubmantel umflattert und trug eine schwere Bildermappe unter dem Arm. Die mächtigen Bäume verschlangen ihre Äste über dem Weg und ließen nur wenig Sonnenstrahlen durch, die sich auf dem Boden leise zitternd kringelten.

Schüsse drangen an sein Ohr. «Nanu», sagte er, «ist doch nicht Jagdzeit. Vergnügt sich der hohe Herr mit Spatzenschießen?»

Zur Rechten tauchte ein Seelein auf, das von einem blühenden Binsenkranz umgeben war. Weiße Kleider und dunkle Gestalten schimmerten durch die Büsche. Auch zwei Lakaien in roten Röcken lungerten herum.

Robert von Schlagintweit blieb stehen, und seine scharfen Augen durchforschten das Ufer. Da schoß es wieder. «Getroffen!» jubelte eine Frauenstimme. «Endlich! Das ist mein erster.»

«Ich habe zehn», sagte ein junger Mann in Leutnantsuniform.

«Was schießt ihr denn da ins Teifels Namen?» fragte der Afrikareisende den Lakaien, der untätig an einer Platane lehnte.

Der wendete hochmütig den Kopf, begegnete gebietenden schwarzflammenden Augen und wurde höflich. «Die Herrschaften geruhen Frösche zu schießen.»

«Frösche?» lachte laut der Hüne, «edles Wild fürwahr.»

«Es ist mehr zum Vergnügen und zur Unterhaltung. Aber der Koch Seiner Königlichen Hoheit versteht eine delikate Pastete davon zu bereiten.»

«Da wär mir a Kalbshaxen lieber», sagte der Angekommene und verfiel in unverfälscht bayrischen Dialekt.

«Unter uns gesagt, mir auch», stimmte der Lakai bei, «man ißt sich hungrig an den dünnen Froschschenkeln.»

«Und die Damen schießen auch?»

«Die sind am allertollsten drauf. Es ist ihnen halt langweilig auf dem Land.»

«Na, wohl bekomm's! Zum Dank wern euch die Schnaken auffressen. Mensch, wißt ihr denn nicht, daß so a Fröscherl an Nutzen hat?»

«Ja, Schnaken hat's hier sowieso, ob mit Frösch oder ohne.» Der Lakai wandte sich ab und ging mit einem Eimer zu der Jagdgesellschaft, die munter weiterknallte.

«Herrgott Sakra», sagte der Bayer und lupfte den Schlapphut. «Ob mein Herr Hof- und Kabinettsbibliothekar und seine Familie sich auch dabei verlustiert? Aber nein, der hat wohl Besseres zu tun als die Hofschranzen. Oh Heimat, Heimat!» knirschte er zornig.

Gleich darauf tauchte ein großes, weißes Haus auf mit blanken Fenstern; zwei Kinder spielten Reifen. Das eine war ein kleines Ding, nicht hübsch; es hatte einen schiefen Mund und Sommersprossen; die dünnen Haare waren mit einem Kamm straff aus der Stirn genommen. Das ältere, dunkelgelockt, die elfenbeinfarbene Haut vom Spiel rosig angeflogen, stand schon an der Schwelle des Jungfrauenalters. Er erinnerte sich dunkel, dieses Kind schon einmal gesehen zu haben, aber wo, das fiel ihm nicht ein.

Er betrachtete die Grazie der beiden Spielerinnen, wie sie dem Reifen nachliefen, sich hochreckten, gewandt den Leib zurückbogen. Da flog der Reifen zu hoch und blieb an einem Ast des Baumes hängen. Betroffen sahen die Mädchen hinauf.

«Darf ich helfen?» fragte der Zuschauer, warf den

Mantel ab und erklomm in drei Zügen den Stamm. Dann schüttelte er den Ast, daß der Reifen Elisabeth vor die Füße rollte.

«Els, der Himalayahüpfer», raunte Gustchen. «Danke schön», sagte sie und knixte, während Elisabeth dunkelerrötet und stumm das Spielzeug aufhob.

«Ihr seid wohl die kleinen Fräulein Walther?» Nun knixten beide. «Ja», hauchte Elisabeth.

«Papa zu Hause?»

«Ja, in seinem Zimmer.»

«Ich dachte schon, ihr wärt bei der Froschjagd.»

«Äx bäx», sagte Gustchen keck, «die überlassen wir den hohen Herrschaften.»

«Und was seid denn ihr, ihr Madeln? Kleine Herrschaften?»

«Wir? Wir sind Kinder aus einer —» sie schluckte und brachte mühsam heraus — «aus einer hochkultivierten Familie.»

Der Forscher lachte laut und sah Elisabeth an. Ihre Augen begegneten den seinen mit hingebender Liebe und Bewunderung.

«Wißt ihr denn, wer ich bin?» fragte er überrascht.

«Der Himalayahüpfer», sagte Gustchen frech, zum Glück leise.

«Sie sind Robert von Schlagintweit und haben mit Ihren Brüdern den Himalaya als erste durchforscht. Herr von Humboldt hat gesagt, Sie seien die tüchtigsten Wissenschaftler in Geographie und Geologie und die mutigsten Männer und Bergsteiger, und aus Ihren Büchern könnte man zwanzig Abenteuerromane machen.» Sie hielt erschrocken inne, denn er lachte.

«Wenn mich die Tibetaner einmal ermorden, kannst du mir den Nekrolog schreiben.» Er strich ihr sanft die Locken aus dem erglühten Gesicht. «Der kleine Spatz hat recht, ihr scheint wirklich eine hochkultivierte Familie zu sein und der ‚Alte vom Berge' hat mich nicht umsonst an euch empfohlen.»

«Wer ist der Alte vom Berge?» fragte Elisabeth erstaunt.

«Das ist Alexander von Humboldt, der den Chimborasso erstiegen hat als erster. Aber ich habe ihn mit dem Ibi Gamin um 478 Meter übertrumpft. Er hat mir's aber net übelgenommen.»

«Und der Kuenluen», sagte Elisabeth bewundernd.

«Ja, hier haben Sie eine Verehrerin, Herr von Schlagintweit», ließ sich Walther vernehmen, den Gustchen indessen geholt hatte. «Seit Sie vor einem halben Jahr bei uns in Darmstadt waren, liest sie alles, was von Ihnen gedruckt ist, und möchte eine zweite Ida Pfeifer werden.»

Die Männer schüttelten sich die Hände. Die Kinder verschwanden und halfen der Mutter den Kaffeetisch rüsten. Mathilde sauste ins Dorf, um Gebäck zu holen, denn Elisabeth weigerte sich, den kleinsten Schritt aus dem Haus zu tun, das ihr Idol beherbergte. Dafür durfte sie ihm dann Kaffee einschenken. Ihre Hände zitterten, aber sie beherrschte sich und verschüttete nichts.

Die beiden Männer setzten ihr Gespräch am Kaffeetisch fort.

«Daß Ihr Bruder bei Jarkand von Tartaren erschlagen wurde, las ich in der Zeitung.»

«Ja, der arme Adolf! Als Hermann und ich im Jahr 1857 in die Heimat zurückkehrten, trennte er sich von uns und wollte allein den Kuenluen weiter östlich durchqueren. Er war der Kühnste von uns.»

«Haben Sie noch mehr Brüder?» fragte die Mutter.

«Wir waren neun Söhne. Die Berliner hatten Angst, der König könnte alle neun auf Reisen schicken und das gute preußische Geld verpulvern. Aber sie irrten sich. Während Hermann jetzt in Jägersburg die Ergebnisse der Reise ordnet und eine neue plant, habe ich die sehr undankbare Aufgabe, die Höfe Deutschlands zu bereisen und Geld für die neue Unternehmung zu sammeln.»

«Da werden Sie bei Sr. Königlichen Hoheit wenig Glück haben», meinte Walther. «Der Herr ist sehr sparsam mit Geld, das außer Landes gehen soll. Einen hohen Orden kann ich Ihnen versprechen, Herr von Schlagintweit.»

«Auf euern Orden pfeif ich!» sagte der Forscher mit bayrischer Derbheit.

Elisabeth bekam das Lachen und stürzte hinaus. Nach einiger Zeit kam sie wieder und hielt etwas in der Schürzentasche verborgen. Sie blieb hinter dem Stuhl des Gastes stehen und horchte atemlos der Erzählung.

«Ja, wir verkleideten uns als Viehhirten und trieben unsere Schafherde durch das Hochland. Hermann beherrschte besonders gut die Sprache; ich stellte mich taubstumm. Den Gaurisankar haben wir auf diese Weise ermessen. Ich bin ein guter Mathematiker und im Vermessungswesen ausgebildet.»

«Großartig», sagte die Mutter bewundernd.

«Und Sie durchstreiften Nepal, das verbotene Land?» fragte der Vater.

«Ja, da waren wir als Bettelmönche verkleidet.»

Elisabeth griff plötzlich in die Tasche, zog eine tönerne gelbe Birne heraus, die als Sparbüchse diente, und stellte sie hastig vor den Forscher. «Das ist mein Erspartes. Nehmen Sie's, wenn der Großherzog doch kein Geld hat.»

Überrascht wandte sich der Beschenkte zu dem Kind. Der Vater runzelte die Stirne, die Mutter leuchtete auf.

«Da sind mindestens sieben Mark drin», sagte Gustchen und bewunderte die Schwester.

Der Forscher aber stand auf, machte eine tiefe Verbeugung vor dem kleinen Mädchen und küßte der Erglühten ehrfurchtsvoll die Hand wie einer großen Dame.

«Solchen Geist in Deutschland, und wir sind das erste Volk auf der Erde.»

Da entrunzelte der Vater seine Stirne und sah seine Tochter in tiefen Gedanken an, wie wenn er sie jetzt zum erstenmal richtig sähe.

«Blut von meinem Blut», dachte die Mutter. «Gott segne das Kind!»

Und dann gingen die Männer in den Fürstenbau, den Großherzog aufzusuchen und ihm die Bilder zu zeigen, die die Brüder selbst auf ihren Reisen skizziert hatten.

Die Brüder Schlagintweit bekamen in Hessen den Philippsorden. Sonst nichts.

«Sie sind kühne Bergsteiger, bedeutende Wissenschaftler, Forscher, Schriftsteller und Künstler», sagte der Vater, als er wieder zu Hause war. Und Elisabeth bekam eine neue Sparbüchse.

* * *

Die Alten in der Familie waren gestorben. Zuerst die sanfte Großmutter Walther; die ging hinweg wie ein Hauch und machte niemand Last; dann der Mann; die drei alten Jungfern blieben allein im Parterre wohnen, strickten und giftelten und verzogen das Gustchen, das ihr Liebling war, und belauerten die Straße und die Nichten durch den Spion. Im gleichen Jahr starb auch Augustes Vater an einem Schlaganfall, und nur die Mutter lebte noch mit ihrer Tochter Karoline, die eine sehr geliebte, heitere Tante bei den Waltherstöchtern war.

Man war wieder in der Stadt; es war Winter. Im Wohnzimmer war kein Ofen, sondern ein altmodisches Kamin. Sonntags wurde abends hier Feuer angezündet, und es war hergebracht, daß der Vater dann erzählte, während alle um die Flammen saßen. Er sprach von seinen Reisen mit dem Großherzog und zeigte Asche und Bimsstein vom Vesuv, Stahlstiche aus Rom. Er schilderte die Kaiserzusammenkunft in Olmütz, wo er dabei gewesen war, und die Höfe von Wien und Berlin. Er erzählte alte Sagen der Heimat, die er im Begriff war, in ein Buch zu sammeln.

«Warum heißt der Felsen bei der Ludwigshöhe die ‚Teufelsklau'?» fragte Elisabeth, während Gustchen die Puppe wiegte, die sie vom Großherzog zu Weihnachten bekommen hatte. Auch Elisabeth und Mathilde hatten eine bekommen, denn der Fürst vergaß, daß die älteren dem Puppenalter entwachsen waren. «Sie hat kein Hemd», sagte Elisabeth verachtungsvoll und verwahrte die seidene Puppe im Spiegelschrank, ohne sie ans Herz zu nehmen. Sie war ja jetzt auch schon fünfzehn Jahre alt.

«Die Teufelsklau?» sagte der Vater. «Ja, das war so. Vor alter Zeit sollte auf dem Herrgottsberg eine Kirche gebaut werden; die Gemeinde Bessungen hatte das in einer Notzeit gelobt. Man schaffte das Material dazu hinauf, Steine, Holz, und als man anfangen wollte, war alles weggeschleppt und lag am Fuß des Berges. Man dachte, es sei das Werk böser Menschen und trug alles wieder hinauf, um es am andern Tag aufs neue unten zu finden. Da beschloß der Baumeister, selbst Wache zu halten und ging nebst einigen Gesellen abends auf den Berg, wo er sich versteckte.

Gegen Mitternacht sah er eine schwarze Gestalt, die die Balken nahm und mit Leichtigkeit den Berg hinunterwarf. Der Baumeister war erstaunt, trat hervor und fragte den Schwarzen, wie er sich erkühnen dürfe, das für des Herrn Haus Bestimmte wegzuwerfen und die Arbeit zu hindern.

Da lachte der Schwarze höhnisch und sprach: «Eben weil ihr ein solches Haus bauen wollt, hindere ich die Arbeit. Wolltest du mir eins bauen, eine Schenke, es stünde schon da, bevor der Tag anbricht.»

Der Baumeister war ein kluger Mann und sprach schnell: «Wohlan, das Haus soll dein sein, wenn es bis morgen früh dasteht und genau nach dem fertigen Plan gebaut wird, den ich gemacht habe.»

Der Teufel versprach es, und als am andern Morgen der Priester mit dem heiligen Kreuz, die Ministranten und die betende und singende Gemeinde vor die fertige Kapelle zog und Einlaß begehrte, wurde es dem Teufel schwül bei soviel Heiligtümern. Er merkte, daß er überlistet war, und eilte in den Wald, während die fromme Gemeinde ungestört in die Kapelle einzog.

Der Teufel aber beschloß, sich zu rächen und alle Christen in dem Kirchlein zu töten. Er riß einen ungeheuren Felsblock los und schleuderte ihn gegen das Dach der Kapelle. Aber Gott schützte die Andächtigen; der Stein prallte ab und fiel, ohne Schaden zu bringen, neben der Kirche nieder.

Da liegt er noch, und als Wahrzeichen sieht man an der Stelle, wo der Böse ihn angefaßt hatte, dessen Krallen eingedrückt. Deshalb nennt man ihn heute noch die Teufelsklau.»

«Wann ist das passiert?» fragte Gustchen gespannt.

«Vor langer Zeit, ehe der Dreißigjährige Krieg war.»

«Bist du mal im Krieg gewesen, Vater?»

«Nein, aber als ich geboren wurde im Jahre 1812, hausten die Russen in Darmstadt. Sie kamen als Freunde, aber Gott schütze uns vor solchen Freunden! Wir hatten Einquartierung, vier Mann hoch, und als sie erfuhren, daß ihrem Quartierwirt ein Kindlein geboren war, wollten sie ins Wochenzimmer und der Frau gratulieren. Aber mein Vater stellte sich mit ausgebreiteten Armen vor die Türe und sagte: «Nur über meine Leiche.» Das verstanden sie zwar nicht, aber dem entschlossenen Ton hörten sie den Ernst an. Da verlegten sich die vier bärtigen Kerle aufs Bitten. Sie wollten das Kind sehen. Sie krümmten ihre Arme, wie wenn sie ein Kindlein wiegen wollten, und machten so sanfte väterliche Gesichter, daß mein Vater willfahrte und das Kind brachte. Jeder der Kosaken nahm mich auf den Arm, wiegte mich und dachte an eigene Kinder daheim. Zuletzt wollten sie mir eine Kosakenehrung bringen, legten mich auf das Tischtuch, faßten es an den vier Zipfeln und schnickten mich in die Höhe. Dreimal machten sie es so, da stürzte die Großmutter herein, riß energisch das Kind an sich und brachte es in Sicherheit. Ich soll bei der Prozedur nicht einmal geschrien haben.»

Die Augen der Kinder glänzten. «Wie interessant!» sagte Elisabeth.

«Waren die betrunken?» fragte Mathilde.

«Wahrscheinlich», antwortete der Vater. «Die tranken alles, was Alkohol enthielt, auch Brennspiritus und Kölnisches Wasser, Firnis und Fusel.»

«Ich hätt' ja geschrien», erklärte Gustchen.

«Ja, Vaterchen war halt ein Held schon als Wickelkind», sagte die Mutter und lächelte spitzbübisch ihrer ältesten Tochter zu. Er sah ja nicht gerade wie ein Held aus. Aus der jugendlichen Schlankheit war Magerkeit geworden; der höfische Backenbart zeigte graue Spuren, das Haar war gelichtet, und die Augen wurden von einer scharfen Brille verdeckt. Er war das typische Bild des

Gelehrten. Mathilde lächelte zurück und legte dem Vater zärtlich den Arm um den Nacken. «Jedenfalls ließe Vaterchen seine Kinder auch nicht von Kosaken prellen.»

«Gott verhüte, daß wir je in diese Lage kämen! Die Preußen sind immerhin etwas zivilisierter», meinte Walther trübe.

«Das will ich meinen», rief die Mutter kriegerisch. Sie war eine Preußenfreundin und träumte den Traum eines geeinten Deutschlands unter Preußens Führung. Aber ihr Mann, als getreuer Diener seines Fürsten, verabscheute alles, was dessen Macht beschränken konnte.

Es war wieder unruhige Zeit; kaum war die schleswig-holsteinische Frage kriegerisch entschieden worden, so wetterleuchtete es am östlichen Horizont. Zwischen Österreich und Preußen begann es, und die süddeutschen Staaten stellten sich zur Donaumonarchie.

«Diese Preußen führen eine unerhörte Sprache gegen uns», sagte Walther empört. «Professor Droysen in Berlin schreibt an einen Freund: Unsre liebenswürdigen Brüder in Süddeutschland müssen erst Prügel bekommen, ehe sie hören! Er spricht von verbohrten Schwaben, bockbeinigen Bayern, katholisierten Franken, bei denen der gesunde Menschenverstand aufhört.»

Die Kinder horchten gespannt. «Wie unfreundlich», sagte Mathilde mit mattem Vorwurf.

«Gelt, das sind Saupreußen?» trumpfte Gustchen auf.

Die Mutter fuhr sie an. «Das Wort will ich nicht mehr hören; die Preußen gehören zu den Tüchtigsten in unserm Volk.»

«Und zu den Eingebildetsten und Herrschsüchtigsten», warf der Vater ein.

«Das ist nur die Schattenseite ihrer Tüchtigkeit», verteidigte die Mutter.

«Wenn Preußen Herr wird, müssen wir alle stramm stehen.»

«Wenn Preußen Herr wird, sind wir ein einiges, mächtiges Deutsches Reich. Das wäre der größte Schritt, den wir seit 1517 gemacht haben», sagte Auguste begeistert.

«Und unsere süddeutsche Kultur? Die ist höher als die preußische. Oder willst du das ableugnen?»

«Die geht nicht verloren; mit der können wir dem preußischen Volk dienen und es ergänzen als unsere wertvolle Gegengabe.»

«Unsere Kultur wird vom Militarismus zur Dienstmagd gemacht.» Walther runzelte unmutig die Stirne und stieß den Schürhaken in die Flammen, daß die Funken sprühten. Betreten sahen die Kinder sich an; es verwirrte sie, daß die Eltern stritten und nicht der gleichen Meinung waren.

«Welche Gunst der Zeit», sagte die Mutter bitter, «Gott zu danken und auf Preußen zu schimpfen.»

«Schweig jetzt!» sagte der Vater streng. «Denk an meine Stelle als Hofbeamter. Das ist Verrat an der Hessischen Dynastie, was du denkst.»

«Es ist die größere Treue zum Deutschen Reich», erwiderte Auguste heftig.

«Du gehörst auch zu den Plönnies, Hüffell, Schädel und Schacht. Ich halte es mit Dalwigk und dem Großherzog.»

«Ich bin stolz, zu diesen Männern zu gehören.»

Mit einem Ruck stand Walther auf und verließ das Zimmer. Beklommenes Schweigen.

Da fing die Mutter mit ihrer tiefen, klangvollen Stimme an, Verse von Geibel zu rezitieren:

«Oh wann kommst du, Tag der Freude,
den mein ahnend Herz mir zeigt,
da des jungen Reichs Gebäude
himmelan vollendet steigt.
Da ist Geist der Eintracht drinnen
wie am Pfingstfest niederzückt
und des Kaisers Hand die Zinnen
mit dem Kranz der Freiheit schmückt!»

Ergriffen lauschten die zwei großen Mädchen.

«Mutter, glaubst du, daß es jetzt Krieg gibt?» fragte Elisabeth und schmiegte sich in ihren Arm.

«Ich weiß es nicht, Kind. Aber wenn er nicht vermieden werden kann, so wollen wir Gott bitten, daß er uns das Reich und die Einigkeit aller Deutschen schenkt, als süße Frucht so bittern Geschehens.»

«Ich will auch drum beten», sagte Elisabeth glühend. «Weil du es tust, Geliebtes!»

Mathilde schwieg. Ihre sanfte Seele bebte vor den Schrecken des Krieges zurück.

«Für den Bruderkrieg gibt es nur *eine* Rechtfertigung: die Einheit der deutschen Nation hergestellt zu haben. Gott lasse es Bismarck gelingen», sagte die Mutter voll Inbrunst.

Gustchen ließ ihre Puppe tanzen und sang dazu:

«Ich bin ein Preuße. Kennt ihr meine Farben?
Die Fahne weht mir schwarz und weiß voran;
daß für die Freiheit meine Väter starben,
das deuten, merkt es, diese Farben an.»

Sie hatte eine schöne, starke Stimme, und in ihrem Schulzeugnis stand Singen sehr gut, Kopfrechnen schwach.

«Sei still, Gustchen, wenn Papa dich hört», warnte Mathilde erschrocken. Da schwieg das Kind, und alle sahen stumm dem Spiel der Flammen zu.

* * *

Man ging in diesem Jahr schon im Mai nach Auerbach; nur der Vater blieb in der Stadt zurück, denn er wollte bei so bewegter Zeit auf seinem Posten sein. Er kam immer am Samstag nachmittag, blieb über Sonntag und fuhr montags früh mit der Bahn in die Stadt zurück.

Diese Sonntage wurden dann Festtage für die Familie. Man stellte alles zurück, was die Einigkeit stören konnte, vermied politische Gespräche, machte weite Ausflüge. Mathilde buk stets einen Kuchen für den Sonntag; Elisabeth holte mächtige Sträuße von Wiesenblumen und schmückte die Zimmer damit. In Auguste sammelte sich die Woche über alles weibliche Liebesbedürfnis und überschwemmte stürmisch Pedanterie und Gelehrtendünkel des Herrn Geheimrats. Denn daß er das geworden, konnte er ihr am ersten Sonntag als Überraschung mitbringen. Auguste war nicht unempfindlich für die Ehrung, aber auf Elisabeth machte der Titel am meisten Eindruck, sie war ehrgeizig — nicht für sich, aber für die Ihrigen.

Am nächsten Sonntag hatte Walther eine Überraschung für seine Frauen. Er brachte Max Bruch, den Komponisten mit, der von Mannheim kam, wo er seinen Frithjoff dirigiert hatte. Eine Leiterwagenfahrt nach Lindenfels wurde geplant. Man saß am Samstag abend noch lange unter den Linden bei einem Windlicht und trank Erdbeerbowle. Dazu blühten die Linden, und die fünfzehnjährige Elisabeth sagte träumerisch: «Ein Abend, um sich zu verlieben.»

Max Bruch war aber doch nicht der geeignete Partner, obgleich er gut aussah. Er hatte einen dunkeln Knebelbart, leuchtende Augen und eine mittelgroße pagenartige Gestalt. Er war jünger als der Vater und wirkte besonders jugendlich durch sein Feuer und die Lebhaftigkeit seiner Reden und Gesten, fast wie ein Franzose.

Die Linden blühten, und alles war von ihrem Duft erfüllt. Wenn ein weicher Atem durch die Bäume wehte, regneten die unscheinbaren Blütenblätter über die Häupter der drunten Sitzenden.

«Jetzt fehlt mir zur völligen Seligkeit nur noch Musik», sagte Auguste leise. Ohne ein Wort zu verlieren, stand der Musiker auf und ging ins dunkle Haus zurück. Elisabeth riß das Windlicht vom Tisch und lief ihm nach, um die Lichter am Tafelklavier anzuzünden. Die Fenster standen offen; im Schein des Lichts, das aus den Fenstern fiel, sah man die dunkeln Gestalten der Hörer. Elisabeth huschte wortlos wieder hinaus; sie fühlte, daß des Musikers Seele bereits in einem andern Reich weilte, in das sie sich nicht eindrängen durfte. Leise knarrte der Sessel aus Weidengeflecht, in den sie sich vorsichtig niederließ.

Noch war es still, nur hinten im Park bei dem Springbrunnen sang eine ferne Nachtigall.

«Wie friedlich und wie schön», flüsterte Mathilde entzückt.

«Gar nicht nach kommendem Krieg», sagte der Vater.

Auguste wehrte ab, wollte nicht daran erinnert sein; da brauste ein Akkord auf und hallte mächtig nach. Melodien erhoben sich, sangen schmerzlich süß von Sehnsucht und Liebe, von Heimweh nach Sternen, von jungem Tod.

«Er phantasiert», sagte der Vater leise. Die Frauen

antworteten nicht, lauschten hingegeben. Die Nachtigall kam näher, von den Tönen gelockt, und webte ihren Gesang ein. Der Musiker hörte sie und antwortete mit der gleichen Figur, aber in Moll.

Nun saß der Vogel in der Linde am Fenster; immer lauter wurde der Gesang, immer klagender, als wollte er die Musik übertönen. Und süß und lockend erwiderte der Riesenvogel im Menschenhaus seinen Gesang, bald begleitend, bald führend. Plötzlich verstummte der Vogel mitten im langgezogenen Schluchzen. Man hörte ein Rauschen in den Blättern, einen dumpfen Fall. Niemand wagte sich zu rühren. «Sie ist tot», flüsterte Mathilde, und die Tränen schossen ihr in die Augen. «Sie hat sich übersungen.»

Ganz leise und hinsterbend schloß drinnen die Musik; das Fenster wurde dunkel, Kies knirschte unter tastenden Schritten.

Max Bruch trat unter die Schweigenden und blieb im Schein des flackernden Lichtes stehen.

«Wie sollen wir Ihnen danken», sagte Auguste und sah ihn warm an.

«Wie dankt man dem Künstler, kleines Elschen?» fragte Bruch. Verwirrt sprang Elisabeth auf und stand vor ihm. «Wie dankt man ihm?» fragte er noch einmal und sah zärtlich auf das lockenumspielte schöne Gesicht. Da erglühte Elisabeth, hob das Köpfchen und bot ihm die Lippen.

«Ja, so kann man ihm einzig danken», sagte er hingerissen, küßte sie sanft und drückte ihre beiden Hände.

«Wollen Sie auch einen Kuß von mir zum Dank?» fragte Walther mit trockenem Humor.

«Danke, Herr Geheimrat, ich fühle mich belohnt genug.»

Auguste schenkte ihm ein Glas Bowle ein, er stürzte es in einem Zug hinunter.

Gustchen hatte sich vom Tisch entfernt, der Künstlerdank interessierte sie nicht; suchend ging sie unter die Linde hin, fand und trat ins Licht.

«Sie hat sich zu Tode gesungen», sagte sie vorwurfsvoll und hielt das Vöglein in der Hand dem Musiker hin. «Du hast sie verlockt.»

«Sie wollte das Höchste leisten, und daran zerbrachen ihre Kräfte», sagte Auguste ehrfürchtig.

«Ein schöner Tod. Wohl dem Musiker, der so sterben darf», antwortete Max Bruch erschüttert.

Und auf einmal waren alle traurig und wußten nicht warum.

* * *

Im Juli holte Walther die Seinen aus Auerbach vorzeitig zurück. Die Schlacht von Königgrätz war geschlagen und an die Preußen verloren, bei Laufach hatten die Hessen große Verluste gehabt, die Besetzung Darmstadts vom Feind stand bevor. Da wollte er von seiner Familie nicht getrennt sein.

Die Stimmung in der Stadt war zwiespältig. Die großdeutschen Patrioten waren hoffnungsvoll, wenn sie auch offenen Jubel scheuten. Der Großherzog trauerte, aber sein Nachfolger, Prinz Ludwig, der die englische Prinzessin geheiratet hatte, blickte weiter und stand im Herzen auf Preußens Seite. Er war nur gezwungen in den Krieg gegangen. Auf den Bierbänken schimpften die Kleinbürger und verkündeten laut ihre Treue zum hessischen Großherzogtum, besonders die Hoflieferanten. Sie ließen sich nicht durch Einsichtige beruhigen, die von auffallend mäßigen Friedensbedingungen sprachen, die durchgesickert waren.

«Ihr übertrefft noch mit eurem blödsinnigen Widerstand die vielgeschmähten Dynastien», sagte Rechtsanwalt Osann und trank sein Bier aus. «Sächsische Spitzbubenkunst von Beust, süddeutsche Romantik, engstirnige Selbstgefälligkeit sollten gegen den Plan eines großdeutschen Reiches triumphieren? Deutsch wäre es! Dann wandere ich aus.» Sprach's, stülpte den schwarzen Schlapphut auf den Löwenkopf und schlug die Türe hinter sich zu. Verbissen sah man ihm nach. Auch unsicher.

«Schon lauert das Ausland und reibt sich die Hände», meinte besorgt der Redakteur des Darmstädter Tagblatts. «Wir Deutsche müssen einig sein.»

«Und Kurhessen?» fragte ergrimmt der Schneidermeister Enßling. Der Redakteur zuckte die Achseln. «Wird sich unter Preußen genau so wohl fühlen wie bei unserm Ludwig.»

«Na ja, ihr Liberalen», sagte verächtlich der Buchbinder Rühl, der einen Buckel hatte und patriotische Gedichte in der Zeitung veröffentlichte von Heldenmut und Tod fürs Vaterland, von Kraft und Sieg und Schmach des Feindes; für Treu und Glauben der Gutgesinnten, so wie er war.

«Mit eurem verdammten Partikularismus verratet ihr lieber euer Deutschtum. Was hat der Dalwigk immer mit den Franzosen zusammengesteckt? 1813 wart ihr auch die letzten, die sich von Napoleon lösten», schloß der Redakteur.

«Das Hemd is uns näher als der Rock», verteidigte sich Enßling. «Das Hesseländche is unser Vaterland.»

Am 21. Juli ward Darmstadt von den Preußen besetzt. Walther arbeitete wie gewöhnlich auf der Hofbibliothek im alten Schloß; da hörte er Pferdegetrappel, Kommandorufe. Auf dem Paradeplatz hielt die Vorhut;

das Arsenal und Zeughaus wurde erbrochen, da der Schlüssel unauffindbar war. Ein ganz Kluger hatte geglaubt, daß das Fehlen des Schlüssels genügen würde, die Preußen von der Besetzung des Arsenals abzuhalten.

Die jungen Bibliothekare und die Studierenden im Lesesaal stürzten hinunter, da die Fenster der Bibliothek nach dem Schloßgraben gingen, um zuzusehen. Da mußte man dabei gewesen sein. Walther blieb verbissen sitzen und stellte mit seiner kleinen, zierlichen Handschrift das Register seines Darmstädter Antiquarius zusammen, der demnächst bei Wittich herauskommen sollte. Trompetengeschmetter klang in seine Arbeit hinein, Bubengeschrei aus der Altstadt, Gezeter der Marktweiber, die ihren Kram zusammenrafften.

Als er um 1 Uhr wie gewöhnlich heimging, würdig in seiner goldbetreßten Uniform, stand vor der Infanteriekaserne eine preußische Schildwache mit blankgezogenem Säbel. Erschreckt blickte er auf und sah in ein treuherziges blondbärtiges Bauerngesicht mit ernsten Augen. «Der könnte wohl aus dem Odenwald sein», dachte er flüchtig.

Daheim war großer Aufruhr: ein Leutnant mit einem Burschen hatte sich als Einquartierung gemeldet. Schon saß der Bursche in der Küche und half der Magd Stiefel wichsen. Schon saß der Leutnant im Salon, wo man ein Bett aufgeschlagen hatte, und begleitete am Klavier Gustchens Gesang: «Ich bin ein Preuße, kennt ihr meine Farben?», während Elisabeth, hinter einem Sessel verschanzt, das zusammengeraffte Gesicht des jungen Manns betrachtete.

Mathilde ging ab und zu mit frischer Bettwäsche und Handtüchern, die Mutter regierte in der Küche.

Als Walther eintrat, erhob sich der junge Mann und verbeugte sich vor dem älteren. «Von Hagen», stellte er sich vor. Stumm erwiderte Walther die Verbeugung und fuhr Elisabeth an: «Was habt ihr hier zu suchen? Hilf der Mutter draußen in der Küche, und du, Guste, gehst an deine Schularbeiten.»

«Wir haben schulfrei», maulte die Kleine. «Und sie sind gar keine Feinde, hat der Leutnant gesagt, sondern deutsche Brüder. Da hab ich ihm das Lied gesungen und die Begleitung hat er auswendig gewußt.»

«Wir haben strengen Befehl, uns als Gäste zu benehmen und nicht als feindliche Sieger.»

«Unwillkommene Gäste», brummte Walther und verließ das Zimmer. Der junge Mann lächelte leicht. Mathilde ging geräuschlos ab und zu, gab schüchtern kurze Antworten und fühlte sich unsicher. Die Mutter aber kochte Kalbsragout mit Nudeln und ließ für den Herrn Leutnant am Familientisch decken. Dank ihrer gesellschaftlichen Gewandtheit, die dabei noch aus einem gutwilligen Herzen kam, und der feinen Erziehung des Leutnants verlief diese Mahlzeit erfreulicher, als zu erwarten war. Taktvoll vermied er alles Kränkende, wußte begeistert von einer Schwarzwaldreise zu erzählen, machte den Töchtern feine und unauffällige Komplimente und wußte zuletzt sogar den Hausherrn durch wißbegierige Fragen zu interessieren und zu entfalten, so daß im Hause Hügelstraße 57 Friede zwischen Preußen und Süddeutschland geschlossen war, ohne daß der Herr Geheimrat es bemerkte.

* * *

Die Einquartierung war abgerückt, Hessen hatte als letztes Land den Friedensvertrag unterschrieben, und die politischen Wogen begannen sich zu glätten. Am Hofe wehte eine freiere Luft, seit die englische Prinzessin den Neffen des Großherzogs, den Nachfolger, geheiratet hatte. Walther wußte viel zu erzählen von dem freien Geist und der tiefen Bildung der Prinzessin. David Friedrich Strauß weilte wochenlang am Hof und befreundete sich auch mit dem Geheimrat, der aus seinem ersten verlassenen Studium her noch immer lebhafte theologische Interessen hatte.

An den theologischen Unterhaltungen fanden die Töchter keinen Gefallen. Mathilde war fromm, und der Verfasser des ‚Leben Jesu' erschien ihr wie ein Verräter des wahren Glaubens. Gustchen war noch ein Kind, und Elisabeth wurde von seiner Verbitterung und von seinem schwäbischen Dialekt abgestoßen.

Aber Auguste hörte gerne zu, wenn die Männer zusammen redeten, und freute sich, daß sie folgen konnte. Sie kränkelte seit einiger Zeit; furchtbare Kopfwehanfälle, die periodisch wiederkehrten, quälten sie, Herzklopfen ließ sie nicht schlafen. Manchmal dachte sie an ihren Tod und wußte doch, daß ihre Familie sie noch brauchte. Ein paar Jahre mußte sie sich noch gegen den dunkeln Boten wehren, bis die Töchter in die Hut treuer Männer gegeben werden konnten. Dann war sie bereit. Sie stand erst im fünfundvierzigsten Jahre. Fast sah es aus, als ob Mathilde schon den Anfang mache. Bei ihrer alten Großmutter war ein Sohn von Freunden zu Besuch. Er stammte aus Bremen, sprach sehr schnell, sagte s-tehen und s-treben, war künftiger Besitzer einer Reisschälfabrik und kam gerade von einer Weltreise zurück, die dem jungen Kaufmann das Hochschulstudium ersetzen sollte. Er war mittelgroß, mit dunkelm Haar und einem französischen Knebelbart, sehr sorgfältig gekleidet, gut erzogen und verliebte sich auf den ersten Blick in die sanfte blonde Mathilde mit dem gütigen Lächeln und dem unschuldigen Herzen.

«Else, er hat mir so fest die Hand gedrückt, daß ich fast geschrien hätte», vertraute sie der Schwester am Abend an, als sie schon im Bett lagen.

«Du Don Juan», entgegnete diese nicht ganz logisch, «mir hat er sie auch gedrückt, und da habe ich sie ihm wieder gedrückt.»

«Mir scheint, der Don Juan bist du», meinte Mathilde ärgerlich. «Erst schwärmst du für Schlagintweit, dann küßt du Max Bruch, hast mit dem preußischen Leutnant kokettiert und jetzt drückst du meinem Verehrer heimlich die Hände.»

«Gar nicht heimlich», schrie Elisabeth empört, «ganz öffentlich. Von dem will ich gar nichts; ich heirate doch keinen Kaufmann!»

Mathilde fing an zu weinen. «So verächtlich brauchst du nicht von einem Mann zu sprechen, der die ganze Welt gesehen hat, ein schönes Haus und Wagen und Pferde besitzt und dreimal soviel Einkommen hat wie ein Studierter.»

Elisabeth machte große Augen. «Wagen und Pferde?» Das war für sie der Inbegriff von Luxus. Aber dann ließ sie sich doch nicht imponieren. «Die Hauptsache beim Heiraten ist die Liebe», sagte die Sechzehnjährige weise, «nicht der Reichtum.»

«Eben drum», antwortete die Schwester und trocknete ihre Tränen. «Wenn ich ihn doch lieb hab! Er ist ein guter Mensch, wenn er auch nicht so viel gelernt hat wie Vaterchen.»

«Aber er drückt jungen Mädchen die Hände», begann Elisabeth zu necken. Das Geständnis erregte sie tief.

«Das war nur, weil du meine Schwester bist», verteidigte ihn Mathilde.

Nun kam dem Mädchen der Ernst der Sache zum Bewußtsein. Sie sprang aus dem Bett und schlüpfte zur

Schwester unter die Decke. «Tildchen, ist es wahr, hast du ihn lieb?» Sie zitterte wie im Frost.

«Die Großmutter hat mich das auch schon gefragt», antwortete sie schämig.

«Und was hast du gesagt?»

«Ja, habe ich gesagt, er gefällt mir und ich habe Vertrauen zu ihm.»

Elisabeth umarmte die Schwester leidenschaftlich, daß ihr die Rippen knackten. «Tildchen, wann ist die Hochzeit? Und darf ich dich in Bremen besuchen? Und kutschieren lernen?»

Und nun vertieften sich die beiden jungen Mädchen in rosige Zukunftsbilder. «Bekommst du dann auch Kinder?» fragte scheu die jüngere. Mathilde errötete. «Natürlich», sagte sie sicher, «mindestens vier.»

«Dann bin ich eine Tante. Bin ich dann nicht uralt und eklig? Unsere Tanten sind doch alle eklig, nur Tante Henriette und Tante Karoline nicht.»

«Das steht bei dir. Aber wenn du eine eklige Tante wirst, lade ich dich nicht ein», drohte Mathilde.

Elisabeth lachte und bohrte ihr Gesicht in die Schulter der Schwester. «Wie heißt er denn?»

«Julius.»

«Der Name gefällt mir nicht.»

«Das ist wahr, ich werde ihn Jul nennen.»

«Das klingt aber plebejisch.»

«Meinst du? Vater heißt auch Philipp; das klingt nach Fuhrmann oder Schlossergeselle.»

«Deshalb sagt auch Mutterchen immer Walther zu ihm.»

Es klopfte heftig an die Wand. «Ruhe!» donnerte die Stimme des Vaters.

Da verstummten sie. Aber Elisabeth wollte nicht in ihr Bett zurück. So schliefen sie Arm in Arm ein und träumten von Händedrücken, Kutschen mit feurigen Pferden und Schiffen mit Reis beladen.

* * *

Mathildes Hochzeit war vorüber. Der Bräutigam wollte nicht lange warten. Möbel brauchten keine beschafft zu werden, das war seine Sache. Nur das Weißzeug fiel der Braut zu. Vier Näherinnen arbeiteten in einem Hinterzimmer unten bei den Tanten. Als alles vorüber war, brach Auguste zusammen. Die Trennung von der geliebten Tochter hatte ihr den Rest gegeben.

Die Ärzte verlangten äußerste Ruhe und keine Aufregung. Man ging nach Auerbach, und für Elisabeth gab es nun zum erstenmal volle Verantwortung. Ihre leidenschaftliche Liebe zur Mutter half. Eifersüchteleien waren durch Mathildes Ausscheiden abgeschnitten; Gustchen beherrschte sie, wenn auch nicht ohne gelegentliche Rebellion von seiten der Kleinen.

Die Ruhe, der seelische Friede, die schöne Natur und die Fürsorge der Kinder tat der Mutter gut. Das Herz kräftigte sich, die Anfälle von Atemnot wurden gelinder und seltener. Nur das Kopfweh blieb. Aber da man wußte, daß es nach zwölf Stunden ausgetobt hatte, wurde es mit Geduld ertragen.

Im Herbst war die Mutter wieder fähig, alle Pflichten in der Stadt zu übernehmen. Den Tanten hatte Elisabeth vorher eine Szene gemacht, in der sie sie beschuldigte, an der Krankheit der Mutter schuld zu sein, und ihnen die Verantwortung für jede Verschlimmerung zuschob. Das hatte sie eingeschüchtert, und sie hielten sich zurück. Der Vater bekam das gleiche zu kosten, nur in abgeschwächter Form. Den flammenden Beschwörungen der Tochter zu äußerster Schonung der Mutter setzte er keinen Widerstand entgegen, und so winterte man sich friedlich und warm ein. Sauerkraut wurde eingeschnitten und von Elisabeth eigenhändig eingedrückt. Der Kartoffelbauer kam aus Groß-Gerau, die Winteräpfel aus Balkhausen. Das ganze Haus duftete nach grauen Reinetten, und Gustchen wurde nie ohne einen angebissenen Apfel gesehen. Abends lag noch einer auf dem Nachttisch für alle Fälle.

Im Januar sollte Elisabeth in die Gesellschaft eingeführt werden; der erste Ball fand im Kasino der «Vereinigten Gesellschaft» statt.

Ein aufregender Tag für das junge Mädchen. Wie würde es gehen? Würde sie Tänzer finden oder als Mauerblümchen ihre Schande hinter dem rosa Atlasfächer verbergen und krampfhaft mit Leidensgenossinnen sich unterhalten? Sie hatte noch kein Bewußtsein von ihrer rassigen Schönheit; ihre Siege hatte sie bis heute nur ihrem festen Willen und feurigem Temperament zu danken. Was würde das ihr heute abend helfen? Nun stand sie festlich geschmückt in ihrem Schlafzimmer, von Gustchen bewundernd umgaukelt. Das rosa Tarlatankleid mit vielen Rüschen und Volants umwogte sie wie eine rosa Morgenwolke. Ein Heckenrosenzweig umsäumte den Ausschnitt, aus dem die zartgerundeten Schultern sich hoben. Die reine elfenbeinblasse Haut wurde durch die dunkeln Locken gehoben, die, am Hinterkopf aufgesteckt, in den Nacken und auf die Schultern fielen. Das Gesicht, das wie eine Kamee geschnitten war, wurde durch glänzende dunkle Augen belebt, und den geröteten Mund umspielte ein erwartungsvolles schüchternes Lächeln.

War sie wirklich schön, wie die Magd es ihr mit Bewunderungsgeschrei versicherte? Konnte sie neben den Freundinnen und den vielen Konkurrentinnen bestehen?

Sie blickte in den Spiegel, sah den Vater hinter ihr

ins Zimmer eintreten, sein überraschtes Augenaufreißen, sein gedehntes: «Na, da haben wir also die Ballfee!» Die Mutter legte vorsichtig den Abendmantel aus einem türkischen Schal um ihre Gestalt, ein Spitzentüchlein deckte die Locken. Sie schlüpfte in unförmige Filzüberschuhe und verabschiedete sich von den Zurückbleibenden, von denen sie mit guten Wünschen bedacht wurde.

«Sie hätte sich uns auch im Ballstaat zeigen können», grollten die Tanten hinter ihr her, als sie das Haustor zufallen hörten. Hinaufzugehen hatte der Stolz ihnen verboten.

«Vielleicht hat sie gemeint, es interessier' uns nicht», begütigte Tante Elise.

Der große Kasinosaal war von festlichen Kronleuchtern, auf denen Gasflammen brannten, erleuchtet. Zaghaft betraten Elisabeths Füße, die in Goldkäferschuhen steckten, das spiegelnde Parkett. In einem der hohen Spiegel sah sie sich neben der Mutter schreiten wie in einer rosa Wolke. Ein benommenes Gefühl ließ sie wie im Traum gehen. Das Gesumme von Stimmen um sie her drang auf sie ein, sie sah die Menschen wie schwarze und bunte Farbflecke, die durcheinander wirbelten; Musikinstrumente stimmten und brachen aus dem Gesumme der Menschenmenge.

«Mir ist so komisch», sagte sie bang.

«Du wirst doch nicht ohnmächtig werden? Bist du zu fest geschnürt?» fragte die Mutter besorgt.

Sie schüttelte die Locken. Ein Herr drückte ihr eine Tanzkarte in die Hand, blickte sie scharf an. «Darf ich mich gleich einschreiben? Zweite Polka?»

«Ja», flüsterte sie. Der Name stand unleserlich auf der Karte.

«Wer ist das rosa Mädchen?» fragte derselbe einen jungen Offizier.

«Die ist neu.» Der Gefragte klemmte sein Monokel ins Auge. «Niedlich», urteilte er mit Kennermiene. «Sogar schön.»

«Geheimrat Walthers zweite Tochter», wußte ein junger Assessor mit mächtigem blondem Schnurrbart.

«Na also, beschauen wir uns das Kind einmal näher!» Sie schlitterten über das Parkett und verbeugten sich vor den beiden Frauen, die auf Stühlen an den Wänden Platz genommen hatten. Der Herr Geheimrat hatte sich sofort ins Herrenzimmer verdrückt, wo er einen Schachpartner fand, mit dem er die Langeweile des Ballabends zu bannen hoffte.

«Fräulein Walther, geben Sie mir die Française?» fragte der Beamte.

«Gern, Herr Doktor», sagte Elisabeth, erleichtert, ein bekanntes Gesicht zu sehen.

«Mir den Rheinländer? Und den zweiten Walzer?» fragte der Leutnant.

Elisabeth errötete. «Gleich zwei?» fragte sie erstaunt.

«Ja, gnädiges Fräulein, nur mit Frechheit kommt man durch die Welt. Das hab ich von den Preußen gelernt.» Alle lachten.

Nun kamen zwei Freundinnen herbei, Bertha in lichtblauem Tarlatan mit Vergißmeinnicht, Pauline in einem weißen Tüllkleid und roten Nelken im dunkeln Haar.

«Wie schön seid ihr!» bewunderte Elisabeth neidlos und fühlte sich selbst verbleichen.

«Oh», wehrte Bertha bescheiden, «mit Taillenweite 68 kann ich keinen Staat machen.» Aber ihre warmen braunen Augen strahlten doch sehr unbekümmert unter dem blauen Kranz hervor. Sie hatte viele Vettern, die würden sie schon nicht im Stich lassen.

Die Musik spielte einen Tusch. «Engagieren Sie, meine Herren!» rief die Stimme des Tanzordners. Nun liefen alle durcheinander. Elisabeth fühlte plötzlich ein paar Augen auf sich ruhen. Als sie, wie gezogen, hinblickte, sah sie einen Offizier, groß, schlank, mit blassem Gesicht und vornehmen Zügen. Er war schon älter, gewiß vierzig, hatte große dunkle melancholisch blickende Augen, eine leicht gebogene Nase, braune Haare, die sich lockten und die militärische Kürze vermissen ließen.

Elisabeth umklammerte den Arm der Mutter. «Sieh mal den dort am Ofen», sagte sie hastig, «den Bartlosen!»

«Den Hauptmann von den roten Dragonern?»

Das Mädchen konnte nicht antworten, denn langsam schritt der Offizier auf sie zu.

«Von Kalbhenn», stellte er sich kurz vor, machte auch der Mama eine Verbeugung, bei der die Sporen klirrten und nahm dem Mädchen die Karte aus der Hand. «Erster Walzer?»

«Gott sei Dank», dachte Elisabeth, «so muß ich doch nicht gleich schimmeln.» Sie nickte glücklich.

«Lancier? Tischwalzer?» Er kritzelte eifrig und blieb dann vor den Damen stehen und unterhielt sich mit der Mutter. Auf seiner eigenen Karte standen nur diese drei Tänze, bemerkte das Mädchen scharfäugig. Sie staunte. War sie einzig von ihm erwählt?

Andere Herren traten herzu, auch ein junger Bibliothekar, den der Vater, seiner Pflicht eingedenk, zum Besuch des Balls ermuntert hatte; um nicht zu sagen gepreßt. Elisabeths Karte war gefüllt. Jetzt kamen die Eingeschobenen dran. Sie triumphierte in unschuldiger Glückseligkeit.

Alle Benommenheit und Angst fielen von ihr ab; das junge Herz schlug schneller, ihre Wangen röteten sich. Schon entschlüpften ihr schlagfertige Antworten auf Neckereien ihrer Kavaliere. Da begann die Musik die

Introduktion, der Hauptmann verbeugte sich vor ihr, sie nahm seinen Arm, faßte den Fächer fester und stellte sich mit ihm in die Schlange der zum Tanz Angetretenen.

«Ihr erster Ball, gnädiges Fräulein?»

«Ja, woher wissen Sie das?»

«Das habe ich Ihnen angesehen; Sie sahen ein wenig ängstlich aus, wie ein Röschen, das gerade aus der Knospe geschlüpft ist und sich vor der kalten Welt fürchtet.» In Gedanken fügte er hinzu: «Und noch nicht weiß, wie reizend es ist.»

«Ich habe auch furchtbar Angst gehabt», gestand das Mädchen.

«Aber jetzt haben Sie keine mehr, nicht wahr?» Und er faßte sie zart und doch sicher und glitt mit ihr unter die Tanzenden.

«Nein, jetzt will ich mich nur noch freuen», sagte sie strahlend und schaute ihm selbstvergessen in die Augen. Er erwiderte den Blick, und eine dunkle Trauer brach aus seinen Augen.

«Wie ein Romanheld», dachte die Mutter, als das Paar an ihr vorübertanzte, ohne sie zu bemerken. «Gott behüte meine Kleine!»

Elisabeth fühlte die Trauer. «Warum?» grübelte ihre junge Seele. Dabei schmiegte sie sich, ohne es zu wissen, hingebender in seinen Arm. Er spürte es, ohne seine Haltung zu verändern; nur seine Hand drückte leise die ihre. Es konnte auch Zufall sein.

Die Klänge des Walzers umschmeichelten sie, trugen sie.

Die kleinen Goldkäferschuhe schwebten auf den Spitzen, machten zierliche Schritte, und die durchsichtigen rosa Wogen des Ballkleids schäumten um die bunte Uniform.

«Sie tanzen gut, gnädiges Fräulein», lobte der Offizier, der seine Dame nun zu einer Fensternische führte, wo eine rote Polsterbank stand.

Sie lachte geschmeichelt. «Oh», wehrte sie ab, «Sie führen so sicher.»

«Darf ich wohl auch Ihren Vornamen wissen?» fragte er leise, und seine Stimme hatte einen Ton, wie wenn er eine Liebeserklärung machte.

«Ich heiße Elisabeth. Und Sie?» fragte sie naiv.

«Karl Friedrich. Meine Mutter nennt mich aber nur Karl.»

«Das ist ein schöner Name. Friedrich hab ich besonders gern; das klingt so vertrauenerweckend.»

«Nichts wünsche ich mehr, als daß Sie mir vertrauen», sagte er heiß.

Sie senkte die Lider. «Ich kenne Sie ja noch gar nicht», flüsterte sie.

«Und dennoch vertrauen Sie mir», sagte er stolz, «ich fühle es.»

Sie widersprach nicht. Das Blut ging und kam unter ihrer zarten Haut.

Er ließ den Blick nicht von ihr, nahm den Fächer in seine Hand und entfaltete ihn. Leise bewegte er ihn voll zarter Fürsorge. «Gehen Sie schlittschuhlaufen?»

«Ja», gestand Elisabeth, «jeden Tag, solang es Eis gibt. Die Tanten finden das Schlittschuhlaufen zwar furchtbar unweiblich, aber mein Mutterchen erlaubt es mir.»

«Könnten wir uns da nicht treffen? Sie laufen sicher vorzüglich.»

«Die Eisbahn auf dem ‚Großen Woog' ist heute eröffnet worden; morgen, gleich nach Tisch, will ich mit meinem Schwesterchen hingehen», sagte Elisabeth und hatte das Gefühl, etwas Unerlaubtes, Abenteuerliches zu tun. War das nicht ein Stelldichein?

«Ich werde pünktlich da sein, um Ihnen die Schlittschuhe anzuschnallen.»

«Ja? Aber das kann ich auch selber», wehrte sie schüchtern.

«Gönnen Sie mir die Freude, Ihnen einen Dienst zu leisten.»

Sie schwieg und wußte nicht, was antworten. Aber sie hob die Wimpern und sah ihn strahlend an.

«Süßes Kind», flüsterte er.

Was hatte er gesagt? Ihre Lippen bebten und formten mit Mühe ein schüchternes Lächeln.

«Ich . . . ich, ich glaube, der Tanz ist zu Ende, wollen Sie mich zu Mama führen», stotterte sie.

«Wenn Sie es wünschen», sagte er traurig.

«Ich . . . ich glaube, das ist so Brauch.»

«Ja, und wir wollen nicht dagegen verstoßen.» Er stand auf und bot ihr den Arm. Wie ein Blumenblatt so leicht lag ihre behandschuhte Linke auf seinem Ärmel. «Auf Wiedersehen beim Lancier und Dank für den Tanz», sagte er mit einer tiefen Verbeugung, als sie bei der Mutter angekommen waren.

Augustes prüfender, ernster Blick traf ihn, fast wissend.

«Erlauben Sie mir, in Ihrem Hause Besuch zu machen?» bat er, und seine Stimme zitterte ein wenig.

«Er wird uns willkommen sein, Herr von Kalbhenn», sagte sie mit gemessener Freundlichkeit.

Dann drängten Pauline und Bertha herbei und nahmen Beschlag von der Freundin, schwatzten auf sie ein, kicherten.

Noch einmal suchte der Hauptmann Elisabeths Blick; sie erwiderte ihn errötend, dann verließ er den Tanzsaal.

* * *

Das war Liebe auf den ersten Blick, fühlte das Mädchen, als es am Abend allen Flitter von sich tat und das kühle Bett ihre heiße Haut streichelte. Jedes Wort, das er gesprochen, war in ihrem Herzen eingegraben. «Süßes Kind!» Sie erschauerte. Gerade so war es in den Romanen. «Ach lieber Gott, laß mich doch glücklich werden!» betete sie kindlich. Warum er so traurige Augen hatte? War ihm eine Frau untreu geworden? *Sie* würde ihm die Treue wahren. Hatten Feinde ihn gekränkt? *Sie* würde ihn die ganze Welt vergessen lassen, denn sie liebte ihn ja. Er war viel älter als sie; aber das war schön. Sie so jung und unerfahren und er ihr Schützer und zugleich ihr Sklave. Ob er sie schön fand? Sie preßte ihr heißes Gesicht in den kühlen Arm. Ja, sie wollte so gern schön sein, um ihn zu beschenken. Nie würde sie gut genug für ihn sein. Was war an ihr? Sie konnte ein wenig Klavier spielen und wußte im Haushalt Bescheid. Sie war eine mittelmäßige Schülerin gewesen, nur in Geographie war sie gut. Würde er merken, daß sie vom Dreisatz nichts wußte und immer von einem begabten Judenmädchen abgeschrieben hatte? Mußte sie ihm sagen, daß sie Max Bruch einen Kuß gegeben hatte? Und er? War sie seine erste Liebe, oder hatte er schon andre Mädchen geküßt? Er hatte schon ein Leben gelebt, während sie ihres erst anfing. Aber wie war dies ihr Leben verändert, seit er hineingetreten war! Größer war es geworden und beseligender, es schien ihr erst jetzt seinen Sinn gefunden zu haben durch die Liebe zu diesem fremden Mann, den sie gestern noch nicht kannte.

Endlich schlief sie ein, und die Träume führten sie weiter in diese Liebe hinein, als ihre Gedanken es gewagt hätten.

Ach, allzu kurzer seliger Liebestraum! Am andern Tag war Tauwetter und die Eisbahn wieder geschlossen.

Der Ausscheller hatte es am Morgen in den Straßen ausgerufen. Die Mutter hatte die Schneiderin da, und Elisabeth mußte nähen helfen. Vom grauen Himmel rieselte kalter Regen; die Sperlinge saßen frierend vor dem Fenster und pickten mißmutig an den naßgewordenen Krumen, die Gustchen ihnen gestreut hatte. Elisabeth konnte das Haus nicht verlassen.

Tag um Tag verging; sie hörte nichts von ihm. Ihre Wangen wurden blaß, sie mochte nicht essen; bei jeder Gelegenheit schossen ihr die Tränen in die Augen, sie war empfindlich gegen jedes Wort.

«Kalbhenn wollte doch Besuch bei uns machen?» fragte sie endlich die Mutter mit gespielter Gleichgültigkeit.

«Ja, er ist auch bei Papa gewesen», sagte die Mutter verlegen.

«Und man hat mich nicht gerufen?» fragte sie erstaunt.

«Du warst nicht da», antwortete die Mutter und blickte mitleidig ihr Kind an.

«Da müßt ihr ihn doch einmal einladen?» Elisabeth lebte wieder auf.

Die Mutter schüttelte den Kopf und zog liebevoll die Tochter zu sich aufs Sofa und legte den Arm um sie. «Sei mein liebes, vernünftiges Kind! Wir wollten es dir verschweigen, aber du grämst dich in der Ungewißheit. Er hat bei Papa um dich angehalten.»

«Und das sagt ihr mir nicht!» rief Elisabeth empört und stieß der Mutter Hand von sich.

«Wir hofften, dir einen Schmerz zu ersparen. Papa mußte den Antrag ablehnen.»

«Warum, warum?» flammte Elisabeth auf.

«Er hat gewichtige Gründe.»

«Ich will sie wissen!»

«Er ist von seiner ersten Frau geschieden; sie lebt noch.»

Elisabeth erblaßte und war einer Ohnmacht nahe. Dann ermannte sie sich, und ihr zartes Gesicht erstarrte in Härte. «Und was geht das mich an, wenn ich ihn liebe?»

«Er ist schuldig geschieden.»

«Wenn auch! Ich liebe ihn, und niemand darf ihn mir nehmen.»

«Es ist nicht das einzige. Er hat im Krieg mit Dänemark eine Krankheit davongetragen. Du könntest nie Kinder von ihm haben.»

Elisabeth schloß die Augen und lehnte den Kopf zurück. Sie wurde eiskalt, und es war ihr, als müsse sie vergehen. War das der Tod? Er war ihr willkommen. «Ich will mich ins Bett legen, mir ist nicht gut. Ich möchte allein sein.»

Wie ein zu Tode verwundetes Tier wollte sie sich verkriechen und gar nicht mehr die Scherben ihres Lebens betrachten. Es war doch alles aus. Was blieb ihr danach? Sie wurde eine alte Jungfer und saß strickend am Spion. Oder sie wurde Diakonissin und pflegte Kranke und lebte nur noch für andere. Aber dazu gehörten Frömmigkeit und Kraft. Sie war noch ein Kind, konnte nichts tun als leiden und weinen oder mit Gott und den Eltern hadern. Ach, sie hatte doch gebetet, daß Gott sie glücklich werden lasse!

Ihre Tränen feuchteten das Kissen; sie wendete es um und beweinte auch die andere Seite. Endlich schlief sie ein wie ein Kind, das sich müde geweint hat, und war doch kein Kind mehr, sondern ein junges Weib, das der erste wilde Schmerz, aus seinem Weibsein geboren, befallen.

Als sie aufwachte, war es schon dämmerig. Sie hatte

eine Türe gehen hören. War die Mutter gekommen und wollte sie trösten? Ach, auch der süße Muttertrost war solchem Leid und solcher Zerstörung gegenüber machtlos. Sie sollte es doch gar nicht versuchen.

Da bemerkte sie auf der Bettdecke ein silbernes Kästchen, das mit bunten Steinen besetzt war. Gedachte man sie mit einem Spielzeug zu beschenken zum Trost für ihr zerstörtes Leben? Aber sie griff doch danach und öffnete es. Da lag auf weißem Atlas ein großes mattgoldenes Medaillon an einer zierlichen Kette. Ein Stern aus winzigen Diamanten, in der Mitte eine große schimmernde Perle, zierte die glatte Fläche.

Nein, das war kein Elterntrost, das kam von ihm. Sie nahm das Schmuckstück, das kühl in ihren heißen Händen lag, und öffnete es. Da stand eingraviert auf der linken Seite: Ewig unvergessen! und auf der rechten: Gott behüte dich!

Da flossen ihre Tränen aufs neue, aber sie hatten die schärfste Bitterkeit verloren.

«Ewig unvergessen!» sagte sie laut vor sich hin. Und sie fühlte, daß dieses stärkste Erlebnis ihr weder Menschen noch Jahre rauben konnten.

* * *

«Sorge dich nicht so, Auguste!» sagte der Geheimrat. «Wie schnell heilen Wunden bei gesunder Jugend!»

«Das beste ist, wir lassen Elisabeth nach Bremen zur Schwester reisen», riet die Mutter. «Andere Eindrücke verwischen die alten; sie lernt fremde Menschen und Städte kennen, und unser liebes Tildchen wird glücklich sein, die Schwester bei sich zu haben.»

Der Vater willigte ein; er stiftete sogar die Mittel für ein neues Kleid und einen Wintermantel, denn der alte war aus dem unzerstörbaren Tigerfellmantel der Mutter gemacht und sollte nun auf Gustchen übergehen.

Elisabeth ließ gleichgültig alles mit sich geschehen; aber sie wollte ein schwarzes Kleid und einen ebensolchen Mantel. Das stimmte zu der Trauer um ihre begrabene Liebe. Bei dem Mantel ließ die Mutter ihr den Willen, aber das Kleid war dunkelgrün und hatte als Besatz schwarzes Sammetband.

Bis Köln fuhr der Vater mit. Dort übernachteten sie in einem hübschen Familienhotel am Rhein. Es war Februar, und kalter Nebel lag über dem Fluß. Die Domglocken läuteten zur Nacht, sie weckten sie auch am frühen Morgen, als es noch dunkel war. Sie lauschte ihnen mit über der Brust gefalteten Händen. Was sprachen sie?

«Traure nicht, kleine Schwester, das Leben hast du aus Gottes Hand, dein Schicksal hat er dir zubereitet. Vertraue ihm! Willst du?»

Ja, sie wollte. Aber sie mußte doch weinen, und das fremde Gasthauskissen trank ihre Tränen. In ihrem Herzen aber spürte sie einen kleinen glühenden Kern, von dem strahlte Mut und Zuversicht aus und goß sich in ihre Adern. Da wurde das junge Weib sich seiner göttlichen Seele bewußt, die in allen Wettern und Bränden siegreich bestehen sollte.

Am Zug nahm sie Abschied vom Vater. Der war so zart um sie besorgt wie ein Bräutigam auf der Hochzeitsreise. Schokolade reichte er ihr ins Kupee, und als ein Bursche mit einem Tragbrett voll Kölnischen Wassers kam, kaufte er ihr eine große Flasche, denn sie rührte sein Herz, wie sie da oben stand, schlank und schwarz, blaß mit dunkeln Locken um das ovale Köpfchen und das schwarze Pelzkäppchen ein wenig schief und verwegen auf dem jungen Haupt. Er band sie mit einem Trinkgeld dem Schaffner auf die Seele; er stieg aufs Trittbrett und küßte sie zum Abschied auf die Stirne, und sie legte die Arme um seinen Hals und flüsterte: «Behalt mich lieb, Papa!»

Der Zugführer schwang seine rote Fahne, die Schaffner pfiffen.

«Und komm im Mai wieder, froh und gesund!» rief der Vater. «Ja, Papa.» Da rollte der Zug an, und Elisabeth zog ihr Taschentuch und winkte ihm zu, solange sie ihn sehen konnte.

Ihr liebes Vaterchen! Die Eltern waren doch gut zu ihr. Sie zog den Pfropfen aus dem Parfümfläschchen und roch daran. Wie lieblich und kräftig das in die Nase stieg! Schon lange hatte sie sich so etwas gewünscht. Pauline hatte auch eins und gab ihr manchmal einen Tropfen aufs Taschentuch. Auch daß sie nun von Köln ab zweiter Klasse fahren durfte, behagte ihr.

Ihr Abteil blieb leer. Sie knabberte ein wenig Schokolade und sah zum Fenster hinaus. Hohe Fabrikschornsteine stießen schwarze Wolken aus, die sich mit der feuchten Luft vermählten. Es roch nach Ruß und Kohle. Auf dem Rhein fuhr ein Schleppdampfer flußabwärts. Die vier Kähne, die er schleppte, waren alle mit Kohle beladen. Manchmal heulte seine Sirene hohl und schrecklich auf, daß man erschrak. Es klang, wie wenn er aus furchtbaren Schmerzen aufschreie.

Dann verließ die Bahn den Fluß; es ging viele Stunden durch Heide und ebenes Land. Sie lehnte den Kopf an das Polster und schlief ein. Als sie erwachte, hatte der Schaffner die Wagentüre geöffnet, und ein kalter Zugwind war ihr übers Gesicht gestrichen. Er klemmte sich in die Öffnung und ließ sich die Fahrkarte geben.

«Und also, Fräuleinchen, wenn der Zug hält, sind wir in Bremen, und Sie warten, bis ich komme und Ihnen die Koffer heraustrage.»

Sie sah dankbar in sein gutmütiges bärtiges Gesicht und war froh, daß jemand seinen mächtigen Schutz über sie ausübte, denn das war ihre erste Reise, und es war ihr doch etwas bänglich. Aber alles ging glatt. Auf dem Bahnhof standen schon Schwager und Schwester und liefen mit dem einfahrenden Zug um die Wette. Ein Diener in dunkler Uniform stelzte mit langen, würdigen Schritten hintennach. Der Schaffner war da, betreute die Koffer; der Diener belud sich damit, und Elisabeth hing schluchzend der Schwester am Hals, während Schwager Julius etwas betreten dahinter stand, sich die Hände, die in grauen Glacéhandschuhen steckten, rieb und wohlwollende aufmunternde Töne ausstieß, denn die schnellen rollenden Worte verstand Elisabeth nicht, nur die Freundlichkeit.

Auf dem Bahnhofsplatz stand eine schwarze glänzende Kutsche, die der Diener gerade mit Elisabeths Koffern belud. Mit der Miene einer Weltdame hob Elisabeth den Saum ihres langen Kleides und stieg gewandt ein. Die beiden Frauen füllten den Fond, Julius klemmte sich auf den Rücksitz und erklärte die Stadt: «Der Roland; das Rathaus. Da gehen wir einmal zusammen in den Ratskeller, Lisselchen, und trinken aus dem großen Faß den Wein der Rose.»

Elisabeth lachte über den Kosenamen, den der Schwager ihr gab, und merkte bald, daß auch Tilde ihn angenommen hatte. Elisabeth sagten die Eltern, Else die Freundinnen, Lisselchen die Geschwister. Sie freute sich an der Mannigfaltigkeit, denn das schien ihr ein persönlicheres Verhältnis zu versprechen, jedes mit einer besondern Färbung.

Nun fuhr der Wagen aus der innern Stadt hinaus und hielt vor einem schönen weißen Haus, das von einem Garten voll immergrüner Bäume umgeben war. Schneepolster lagen auf den zierlich in Stein gehauenen Simsen der Fenster und Terrassen; der Weg war mit rundem Flußkies bestreut und sauber gekehrt; inmitten eines Teiches saß ein Knabe aus rötlichem Sandstein und blies aus einem Horn Wasser in die Höhe.

«Es muß vor Abend abgestellt werden, es ist Frostgefahr», raunte Julius seiner Frau zu. Da verstand Elisabeth, daß man es ihr zu Ehren springen ließ, und sie bewunderte die schöne Anlage des Gartens.

Eine Freitreppe führte aus dem Garten auf eine Terrasse. Aber sie gingen um das Haus herum zu der Haustüre, durch die sie auf eine geräumige Diele kamen; sie war mit schön geschnitzten Schränken und geflochtenen Sesseln möbliert. Das Wohnzimmer entlockte dem jungen Gast einen Bewunderungsschrei. Hell flutete das Licht zu hohen Fenstern herein, an denen blühende Hyazinthen standen. Eine Glastüre führte in einen Wintergarten mit Palmen, Araukarien, Zimmerlinden und einem Gummibaum. Dazwischen blühten Schalen voll blauen und gelben Krokus, niedern roten Tulpen und Maiglöckchen.

Elisabeth warf nur einen kurzen Blick hinein, denn jetzt öffnete sich eine andere Türe, und eine Kinderfrau in Schwälmer Tracht kam herein. Sie trug auf dem Arm ein sechsmonatiges Bübchen in einem langen, weißen, gestickten Tragkleid aus Mull, über das eine breite blauseidene Schärpe fiel.

«Rudi!» rief Elisabeth, warf Schirm und Reisedecke achtlos beiseite und breitete die Arme nach ihrem ersten Neffen aus. Das Kind sah sie groß aus hellen blauen Augen an, dann streckte es die Ärmchen nach der jungen Tante und ließ sich willig nehmen.

Jetzt aber war für Elisabeth weder Schwager noch Schwester noch das prächtige Haus da; sie hielt den

Reichtum der Familie in den Armen und forschte in des Kindleins Gesicht nach bekannten Zügen. Die Augen hatte es von der Mutter, der Vater war dunkel; auch die weichen blonden Härchen, die das Köpfchen deckten, kamen von ihr. Stürmisch drückte Elisabeth das kleine Wesen ans Herz und fühlte die runden Glieder, während die Kinderfrau etwas mißtrauisch diesen Ausbrüchen der Tantenliebe zusah.

«Rudi muß seine Flasche haben», sagte sie und nahm mit sicherer Hand das erschrockene Bübchen wieder an sich und verschwand mit ihm.

«O Tilde, wie bist du glücklich!» rief Elisabeth neidvoll und sah dem Kindlein nach. Nicht der liebende Gatte, nicht der gediegene Reichtum des schönen Hauses hätten vermocht, ihr diesen Ausruf zu entlocken. Nur das Kind. Und in diesem Augenblick verstand sie ihre Eltern, daß sie so über ihr Lebensschicksal entschieden hatten und nicht anders. Ohne Kinder kein erfülltes Frauenleben.

* * *

Diese Monate wurden eine Kette von Lustbarkeiten. Abends saß man im Theater und hatte Logenplätze, oder man ging zu einem Privatball, wo das schöne süddeutsche Mädchen Aufsehen erregte. Oder man war in der Familie des Mannes zum Essen geladen, wo es viele leckere Speisen gab, dazu Burgunder und Champagner, Marzipan und tropische Früchte, die man in Deutschland kaum kannte: Mandarinen und Orangen, Bananen und Ananas.

«Das Kind blüht wieder auf», sagte Tilde beglückt zu ihrem Gatten.

«Ja, ihr Appetit läßt nicht auf unglückliche Liebe schließen», scherzte er.

«Spotte nicht!» verwies Mathilde es ihm sanft. «Sie ist daheim so gute Sachen nicht gewöhnt, das regt an.»

«Ich spotte nicht, ich freue mich ja nur», entschuldigte sich Julius. «Sogar Austern lernt sie essen. Und macht es so zierlich, als hätte sie ein Leben lang im Ratskeller geschlürft.»

«Aber die Verehrer lassen sie kalt», sagte die junge Frau bekümmert. «Ich hoffte . . .» Sie sprach nicht aus, was sie im geheimen hoffte.

«Lisselchen ist kein oberflächliches Mädchen», sagte Julius ernst, «und ihre einzige Liebe ist einstweilen unser Rudi. Laß sie nur! Sie ist ja auch erst siebzehn. Mußt sie nicht bedrängen.»

«Tu ich doch nicht!» wehrte sich Tilde. «Es wäre nur so nett . . . Otto Barkhausen ist doch ein reizender Mensch und auch Pastor Schulze.»

Julius lachte laut und umfaßte seine Frau.

«Ich möchte doch nicht *allein* glücklich sein», wehrte sich Mathilde.

Aber Elisabeth schrieb an die Mutter:

Geliebtes!

Ich bin nun schon bald drei Monate hier und habe es wirklich furchtbar, furchtbar gut. Es ist gerade, als ob eine gütige Hand mir alles aus dem Weg räumte, was mich schmerzen könnte. Sogar das Zahnweh läßt mich hier in Ruhe, und nun brauche ich den Sünder doch nicht ziehen zu lassen.

Ich habe alles, was das Herz begehrt, bis auf das eine. Ach, mein Mutterchen, und mir scheint, daß ich über diesem versagten Wunsch doch nicht sterben werde, wie ich es zuerst meinte. Bin ich so oberflächlich und leichtherzig von Natur, oder hat Gott das Menschenherz so geschaffen, daß seine Wunden mit der Zeit heilen wie ein böser Finger? Manchmal vergeht ein ganzer Tag, ohne daß ich an den Verlorenen denke. Nur abends im Bett — aber auch da schlafe ich bald ein.

Rudi ist süß. Werde ich auch einmal so ein Kindchen haben? Ach, da wäre ich überglücklich!

Nun ist es bald Mai, und ich freue mich schrecklich auf zu Hause, besonders aber auf mein geliebtes Mutterchen.

Deine gehorsame Tochter
Elisabeth.

PS. Reich sein ist schön, aber doch lange nicht so wichtig wie ich dachte. Auch arme Frauen kriegen Kinder. Und das ist doch die Hauptsache.

PS. Das Medaillon trage ich zu allen Festlichkeiten, mit Wehmut und mit Freude. Es ist mir wie ein Talisman. Tilde habe ich gezeigt, was drin steht.

PS. Grüße auch Vaterchen und Gustchen. Aber die Tanten nicht; hörst du? Ja, du hast recht, ich bin eine eklige Person.

* * *

Beschwert war Elisabeth nach Bremen gekommen; nun war der letzte Abend vor ihrer Abreise. Julius hatte eine Besprechung am Abend mit Wirtschaftlern, die beiden Schwestern saßen im Wintergarten auf kissenbelegten Rohrsesseln. Eine rosabeschirmte Petroleumlampe gab mildes Licht und ließ die schneeweißen und roten Blumen der Azaleen aufglühn.

«Und gelt, mein Lisselchen, jetzt gehst du fröhlicher von uns fort als du kamst?» Sie nahm liebevoll die Hand der Schwester in die ihre.

«Ja, Tildchen, das dank ich euch. Ihr wart so schrecklich gut gegen mich.» Eine Falte grub sich zwischen ihre Brauen. «Ich bin sicher ein oberflächliches Ding; in den Romanen stirbt man oder geht ins Kloster oder wird eine Heilige, wenn einen die Liebe verläßt.»

«Die Liebe hat dich nicht verlassen, Lisselchen. Spürst du nicht, wie sie überall auf dich zukommt?»

Elisabeth wehrte ab. «Nichts von Männern und Verehrern sagen . . .»

«Guck, du hast ja den Kalbhenn gar nicht gekannt. Du hast nicht ihn geliebt, sondern du hast die Liebe geliebt, und er war nur der Träger der Liebe.»

«Es war so schön», flüsterte das Mädchen. «Mein Herz trug Blüten, und die Welt war vollkommen.»

Tilde strich zärtlich über den gesenkten Kopf der jungen Schwester. «Dein Herz wird neu erblühn. Eine vollkommene Welt aber kann ich dir nicht versprechen.»

«Ich weiß. Und Tildchen, ich bin dir auch so dankbar für alles.» Sie sprang schnell ins Weltliche. «Weißt du, das rosa Barègekleid ist wundervoll und dieser kleine echte Spitzenkragen, den Julius gestern brachte, paßt so gut drauf. Aber er ist viel zu kostbar für mich. Was werden Bertha und Pauline sagen? Auch der blaue Frühjahrsmantel und der Strohhut mit den Mohnblumen! Wie eine Prinzessin habt ihr mich ausgestattet!»

«Das ist ja das Schönste, was der Reichtum gibt — andern Freude machen zu können. Ich könnte mich totschenken und würde es nie satt», sagte die junge Frau lebhaft.

«Du bist viel zu gut für diese Welt, Tilde. Ich schenke ja auch gern, aber gerade so gern lasse ich mich beschenken.» Und sie legte die Arme um die Schwester und drückte sie heftig ans Herz.

Der Zug fuhr ein; der glasgedeckte Bahnhof füllte sich mit Rauch, der nur langsam abzog. Auf dem Bahnsteig stand in einem Kreis von Weiblichkeit der Geheimrat. Er hatte im Garten den Tanten die ersten Monatsrosen geräubert und wartete auf die Tochter wie ein Bräutigam auf die Braut, wie Auguste ihn neckte. «Aber doch mit sehr abgeblaßten Gefühlen», rückte er pedantisch die Neckerei zurecht.

Gustchen hatte sich Bertha und Pauline in den Arm gehängt, und die drei Mädchen prüften die langsam vorüberfahrenden Fenster. Dann stieß Bertha, die Scharfäugigste, einen Schrei aus und rannte am Zug entlang. «Els, Els!» schrie sie und stieß beiseite, was im Weg stand.

«Unmanierliche heutige Jugend», schalt eine alte Dame und rückte den Kapothut zurecht, der einen Stoß abbekommen hatte.

Die Freundinnen lagen sich schon in den Armen, bis die andern kamen und Elisabeth sich nun der Mutter an den Hals warf.

«Laß sehen, wie du aussiehst!» sagte der Vater und nahm ihr zartes Gesicht in seine Hände. «Nicht mehr so blaß und schmal, und gewachsen! Ei der Tausend!»

«Und der schöne Hut!» staunte Gustchen. «Und ein neuer Mantel!» fügte Pauline hinzu.

«Gottlob, daß du wieder da bist, Els, du hast mir so gefehlt», sagte Bertha und legte besitzergreifend den Arm um ihre Schultern.

Ein Herr grüßte die beiden Mädchen, hatte aber nur Augen für die Angekommene.

«Wer ist denn das?» fragte Elisabeth, der das Angestarrtwerden peinlich war.

«Das ist der Auditeur Heyer, weißt du, der Tennerschen Apotheke gegenüber. Der Vater ist Justizrat», erklärte Bertha.

«Ein Tänzer von euch?»

«Ja, aber er tanzt nur selten; er ist schon älter.»

«So», sagte Elisabeth gleichgültig und blickte ihn beim Vorübergehen flüchtig an. Mittelgroß, dunkler Schnurrbart, gutes Gesicht. Und wahrhaftig — er errötete wie ein junges Mädchen, als sie ihn ansah, und zog aufs neue den Hut. Elisabeth machte eine kleine erstaunte Verbeugung; ein Gepäckträger belud sich mit den Koffern, und der Vater spendierte eine Droschke.

Als sie Hügelstraße 57 anfuhren, sah man die Tanten im Spion; nur Elise stürzte bis auf die Straße heraus und half geschäftig Koffer abladen.

«Ui, wie vornehm!» sagte sie bewundernd zur Nichte und machte Miene, sie zu küssen. In der Freude ihres Herzens erwiderte das Mädchn den Kuß, und Tante Lorchen sagte grämlich zu Tante Kätchen: «Sie haben sich geküßt.»

* * *

Der alte Justizrat Heyer war, wie man in Darmstadt sagte, ein goldiger Mann. Das hatte mit Gold und Geld gar nichts zu tun; es bezeichnete nur den Wert, den man ihm beimaß. Er war groß und mager, bartlos und mit schönen schneeweißen Locken. Die Bauern sagten von ihm: «Das ist ein ehrlicher Advokat, der betrügt nicht, aber den kann man betrügen», und er hatte Zulauf. In der Familie traten seine Redlichkeit und die Lauterkeit seines Herzens noch mehr in Erscheinung als im Beruf. Und wenn er nicht daneben ein erregbares Gemüt gehabt hätte, das leicht in Zorn geriet, so hätte er vielleicht in der Familie eine untergeordnete Rolle gespielt, denn seine Frau und die zwei ältesten Kinder waren ihm an

Schärfe des Verstandes überlegen. Aber so war sein Zorn ein Ausgleich zu seiner übergroßen Güte.

Seine Frau, die im Alter zur Fülle neigte, war eine Pfarrerstochter aus dem Odenwald, fleißig, praktisch, friedfertig und mit einem goldenen Humor begabt. Ihre beiden jüngsten Schwestern lebten bei ihnen in der Familie. Beide waren taub. Die ältere, Emilie, ein kluger gütiger Mensch, die jüngere, Fikchen, unbedeutend, bescheiden bis zur Selbstaufgabe, immer tätig. Abends legten die alten Tanten Patiencen und freuten sich, wenn eine Nichte sich interessiert über die bunten Blätter beugte und einen Zug andeutete, der zur Auflösung führte.

Von den vier Kindern, die noch lebten — Hermann war als Kind gestorben —, war Mimi die älteste. Sie war klein und mager, hatte ein schmales, kluges Mausgesicht und war schon vierzig Jahre alt. Aber ein gütiges Herz bewahrte sie vor altjüngferlicher Verbitterung.

Sie hing sehr an ihrem Bruder Fritz, der der Mutter ähnelte und von ihr neben gutem Verstand auch den Humor geerbt hatte. Er neigte zu Phlegma, war aber sehr gründlich in allen Arbeiten, ein wenig salopp in der Kleidung und hatte sich bereits in jungen Jahren dem Steckenpferd des Käfersammelns so heftig ergeben, daß er einen Namen unter den Entomologen hatte und ein Staffylin und ein Bock, die er entdeckt hatte, nach ihm benannt wurden, welche Ehre die Familie nicht zu schätzen wußte.

Die beiden jüngsten Kinder, Adolf und Anna, waren auch schon aus der Jugendblüte heraus; Adolf war Jurist und arbeitete als solcher mit einer Feuerversicherungsgesellschaft; Anna laborierte an einer zurückgegangenen Verlobung, was sie aber nicht hinderte, freundlich ihre häuslichen Pflichten zu erfüllen, überall helfend einzuspringen und sich von den älteren Geschwistern tyrannisieren zu lassen. Sie war sehr gutmütig, nicht so klug wie die Schwester, und des Vaters Liebling. Die beiden standen zusammen, wenn die Neckereien der andern über sie ergingen.

«Der Fritz ist verliebt», sagte Mimi beim Frühstück; «er hat den rechten Socken linksherum angezogen und die Krawatte vergessen.»

Der Geneckte fuhr sich an den Hals und murmelte etwas.

«Er wird rot», triumphierte Annchen.

«Gott geb's, daß er einmal Ernst macht», seufzte die Mutter. «Es ist höchste Zeit; wir wollen doch noch Enkel erleben.»

«Nur deshalb heiratet man», sagte Fritz ironisch und tunkte seinen Wecken in den Kaffee.

Der Vater setzte zu seinem ernsten Männergespräch an. «Also am 1. Oktober gehst du vom Militär ab und zur Advokatur?»

«Ja, Vater. Ich hab das Militärgericht satt; immer die gleichen Sachen. Ich werde mich auch im Verdienen besserstellen.»

«Seit wann ist das für dich ein Gesichtspunkt?» fragte Adolf. «Sollte unsre kluge Schwester recht haben?»

«Hört auf mit eurem dummen Geschwätz!» polterte er los und trank seinen heißen Kaffee aus, stand auf und verließ das Zimmer mit knallender Tür.

Die Zurückbleibenden blickten sich etwas betreten an.

«Das habt ihr von eurem ewigen Geneck», sagte Anna vorwurfsvoll und rückte sich das Morgenhäubchen gerade, das auf dem dunkeln Scheitel saß. «Er hat auch nur einen Weck gegessen.»

«Ich werde lachender Erbe sein», sagte Adolf und steckte das Brötchen in die Tasche. «Also auf Wiedersehen! Ich muß nach Dieburg zu einem Brandschaden. Zum Essen komme ich nicht.»

«Adieu, Aidobuwelche!» neckte Anna ihn mit seinem Kindernamen.

«Gans!» schrie er noch unter der Tür.

«Ich habe wirklich wohlerzogene Kinder», seufzte die Mutter bekümmert.

Man stand vom Tisch auf. Anna band eine gestreifte Schürze über den blauen Morgenrock und räumte die Tassen in die Küche. Der Vater ging ins Büro, das am Ende des Flurs lag.

Mimi und die Mutter standen noch beieinander. «Was war der Grund zu deiner Bemerkung?» fragte die Mutter und lockerte die breiten lila Haubenbänder, denn sie litt an Wallungen.

«Er hat mich gestern gefragt, ob ich die Töchter vom Geheimrat Walther kenne. Ich kenne sie nicht, aber wir haben gemeinsame Freunde, Maler Noack und seine Frau. Die haben einmal in ihrem Haus gewohnt, ehe sie selbst bauten. Das sagte ich ihm. So! antwortete er und hatte dabei etwas auf der Zunge, was er unterdrückte.»

«Die Walthers sind doch im Sommer in Auerbach im Fürstenlager», meinte die Mutter nachdenklich. «Die Familie ist gut. Die Älteste hat eine reiche Heirat in Bremen gemacht.»

«Ich habe vor jeder Schwägerin Angst. Sie zerstört unsere Familieneintracht.»

«Das ist doch nicht nötig», begütigte die Mutter.

«Ich hänge so an Fritz.»

«Nun ja, aber dadurch verlierst du ihn nicht.»

«Doch», sagte Mimi mit Nachdruck.

«Du kannst halt niemand neben dir sehen, willst alles allein für dich», tadelte die Mutter.

«Weil ich ihn liebe, mache ich Ansprüche.»

«Über die wird Fritz weggehen.»

«Ich weiß», sagte sie traurig. «Deshalb kann ich mich auch nicht freuen.»

«Nun, *ich* würde mich ehrlich freuen», schloß die Mutter die Unterredung. «Essen wir heute Kalbsrouladen?» ging sie auf etwas Praktisches über.

«Ja, mit Bohnen. Marie hat die ersten vom Markt gebracht. Zwei Groschen das Pfund.»

«So teuer? Wo will das noch hinaus!» seufzte die Mutter und setzte sich an ihren Nähtisch.

* * *

Man war wieder in Auerbach; es war Samstag, und der Herr Geheimrat war gerade von Darmstadt gekommen, um den Sonntag mit seiner Familie zu verleben. Sie saßen bei Tisch, und es gab seine Lieblingsspeise, Gelbrüben und grüne Erbsen mit geräucherter Zunge.

«Nun, und was gibt es Neues, lieber Alter?» fragte Auguste und legte ihm die schönsten Stücke auf den Teller.

«Nicht grad viel. Im Sommer wird die Bibliothek ja nicht so viel benützt wie im Winter, wo auch der geheizte Lesesaal viele anzieht.»

«Nun, da hast du um so mehr Zeit zu eigener Arbeit», warf Auguste ein.

«Ja, die schreitet ganz gut fort. Ich habe nun fast alle Briefe der großen Landgräfin beieinander und chronologisch geordnet. Auch hat Backofen mir eine gute Photographie ihres Grabes im Herrengarten gemacht.»

«Kriegst du dafür Geld?» fragte Gustchen. Und ohne Antwort abzuwarten, fuhr sie fort: «Dann kaufst du mir einen neuen Wintermantel, das Tigerfell hasse ich.»

«Das hab ich auch sechs Jahre getragen», fiel Elisabeth ein.

«Davon ist es nicht schöner geworden, meinte Gustchen schlagfertig. «Und dann brauche ich Schlittschuhe, die alten Holzschlittschuhe von dir sind mir viel zu groß. Die Lissel hat auch in Bremen neue bekommen.»

An das Haustor wurde mit dem eisernen Türring geklopft. Elisabeth ging hinaus und öffnete. Draußen stand der Hoflakai Werner im roten Frack, machte eine tiefe Verbeugung und hielt dem jungen Mädchen eine riesige nackte Zervelatwurst hin, die er am Zipfel hielt.

«Seine Königliche Hoheit sind vom Hoflager in Friedberg zurück und schicken dem Herrn Geheimrat diese oberhessische Wurst.»

Lächelnd nahm das Mädchen das großherzogliche Geschenk entgegen und sagte ein paar Dankesworte.

Mit unbewegtem Gesicht fuhr der Lakai fort: «Seine Königliche Hoheit befinden sich im Fürstenlager und befehlen Herrn Geheimrat auf heute um vier Uhr zum Kaffee. Seine großherzogliche Hoheit Prinz Ludwig und dero Gemahlin sowie Professor Strauß aus Heidelberg werden auch zugegen sein.»

«Schön, Werner, ich werde es Papa ausrichten.»

Wieder eine tiefe Verbeugung und ein listiges Zwinkern. «Er hat gesagt, so großer Gelehrsamkeit sei er nicht gewachsen, da brauche er seinen Geheimrat als Adjutanten.»

Elisabeth nickte ihm lächelnd zu und schwenkte die Wurst. Als sie ins Zimmer trat, machte sie eine groteske Verbeugung und sagte mit todernstem Gesicht: «Seine Königliche Hoheit schicken dem Herrn Geheimrat diese Wurst.»

Jubelnd wurde das willkommene Geschenk begrüßt. «Er ist wirklich ein väterlicher Herr», sagte Walther beglückt. «Jeden Samstag sechs frische Fastenbretzeln von der großherzoglichen Tafel und jedes Jahr die Friedberger Riesenwurst.»

«Ja, und jedes Jahr eine prächtige Puppe ohne Hemd», fügte Gustchen hinzu.

Es gab Erdbeeren zum Nachtisch. «Hei!» sagte der Vater, und sein asketisches Gelehrtengesicht verweltlichte sich zu einem lüsternen Lächeln: «Die ersten Erdbeeren!»

«Die Mädchen haben sie heute morgen gesucht auf der Schönberger Höhe und weiter zum Felsberg hin», sagte die Mutter.

«Schönen Dank, ihr würdigen Töchter einer noch würdigeren Mutter!»

«Und eines ebenso würdigen Vaters», scherzte Elisabeth.

Sie aßen schweigend und mit Genuß.

«Ach ja, Papa, das habe ich über der Wurst ganz vergessen, du sollst um vier zum Kaffee zum Großherzog kommen. Er braucht einen wissenschaftlichen Adjutanten; David Strauß und das Erbprinzenpaar kommen.»

«Das paßt mir aber sehr schlecht», murrte der Geheimrat. «Fürstendienern sollte der Wille ihres Herrn aber immer gelegen sein», neckte die Tochter.

«Hast du etwas anderes vorgehabt?» fragte Auguste und griff unwillkürlich an die schmerzende Stirne. Sie fühlte ihr Kopfweh kommen, und diese Einladung paßte ihr recht gut.

«Der Doktor Heyer wollte mich heute nachmittag hier besuchen.»

«Wer ist denn das?» fragte Gustchen neugierig.

«Der kommt eben sehr oft in die Hofbibliothek, holt sich Bücher oder arbeitet dort. Ein netter gebildeter Mann mit geistigen Interessen.»

«Ach ja», fiel Elisabeth ein, «der war am Bahnhof, als ich von Bremen kam, und Bertha und Pauline kannten ihn.»

«Er kannte alle meine Bücher und hat sehr verständig und freundlich von ihnen gesprochen.» Der Geheimrat verbarg ein geschmeicheltes Lächeln.

«Was liest er denn?» fragte Auguste, um ein Interesse zu zeigen, das sie nicht hatte. Sie verlangte nach Bettruhe und einem dunkeln stillen Zimmer.

«Er hat vielseitige Interessen; besonders für Philosophie, griechische Geschichte und Entomologie.»

«Was ist Entomologie?» fragte Gustchen wißbegierig und riß die Serviette ab, die sie um den Hals geknüpft trug.

«Das ist ein Zweig der Zoologie. Doktor Heyer sammelt Käfer.»

«Pfui, wie eklig!» sagte Gustchen. «Muß er sie da angreifen? Beißen die?»

Auguste hob die Tafel auf. «Ich muß mich legen, mein Kopfweh wird unerträglich. Wenn Heyer kommt und du fort bist, soll Elisabeth ihn empfangen.»

Das Mädchen verzog den Mund. «Und was soll ich mit ihm machen? Ich verstehe weder von Käfern noch von Philosophie etwas.»

«Du hörst ihm achtungsvoll zu und tust verständige Fragen», riet der Vater.

«Du kochst ihm einen Kaffee und gehst dann mit ihm spazieren», ordnete die Mutter an. «Gustchen kann als Anstandsdame mitgehen.»

«Schöne Anstandsdame!» maulte Gustchen und streckte der Schwester die Zunge heraus. Elisabeth gab ihr eine leichte Ohrfeige, um solche Respektlosigkeit nicht ungesühnt zu lassen. «Eine Unanstandsdame bist du», grollte sie.

Die Mutter ging zur Türe mit gequältem Gesicht, das Elisabeth sofort zur Besinnung brachte. «Armes Geliebtes, wir sind Ungeheuer! Ich bringe dir kaltes Wasser vom Stahlbrünnchen. Und sorge dich um nichts; ich mache alles hübsch und bin nett gegen den Besuch, selbst wenn er mich zu Tod langweilt.»

Gustchen stürmte ins Schlafzimmer und schloß die Läden, deckte das Bett auf und schnürte der Mutter reuevoll die Stiefel auf.

Und dann wurde es still im Haus. Die Mutter lag zu Bett, der Vater hielt auch ein Mittagsschläfchen, die Schwestern saßen unter der Linde und lasen.

«Du, Lissel, warum braucht man eine Anstandsdame, wenn man mit einem Herrn spazieren geht?» fragte die Zwölfjährige und nahm ein welkes Blatt von ihrem karierten Kleid.

«Das ist so Sitte», antwortete die Schwester.

«Warum ist das Sitte? In dem Roman, den ich da lese, gehen die Mädchen immer ohne Anstandsdame spazieren.»

«Ja, das war früher in der Zeit der Romantik, als Herder in Darmstadt war und es so viel Freundschaften gab mit Hofdamen und Dichtern.»

«Und warum brauchst du eine Anstandsdame?» beharrte Gustchen. «Tätst du sonst etwas, dich verloben oder so?»

«Dummheit! Ich kenne den Mann ja gar nicht. Sei still und laß mich lesen.»

«Oder täte er dich am Ende küssen?»

«Da wollt ich mich selber wehren.»

«Ach, Lissel, ich wollte, du tätst heiraten. Dann bekäme ich dein Zimmer und dein großes Bett und hätte Mutterchen ganz allein für mich.»

Die Schwester antwortete nicht; sie stopfte sich die Finger in die Ohren und las, wie Heideprinzeßchen in die Stadt kam und an den Hof.

Dann ging der Vater fort. Er trug keine Uniform; in der Zwanglosigkeit des Landlebens verzichtete der Großherzog auf strenge Etikette.

«Bing uns was Gutes mit!» schrie Gustchen ihm nach.

«Mir glasierte Maronen!» Es war freundliche Sitte bei Hof, Geladenen, die Kinder hatten, die Taschen zu füllen mit den Resten der großherzoglichen Tafel.

Der Vater winkte zurück und ging langsam ein wenig steifbeinig die Allee hinauf. Kaum war er hinter den Häusern verschwunden, als vom Dorf her ein Herr im hellen Sommerüberzieher und einem weißen Panamahut kam und sich suchend umsah.

«Lissel, da kommt er», stieß Gustchen die Schwester an und rief sie aus der Heide zu ihren haustöchterlichen Pflichten zurück.

Als der Herr Elisabeth sah, trat er auf sie zu.

«Fräulein Walther? Ich bin Doktor Heyer und möchte gern Ihren Vater besuchen.»

Elisabeth stand rasch auf, errötete ein wenig und sah sehr lieblich aus in dem blauweiß gestreiften Kattunkleid und den Puffärmeln über den zarten, mädchenhaften Armen.

«Sie müssen mit uns Töchtern vorlieb nehmen, Herr Heyer», sagte sie, «Mama ist krank, und Papa ist zum Großherzog befohlen.»

Heyer murmelte etwas Bedauerndes, sah aber gar nicht sehr betrübt aus. Gustchen starrte ihn neugierig an und lächelte mit schiefem Munde. «Sie kriegen Kaffee, und dann gehen wir spazieren», enthüllte sie das Programm.

Fritz Heyer war ein wenig befangen; niemand ahnte

die Strategie, die er angewandt hatte, um sich dem Mädchen zu nähern, das ihm vom bloßen Sehen so großen Eindruck gemacht hatte.

Sie war noch schöner, als er sie in der Erinnerung hatte. Die dunkeln Locken spielten schmeichelnd um den zarten Hals, die Augen leuchteten bald im Übermut des Scherzes, bald in mädchenhafter Freundlichkeit. Sie war lebhaft und gesprächig, deckte dabei zierlich den Tisch, goß Kaffee ein, strich ihm ein mürbes Brötchen, wie sie es dem Vater machte.

Seine Gegenwart ließ ihr Herz nicht höher schlagen; sie war ganz unbefangen sie selbst, sein Wesen war wohltuend und hemmte sie nicht. Er sah gut aus, war anständig gekleidet, hatte ein schöngeschnittenes Gesicht, sanfte, kluge Augen, einen freundlichen Mund, der von einem dunkeln Schnurrbart beschattet war. Die Stirne war hoch und gewölbt und vergeistigte das Gesicht, ohne es unnahbar zu machen. Sein Wesen war natürlich und schlicht, man konnte schon Vertrauen zu ihm haben.

Als der Kaffee getrunken war, ging man zur Schönberger Höhe; erst durch die Anlagen des Fürstenlagers, wo Gustchen all die exotischen Pflanzen und Bäume erklärte, während Elisabeth nur hier und da ein Wort einwarf. Von der Höhe war schöne Aussicht. Im Westen lag der Rhein, und sein Wasser blitzte in der Sonne auf. Nach Süden und Osten erstreckten sich die Berge des Odenwalds, burgengeschmückt, bewaldet, in anmutigen Linien. Im Tal unten lag Schönberg mit Schloß und Kirche. Auf den Feldern und in den Weinbergen arbeiteten Landleute. Man hatte die Ernte begonnen, und hochgetürmte Wagen mit Korn schwankten die abschüssigen Ackerwege hinunter.

«So habe ich auch schon auf dem Erntewagen gesessen», erzählte Heyer, «meine Mutter stammt aus dem

Oberbeerbacher Pfarrhaus. Da durften wir Kinder in den Ferien bei den Großeltern sein.»

«Das war dann für Sie, was für uns Auerbach ist», warf Elisabeth ein. «Kinder brauchen Landleben.»

«Dort habe ich mit meinem Vetter Emil Scriba die ersten Käfer gefangen», fuhr Heyer erinnerungsselig fort. Und das schöne Mädchen an seiner Seite lächelte verständnisvoll, während Gustchen dazwischen fuhr: «Ist das nicht eklig, so Kästen voll toter Käfer?»

«O nein», meinte er lebhaft, «du mußt einmal mit deiner Schwester kommen und sie ansehn. Da sind wunderschöne Tiere dabei mit grüngoldenen Flügeldecken und andere, die haben ein Geweih wie Hirsche. Meiner Mutter habe ich letztes Jahr eine Brosche fassen lassen mit Käfern aus Südamerika, die sahen wie Edelsteine aus.»

Er brach plötzlich ab und sprang beiseite, wo auf einem Weidenbusch blau schillernde Käfer saßen, die sich emporschnellten, wenn man nach ihnen griff. Die Mädchen versuchten es auch, und Elisabeth erwischte einen. Schnell zog der Sammler ein Fläschchen mit Spiritus aus der Tasche, entkorkte es und tupfte aus der vorsichtig sich öffnenden Mädchenhand den flinken Springer weg. Einen Augenblick hielt er so ihre Finger in den seinen. Der Käfer zappelte längst im Glas, und immer hielt er noch in Gedanken die warme, weiche Hand, als wollte er sie gar nicht loslassen.

Errötend zog sie sie endlich weg, während sich Gustchen noch um Beute bemühte. So entging ihr das kleine Zwischenspiel.

«Haben Sie Freude an Ihrem Beruf?»

«Oh ja», sagte er etwas gedehnt, «aber Naturwissenschaftler wäre ich noch lieber.»

«Warum sind Sie's nicht geworden?»

«In unserer Familie sind wir Juristen oder Pfarrer. Vater und Bruder waren Juristen, die Bahn war vorgezeichnet und überschaubar.» Er seufzte ein wenig. «Aber ich bereue es nicht, daß ich so gewählt habe. Für meine Liebhaberei bleibt mir ja auch noch Zeit.»

Elisabeth nickte. «Ich denke mir's auch ganz schön, Angeklagte zu verteidigen, schöner, als Staatsanwalt und Ankläger zu sein.»

«Das ist es auch», sagte er lebhaft. «Aber ganz so ideal, wie Sie es sich vorstellen, ist es nicht. Beistand der verfolgten Unschuld! Na ja!»

Sie gingen über die Höhe. Gustchen schwirrte bald den Rain hinauf, um purpurne Steinnelken zu pflücken, bald am Rand eines Kornfelds hin nach Kornblumen und Mohn. In ihrem roten faltigen Kleid sah sie wie ein großer Schmetterling aus.

Die zwei jungen Menschen schwiegen eine Weile und gingen im gleichen Schritt den begrasten Weg.

«Sehen Sie, wie gut wir Schritt halten, Fräulein Elisabeth?»

«Sie passen aber auch Ihre Schritte den meinen an», meinte das Mädchen heiter.

«Oh nein, ich mache von Natur kleine Schritte.»

«Ist das eine Charaktereigenschaft?» fragte sie munter.

Er stutzte. «Vermutlich; ich werde einmal ein rücksichtsvoller Ehemann werden.» Er schaute sie bedeutungsvoll an, und ihre Blicke begegneten sich.

«Was hat er für gute, warme Augen!» dachte sie und verstummte.

«Es tut mir leid, Ihren Herrn Vater versäumt zu haben; aber daß ich dafür Ihre Bekanntschaft machen durfte, erstickt alles Bedauern», sagte er halblaut, daß es wie eine Zärtlichkeit klang.

Sie errötete und schwieg.

«Ich habe Sie übrigens schon einmal gesehen, im Mai an der Bahn», fuhr er fort.

«Ja, ich erinnere mich», murmelte Elisabeth und wich seinen suchenden Augen aus.

«Ob ich wohl meinen Besuch noch einmal wiederholen darf, um Ihren Herrn Vater zu treffen?»

«Sicherlich. Er wird sich freuen», sagte sie zurückhaltend.

«So darf ich denn sagen: Auf Wiedersehen?» Er hielt ihr die Hand hin. «Ich muß eilen, meinen Zug zu erreichen.»

Sie legte schüchtern die Hand in die seine. Er drückte sie warm und zögerte, sie loszulassen.

«Gustchen, komm und sage dem Herrn Heyer adieu!» rief Elisabeth.

Sie kam mit ihren Blumen gesprungen. «Die bringen Sie Ihrer Mutter mit und sagen ihr:

Zum Zeichen, daß ich dein gedacht,
hab ich dir dieses mitgebracht!»

Sie machte einen schnippischen Mädchenknix: «Und grüßen Sie Ihre geliebten Grüngoldenen!»

«Danke! Und Sie den Herrn Vater.» Er schwenkte den Hut und eilte den Berg hinunter. Ehe der Wald ihn aufnahm, drehte er sich noch einmal um. Die beiden Mädchen standen gegen den blauen Himmel und schauten ihm nach. Er winkte mit den Blumen zurück und dachte: «Holdes, süßes Geschöpf! Die oder keine.» Und die Liebe überwältigte Schüchternheit und Phlegma, Junggesellenbequemlichkeit und die Skepsis, die sein Beruf ihm eingeimpft hatte. Er fühlte sich jung und gläubig und wie ein Ritter bereit, Kämpfe zu bestehen, alle Widerstände zu besiegen und die Prinzessin zu erringen.

Am Abend kam der Herr Geheimrat sehr angeregt heim. Man hatte ihn noch zum Souper dabehalten, und dann hatte er den Herrn Professor zum letzten Zug begleitet. «Es ist doch wirklich wertvoll, mit bedeutenden Männern zusammen zu sein und sich mit ihnen auszutauschen», sagte er zu den Töchtern.

«Ja, das finde ich auch», sagte Elisabeth lebhaft.

«Hast du mir Marrons glacés mitgebracht?» fragte Gustchen lüstern.

«Nein, nur Pralinen, die Maronen hat der Professor Strauß alle in Gedanken aufgegessen. Die Erbprinzessin kriegte fast das Lachen darüber; faßte sich dann aber. Die Queen hat ihre Töchter wirklich gut erzogen. Sie sind klug und doch bescheiden, frei denkend und doch zuchtvoll.»

Gustchen holte eine Düte mit Schokolade aus des Vaters Rocktasche und naschte daraus. «Am warmen Herzen des Vaters erweicht, aber sehr gut.»

«Laß mir auch noch etwas übrig», warf Elisabeth hin, und die Schwester zählte gewissenhaft ab. Aber die schon gegessenen rechnete sie nicht mit.

«Wie hat euch denn der Heyer gefallen?»

«Gut», sagte Gustchen. «Er hatte einen funkelnagelneuen Überzieher an und war sehr gnädig gegen mich.»

«Und dir, Elsenkind?»

Sie errötete ohne Grund und sagte lebhaft: «Man merkt, daß er schon älter ist; er verschont mit dummen Komplimenten und Ballklatsch und spricht mit mir wie mit einem erwachsenen gleichberechtigten Menschen.»

«Und das hat dir natürlich gefallen. Von was habt ihr denn geredet?»

«Von seinem Beruf», sagte Elisabeth wichtig.

«Und von Käfern», warf Gustchen mit vollem Mund dazwischen. «Und seine Mutter hat eine Käferbrosche.»

«Und es tat ihm leid, dich zu verfehlen; er will ein andermal wiederkommen.»

«Schön», sagte der Vater, «dann werde ich mich ihm hoffentlich widmen können.»

* * *

Leontine Noack, die Frau des Malers, war zum Besuch ins Fürstenlager gekommen. Das war eine wunderschöne Frau mit einem Madonnengesicht und dunkeln Scheiteln und einer sanften, singenden Sprechweise.

Die Geheimrätin und die Malersfrau umarmten sich und küßten sich auf beide Wangen.

«Schön habt ihr's hier draußen», sagte Leontine. «So still und grün. Aber wie siehst du aus? Bist du krank gewesen?» Sie blickte besorgt in das müde blasse Gesicht der Älteren und bemerkte den leisen Schmerzenszug in den Mundwinkeln.

«Ich hatte viel Kopfweh in letzter Zeit, und mein Herz ist so unruhig.»

«Hast du Kummer?»

«Nein, eigentlich nicht. Walther ist manchmal krittelig, aber welcher Mann ist das nicht?»

«Und deinen Kindern geht's gut?»

«Ja; aber die Trennung von Mathilde nagt an mir. Elisabeth kann sie mit all ihrer Liebe nicht ersetzen. Sie ist auch solch eine leidenschaftliche Natur, da gibt es immer einmal auszugleichen und zu versöhnen. Das strengt das Herz an.»

«Und wie geht es mit den Schwägerinnen?» Teilnehmend hatte sie Augustes Hand gefaßt.

«Reden wir nicht von den Tanten», sagte Auguste müde. «Dazu ist der Tag heute zu leuchtend.»

Die zwei Frauen tranken den Kaffee zusammen unter der Linde. Der Geheimrat war in Darmstadt, die Mädchen hatten Freundinnenbesuch und waren auf den Felsberg gegangen. Blühende Rosen standen auf dem Tisch, Weißbrot und Butter und Honig. Bienen umschwirrten lüstern die Kristallschale mit der goldenen Süßigkeit.

«Was macht dein Mann?»

«Er ist mit seinem Bilde ‚Auferstehung' fertig. Es kommt nächste Woche in die Friedhofskapelle.»

«Ist es schön geworden?»

«Sehr schön. Und denk, zur Mutter Maria habe ich ihm Modell stehen müssen und zu der Maria Magdalena unsere goldhaarige Tochter.»

«Rothaarig», korrigierte Auguste im stillen.

Es entstand eine kleine Pause, die mit eifrigem Kaffeetrinken ausgefüllt war. «Jetzt kommt das Eigentliche», dachte Auguste. Kaum gedacht, fragte Leontine: «Ihr habt neulich Besuch vom Friedrich Heyer gehabt, hat er mir gesagt. Wie hat er euch denn gefallen?»

«Ich habe ihn nicht gesehen, hatte meinen Kopfwehtag; aber mein Alter lobt ihn sehr.»

«Und die Mädchen? Elisabeth?»

«Sie schienen mir befriedigt von seinem Besuch. Elisabeth fand es schön, daß er sie wie einen guten Kameraden behandelt habe, nicht wie ein dummes kleines Mädchen.»

Leontine strahlte. «Da muß ich dir etwas sagen, liebe Walthern; er war bei mir, ist begeistert von deiner Elisabeth und hat mich gebeten, hintenherum anzufragen. ob seine Bewerbung erwünscht sei, oder ob etwas dem entgegenstehe.»

Es stand nichts entgegen. Aber Auguste schwieg und sah die Vermittlerin fragend an.

«Er ist ein Ehrenmann», stürzte sich nun die Frau

des Malers in ihr Unternehmen. «Er ist aus sehr guter Familie; sie waren sogar adelig, hießen Heyer von Rosenfeld, und noch jetzt lebt in Wien ein Vetter dieses Namens als Offizier. Ein langweiliger Peter übrigens; man kann von nichts mit ihm sprechen als von Heraldik und dem Gothaer Kalender. Ich traf ihn einmal bei der Justizrätin; die ganze Familie hatte sich von dem Gast gedrückt, nur die arme Heyern saß fest gebannt an ihrem Nähtisch und war froh, als ich ihr zu Hilfe kam.»

«Du wolltest vom Advokat Heyer sprechen», führte Auguste sie sanft auf ihr Thema zurück.

«Ja. Also er hat ein gutes Einkommen und ein nettes erspartes Vermögen. Er ist ein guter Mensch, mit Humor, seine Schwestern, besonders die älteste, hängen mit großer Liebe an ihm. Er ist lauter und grundehrlich. Diese dumme Liebhaberei mit der Käfersammlung muß man ihm nachsehen. Er belästigt niemand damit. Auch ist er etwas phlegmatisch, zu wenig Streber. Ich sag alles ehrlich grad wie's ist.»

«Ist er gesund?»

«Ja, kerngesund. Die werden in der Familie alle achtzig und neunzig Jahre alt.»

«Und mit Frauen?»

«Er ist sehr schüchtern, lebt bei den Eltern; ich habe nie etwas Derartiges gehört. Er raucht viel. Hat auch Freude an der Natur; spielt Klavier.»

«Das klingt ja alles ganz erfreulich. Ich will dir gestehen, Leontine, daß ich Elisabeth gern bald verheiraten würde. Mir geht es gar nicht gut; ich werde nicht lange leben. Da wäre ich froh, sie in der Hut eines guten Mannes zu wissen.»

«Ach Auguste, du täuschest dich sicherlich», sagte Leontine erschrocken.

Die Geheimrätin lächelte schmerzlich. «Reden wir da

nicht drüber. Ich würde natürlich nie zu einer Partie raten, der sie widerstrebt. Aber ich habe einen günstigen Eindruck von der Begegnung gehabt. Heyer soll sehen, was er über sie vermag. Er kann uns besuchen, im Winter auf die Bälle gehen. Bis zum Frühjahr mag es sich entscheiden. Elisabeth ist gerade erst achtzehn geworden.»

«Allzu lang wird er nicht warten wollen, denn er ist schon siebenunddreißig», meinte Leontine besorgt.

«Wenn es sich früher entscheidet, sind wir nicht dagegen. Ich habe auch so jung geheiratet. Aber dadurch keine rechte unbeschwerte Jugend gehabt.»

«Sie soll sich im Winter austanzen. Und wollt ihr sie nicht malen lassen zum Andenken? Mein Mann würde es gern tun, er ist ganz entzückt von ihr. Und außerdem hätten wir wieder einmal Geld recht nötig. Wie das so bei uns Künstlern ist.» Sie lachte verlegen.

«Das werden wir gern tun, Walther hat neulich schon davon gesprochen. Es sollte ein Pendant von Mathildes Bild sein.»

«Hat euch das gefallen?»

«Ja, das war sehr schön.» Und dann vertieften sich die zwei Frauen in die Freuden und Leiden ihrer Familien und Ehemänner, streiften die lieben Schwägerinnen, sprachen ein wenig von Bismarck und dem norddeutschen Bund und endigten mit dem Rezept von gefüllten Spanferkeln.

* * *

Was die beiden Frauen unter der Linde im Fürstenlager gesponnen hatten, wurde im Lauf des nächsten halben Jahres zu einem dauerhaften Gewebe. Heyer kam einige Male nach Auerbach, traf den Geheimrat und lernte die Mutter kennen, zu der er eine tiefe Verehrung faßte. Was sie in der Familie nicht sahen, erkannte er sofort, nämlich, daß sie eine schwerleidende Frau war. Er kam ihr mit der Aufmerksamkeit und Zartheit eines Sohnes entgegen, heiterte sie auf, politisierte mit ihr, und sie fanden sich einig in der Verehrung Bismarcks und der Hoffnung auf ein einiges Deutsches Reich. Mit Gustchen geriet er auf einen brüderlichen Neckfuß, und Elisabeth kam er nahe auf dem sichern Weg der Freundschaft.

Immer war er da, wenn sie ihn brauchte, sei es beim Eislauf oder auf den Kasinobällen. Er holte sie zu Wagneropern ab, obgleich ihm deren musikalischer Wert noch verschlossen war; in Musik blieb er hoffnungslos altmodisch. Er ging mit ihr in die Sinfoniekonzerte im Saalbau. Zu allen diesen Veranstaltungen bekam der Geheimrat Freibillets vom Großherzog, und Elisabeth war meist die Nutznießerin.

Schon fingen die Freundinnen an zu sticheln und zu necken und wurden von ihr zurückgewiesen: «Er ist mein Freund und der meiner Familie. Was wollt ihr? Muß denn alles gleich verliebt sein?»

«Els», fragte Bertha in einer stillen Stunde, «würdest du ihn heiraten?»

Sie senkte nachdenklich den Kopf. «Ich habe so viel Vertrauen zu ihm, wie ich noch nie zu einem Mann, außer meinem Vater, gehabt habe. In mir ist keine Abwehr gegen ihn, weder körperlicher noch geistiger Art. Nur der himmlische Rausch fehlt mir, den ich einmal im Leben empfunden habe. Ich glaube aber, ihn werde ich so nie mehr empfinden. All mein Fühlen ist in andere Kanäle geflossen. Ich werde eine liebende Frau und Mutter werden, aber ich werde nie mehr zu dieser betörenden Selbstaufgabe und Hingabe kommen, die ich, ach so kurz, gefühlt habe.»

«Weißt du, Els, ein Kind hätte ich schrecklich gern», gestand Bertha, «aber keinen Mann.»

«Laß dir das nicht einfallen», wehrte die Freundin erschrocken.

«Ach nein, ich sage ja nur so. Im übrigen werde ich Malerin und kann weder Mann noch Kinder brauchen», beschied sich Bertha.

Im Herbst wurde Elisabeth gemalt. Sie trug ein weißes Mullkleid, durch das rosig die Haut schimmerte, Rosen im dunkeln Haar.

Noack war ein guter Maler; die ganzen Familien Walther und Heyer hatte er gemalt. Die Bilder waren ähnlich, ohne kitschig zu sein, und er verstand das geistige Wesen seiner Modelle lebendig zu machen. Dabei war er ein lieber, begeisterungsfähiger Mann, der sich in jedes seiner jungen Modelle ein bißchen verliebte; denn dann wurden sie ganz besonders schön.

Einmal kam Heyer «zufällig» zur gleichen Stunde, in der Elisabeth gemalt wurde, ins Atelier. Er fuhr ganz erschrocken zurück, als das schöne Mädchen ihn so lebendig und berückend von der Staffelei ansah, und eine tiefe Niedergeschlagenheit bemächtigte sich seiner. Durfte er so viel Jugend und Schönheit begehren und an sich reißen? War nicht der beste Teil seines Lebens vorüber? Wohl stand er noch auf der Höhe für wenige Jahre, aber dann ging es abwärts, während seine Frau aus der Mädchenjugend in ein seliges Frauentum hineinwuchs.

Er ging schweigend an den Wänden her und betrachtete sich die Bilder, die da hingen. Die ganze Ostwand war von einer großen Leinwand eingenommen: Paulus vor dem Areopag. Er stand lange davor wie versunken; hinter ihm plätscherte das Gespräch des Malers, dazwischen die helle Stimme des Mädchens.

Leontine kam herein und hatte heiße Wangen. «Bitte, August, komm einen Augenblick heraus, es will dich jemand sprechen.»

«Der Gerichtsvollzieher?» fragte er sorgenvoll.

«Nein, Herr von Hahn, er will seine Frau malen lassen.»

Elektrisiert sprang Noack auf und legte die Palette hin.

Die beiden jungen Menschen waren allein. Das Mädchen verließ seinen Stuhl auf dem Podium und trat vor die Staffelei.

«Seh' ich wirklich so aus?» fragte sie erstaunt.

«Noch viel schöner», antwortete Heyer trocken und trat neben sie. Und plötzlich kam ihm der Mut der Verzweiflung. Er deutete auf das Bild. «Würde dieses schöne junge Kind einen Mann heiraten, der sie innig liebt, aber neunzehn Jahre älter ist als sie?» Er hielt den Atem an.

Sie senkte erglühend den Kopf. Er griff nach ihrer Hand und flüsterte hastig: «Was wird sie sagen? Um Gottes willen antworten Sie mir!»

Sie ließ ihm die Hand und sah fest ihr strahlendes Ebenbild an. «Sie wird sagen: ‚Ich vertraue Ihnen, wie ich keinem Menschen vertraue'», sagte sie schüchtern.

«Und sie will meine Frau werden?» fragte er, und das Herz stockte ihm.

«Ja», sagte sie leise.

Er drückte fester ihre Hand. Durfte er einen Kuß wagen?

Sie sah zu ihm auf, senkte dann das lockenschwere Köpfchen wie eine Blume, von Tau beschwert. Da fühlte sie sein Gesicht nahe an ihrem, und er küßte sie.

Sie errötete tief; da öffnete sich die Türe, und das Malerehepaar strömte ein, angeregt und fröhlich.

«Herr Noack», sagte Doktor Heyer, «ich bestelle eine Kopie des Bildes meiner Braut bei Ihnen.»

Erstaunt blickte der Maler ihn an. «Haben Sie denn eine, und habe ich sie gemalt?»

Aber Leontine verstand sofort. Sie stürzte mit einem Freudenschrei auf das Mädchen los und küßte es, schüttelte dem Bräutigam die Hand.

Da begriff auch der Maler. «Wo alles liebt, kann Karl allein nicht hassen», deklamierte er und drückte einen väterlichen Kuß auf Elisabeths Stirne.

«Er hat sich nur in Ihr Bild verliebt, Herr Noack», wehrte sie verwirrt.

«Deshalb bestellte ich ja eine Kopie», warf der Bräutigam glücklich ein.

«Die Sitzung ist wohl aufgehoben?» fragte der Maler betrübt. «Es ging gerade so flott.»

«Aber sicher, lieber alter Freund! Sie können ja einstweilen mit der Kopie beginnen», rief Friedrich übermütig. «Nicht wahr, Elslein? Wir müssen heim zu den Eltern.»

«Ja», sagte sie benommen. «Aber erst muß ich mich umziehen.» Sie verschwand mit Leontine.

Die beiden Männer blieben bewegt zurück.

«Sie haben ein Meisterwerk gemacht», sagte Heyer und konnte sich von dem Bild nicht trennen.

«So heiratet ihr uns alle schönen Modelle weg», klagte der Maler. «Und dann, wenn ihr sie einmal in den Händen habt, ist der Schmelz weg.»

Der andere sah ihn betroffen an.

Da kam Elisabeth herein, strahlend heiter, nahm den Arm ihres Verlobten und sagte wie selbstverständlich: «Fritzing, wir können gehen; ich bin fertig.»

* * *

Elisabeth war in die Ehe hineingeglitten, und die beiden Familien Heyer und Walther hatten liebend beigestanden. In den Wochen vor der Hochzeit hatte sie immer das merkwürdige Gefühl gehabt, als ob sie das alles träume. Manchmal erwachte sie aus dem Traum, sah die Stöße Weißzeug ihrer Ausstattung, die Möbelkataloge, die Stoffmuster, und sie hatte das Gefühl, als sei ihr das Steuer ihres Schiffleins entglitten. Sie lebte nicht, sie wurde gelebt.

Eine Wohnung am Markt war gemietet, und schon war das Anwaltbüro dort und ein weißes Porzellanschild, das den Namen ihres Verlobten trug. Sie ging gern daran vorüber und sah nach den vorhanglosen Fenstern hinauf. Da also würde ihr Leben sich abwickeln. Sie sah Bauern, die vom Markt kamen, vor dem Schild stehen und dann eintreten. Die Advokatur ging gut.

Heyer war ein sehr verliebter und sehr nachgiebiger Bräutigam. Er verwöhnte Elisabeth mit Aufmerksamkeiten, übersah kleine Launen und Eifersüchteleien, die ihm kindisch schienen. Aber sie war ja so jung; er nannte sie Kind, und sie hörte es gern.

Walther fand sich nicht ganz leicht mit dem Schwiegersohn ab, besonders Zärtlichkeiten in seiner Gegenwart erregten ihm üble Laune. Er empfand ihn fast wie einen Nebenbuhler, wenn er es sich auch nicht eingestand.

Im gleichen Fall befand sich Mimi der Schwägerin gegenüber. Dieser kluge und gereifte Mensch sah jede kleine Schwäche und legte den Finger darauf. Sie fühlte, daß sie ihren Bruder verlor an eine andere — nicht so klug, nicht so tüchtig, wie ihr schien, aber viel schöner als sie. Das war bitter, aber sie zwang sich und unterdrückte ihre Gefühle, so daß es nur hier und da wetterleuchtete.

Elisabeth ihrerseits war eifersüchtig auf die Schwiegermutter, denn sie fühlte, wie sehr ihr Verlobter an ihr hing, mit der er fast vierzig Jahre zusammen gelebt hatte. Das junge Mädchen ließ ihren Gefühlen freien Lauf und dachte, es sei Liebe, die den Mann allein besitzen wollte.

Nur zwei Menschen gewannen: das war Vater Heyer, der alte Justizrat, der sich restlos in die schöne Schwiegertochter verliebte, sich wie ein Bräutigam benahm, sie mit Geschenken überschüttete und von Mimi deshalb spöttisch Don Philipp genannt wurde. Und dann Auguste, die mit vollem Vertrauen das Leben ihres Kindes in Friedrichs Hand legte und ihm dankbar für seine Güte und Ergebenheit war. Er verehrte sie seinerseits aus tiefstem Herzen, und das band seine Braut fester an ihn als Geschenke und Liebeserklärungen. Durch diese Bindung ihrer zwei teuersten Menschen erschien ihr ihre Ehe wahrhaft im Himmel geschlossen.

Die Geschwister stellten sich harmlos freundlich zu dem neuen Mitglied, und Friedrichs Mutter zog sich leise zurück, um niemand zu stören und zu reizen. Nur Mimi fühlte ihr ab, daß sie Schmerzen durchlitt, weil der Bruder sich von ihr trennte, nicht nur räumlich trennte.

So kam der Mai mit seiner Herrlichkeit, und er schien Elisabeth noch nie so wonnig wie in diesem Jahr. Die Hochzeit war im Kasino gefeiert worden; alle Frauen hatten dazu neue Kleider bekommen, die der Schneider Haller gemacht hatte. Elisabeths Brautkleid aus feinstem Mull trug wundervolle Brüsseler Spitzen, die Schwager Julius aus Bremen geschickt hatte. Mimi und Anna waren schwesterlich gleich gekleidet in dunkelblauem schwerem Atlas, die drei Parzen hatten grauseidene Kleider, und die tauben Tanten schwarze mit schönen goldenen Broschen und Kameen aus roter Koralle. Feinste Spitzen wurden zu Häubchen gearbeitet und zierten gelichtete Scheitel. Nur Auguste trug das Braune von Mathildes Hochzeit und war glücklich, daß ihr Kopfweh sie an dem anstrengenden Tag verschonte. Sie saß zwischen den tauben Tanten, denn sie hatte solch eine laute, tiefe Stimme. Immer setzte man Schwerhörige neben sie; und denen war, wie wenn ihnen ein Tor in eine verlorene Welt geöffnet würde, wenn sie zu ihnen sprach.

Dann kam die Hochzeitsreise nach München, denn für die Schweiz war es noch zu früh im Jahr. Friedrich war glücklich, das unverwöhnte Kind die Welt der süddeutschen Großstadt erleben zu lassen, ihr Kunst zu zeigen, sie in die Königliche Oper zu führen. Sie lernte im Hofbräuhaus Bier trinken, dem der junge Ehemann tapfer zusprach. Im elterlichen Haus hatte es das nicht gegeben, es galt als vulgär, und sie rümpfte ein wenig das Näschen. Es schmeckte ihr auch gar nicht sehr gut; nur wenn man sehr Durst hatte, ging es an.

Als sie wieder daheim war, fing sie an, als Hausfrau zu walten. Nicht immer sehr überlegen. Man sagte ihr nach, daß sie einmal mit fünfzig Gramm Schokolade eine große Familieneinladung bestritten habe, und der braune Trank sei blasser und blasser geworden um die Wette mit der verzweifelten jungen Hausfrau, bis das Dienstmädchen zum Konditor geeilt war, Schokolade gekauft und auf eigne Verantwortung eine neue, kräftige Auflage servierte.

Es war ein gewitteriger Sommer; schon im Juni brachen die ersten Wetter los, vor denen sich die junge Frau herzlich fürchtete. Es war gerade, als seien die Ereignisse am Himmel Symbole für das, was sich auf Erden vorbereitete. Jetzt, Mitte Juli, hatte man das Gefühl, vor schrecklichen Ereignissen zu stehen.

Abends nach dem Essen kamen öfters die beiderseitigen Familien bei den jungen Heyers zusammen. Die Männer redeten von Politik. Die Frauen strickten. Elisabeth ließ sich von der Schwiegermutter zeigen, wie man Kinderjäckchen strickte. Sie behauptete zwar, daß es für ihre Schwester in Bremen sei, die ihr drittes Kind erwartete; aber ihre Augen lachten dabei so strahlend, sie wurde rot, als die Schwägerin Anna eine vorwitzige Bemerkung machte, kurz, man dachte sich etwas, was auszusprechen noch zu früh war und was sie doch alle heimlich beglückte.

«Ein deutsch-französischer Krieg wird ja unvermeidlich sein; erst im Feuer kann Bismarck das Reich schmieden; erst die Not treibt die süddeutschen Brüder unter *eine* Fahne», sagte Friedrich und sog an seiner dunkelbraunen starken Zigarre, denn Rauchen, das war sein Laster.

«Sag das nicht», wehrte der Geheimrat, «Gespenster, die man anruft, treten in Erscheinung.»

«Nur keinen Krieg!» schrien alle Frauen zusammen. «Wir haben genug von 64 und 66», sagte Mimi, die sich für die Politik interessierte und das Darmstädter Tagblatt mit Hingebung las.

«Ich fürchte, Bismarck wird alt», meinte Adolf, «er zaudert unbegreiflich und läßt Napoleon und Grammont zum Krieg hetzen.»

Napoleon ist ein kranker Mann», sagte Friedrich, «der will Frieden; Grammont aber ist ein Dummkopf, und das von der Presse aufgehetzte Volk ist in Weißglut; sie drängen den Kaiser. Und die Eugenie ist ein Biest.»

«Warum nur Krieg?» fragte Anna ahnungslos und zählte dabei Maschen.

«Weil Erbprinz Leopold König in Spanien werden

soll», erklärte Adolf. «Wenigstens nehmen sie das als Vorwand.»

«Das geht doch die Franzosen nichts an?» meinte Elisabeth entrüstet.

«Sollte man glauben», erklärte der alte Justizrat und nippte an seinem Wein. «Aber Frankreich fühlt sich eingekreist und wieder einmal an seiner Ehre gekränkt, weil man es nicht gefragt hat. In Wirklichkeit fürchten sie, daß Deutschland im Zusammenschluß zu mächtig werde. Und der ist unaufhaltsam. Das war Bismarcks Lebenswerk von Anfang an.»

«Wir können die Uhren vorstellen, die Zeit geht darum nicht rascher», meinte Friedrich bedächtig.

«Ich weiß nicht, was ihr immer mit eurem Bismarck habt. Ein mächtiger Junker, der wahre Repräsentant preußischer Impertinenz!» sagte der Geheimrat und mischte Sodawasser in seinen Wein.

Friedrich biß sich auf die Zunge; er widersprach nicht gern seinem Schwiegervater; das nahm seine junge Frau krumm.

«Ja, Walther», sagte der Justizrat jovial und wischte sich den zahnlosen Mund, «die Zeit schreitet voran und über uns hinweg. Als siebzehnjähriger Bursche, nach dem Abitur, brannte ich durch, um Napoleon I. im Spanischen Krieg zu helfen. Ich kam aber nur bis Lyon, da war der Krieg zu Ende, und ich mußte umkehren. Damals *mit* Frankreich, jetzt *gegen* es.»

«Im Jahre 66 gingen wir *gegen* Preußen, jetzt werden wir zusammen gehen», ergänzte Friedrich.

«Ist das so sicher?» fragte der Geheimrat und zog die Brauen hoch.

«Wenn ihr nicht an euren Höfen Stunk macht, so sicher wie das Amen in der Kirche!»

«Fritzing!» warnte Elisabeth und ließ vor Schrecken Maschen fallen. «Was für ein Wort!»

«Und in Verbindung mit unsern hohen Herrschaften und ihren berechtigten Ansprüchen!» empörte sich Walther.

«Ach was, Ansprüche!» sagte Adolf patzig. «Wer die Macht hat, macht auch die Ansprüche. Und diesmal macht Preußen sie ja zum Besten von uns allen. Denkt doch — ein einiges, mächtiges Reich und einen Kaiser an der Spitze . . .»

«Der natürlich in Berlin sitzt», warf der Geheimrat mißmutig ein.

«Möchtest du ihn lieber in Hessen-Darmstadt haben?» spöttelte Adolf. «Oh ihr Partikularisten!»

Der Geheimrat schwieg beleidigt.

«Wenn es Krieg gibt, melde ich mich zum Roten Kreuz», beschloß Mimi.

«Ich auch», echote Anna.

«Und ich? Was kann ich tun?» fragte Elisabeth begierig und zitterte vor Eifer.

«Du darfst Scharpie zupfen und für die Soldaten nähen», beschied sie die Mutter.

«Das Verwundetenpflegen denke ich mir viel amüsanter als Scharpie zupfen.»

«Amüsanter?» sagte Auguste vorwurfsvoll.

«Ach nein, ich meinte ja beglückender, befriedigender», nahm sie ihr unbedachtes Wort zurück. «Und überhaupt . . .» sie verschluckte, was sie sagen wollte.

«Du hast näherliegende Pflichten, kleines Elslein», sagte Friedrich bedeutungsvoll.

Die junge Frau lächelte geheimnisvoll und träumerisch.

Unten auf der Straße hörte man einen Zeitungsausrufer. Alles lauschte zu den offenen Fenstern hinaus.

«Extrablatt! Weigerung des Königs, Benedetti nochmals zu empfangen! Extrablatt des Darmstädter Tagblatts!»

Adolf schmetterte die Glastüre hinter sich zu und rannte auf die Straße. Überall sah man Menschen aus den Türen kommen, man riß dem Ausrufer die Extrablätter aus der Hand; unter den Gaslaternen standen Männer in dicken Klumpen geballt und lasen sie sich vor.

Adolf kam außer Atem mit dem Extrablatt heraufgestürzt. Er las mit versagender Stimme: «... Seine Majestät der König hat es darauf abgelehnt, den französischen Botschafter nochmals zu empfangen und demselben durch den Adjutanten vom Dienst sagen lassen, daß Seine Majestät dem Botschafter nichts weiter mitzuteilen habe ...»

«Das ist der Krieg», sagte Friedrich in das Schweigen hinein.

«Ach wie gut, daß wir euch vom Militärdienst losgekauft haben!» rief Mutter Betty erleichtert aus.

«Ich schäme mich, daß es geschehen ist», sagte Friedrich. «Das hat die Reaktion nach 48 zuwege gebracht. *Ein* Volk, *ein* Heer und alle Volksgenossen im Dienst fürs Vaterland. Alles andere ist unmöglich.»

Elisabeth sah ihn leuchtend an. Wie schön er sprach, und wie sein Gesicht glühte! Aber sie war doch ganz froh, daß er nicht von ihr fort mußte.

«Ich melde mich freiwillig», sagte Adolf stürmisch. Seine Mutter begann leise zu weinen. Mimi legte den Arm um sie und tröstete die Betrübte.

Ernst gingen alle an diesem Sommerabend auseinander. Die Straße war noch voll von Menschen. Im Westen stand eine dunkle Wolkenwand, aus der es wetterleuchtete.

* * *

Die Glocke des Ausrufers tönte durch die Straßen. «Am 16. August ist eine blutige Schlacht bei Mars-la-Tour geschlagen worden. Am 18. bei Gravelotte. Hessische Regimenter waren beteiligt bei diesem bedeutenden Siege. Die Verluste des Feindes sind groß.»

Die Glocke tönte ferner. Friedrich schloß das Fenster. «Vermutlich auch unsere Verluste», meinte er bedrückt.

«Freue dich doch!» sagte Elisabeth stürmisch. «Hilfst du mir die Fahnen heraustun?»

Überall zeigten sich die rot-weißen Flaggen. Auf dem Schloß zog man die Fahne hoch, und vom Rathausgiebel hing eine bis auf die Erde, und die Gassenjungen spielten mit ihren Quasten. Friedrich und seine Frau gingen durch die Rheinstraße; auch hier war ein Fahnenmeer. Manchmal dazwischen das ernste Schwarz-Weiß Preußens beim Haus des preußischen Gesandten; auch das heitere Blau-Weiß Bayerns leuchtete dazwischen, das feurige Rot-Gelb Badens und das düster drohende Schwarz-Rot Württembergs.

Die Straße war voll von Menschen, ein Summen wie von einem riesigen Bienenschwarm erfüllte die Luft. Nun begannen die Kirchenglocken der Stadtkirche über ihren Häuptern zu dröhnen, die katholische Kirche fiel ein; die Stadtkapelle und das Stift bimmelten dazwischen. Ein Rausch faßte das Volk. Fremde redeten sich an, Frauen fielen sich vor Freude weinend in die Arme.

An der Ludwigssäule hielt einer, auf den hohen Sandsteinstufen stehend, eine begeisterte Rede. «Es lebe Deutschland!» rief er zum Schluß. «Es lebe Deutschland!» jubelten die Zuhörer.

«Vivat Hessen!» gellte die Stimme des Hofschneiders dazwischen. Willig echote das Volk: «Vivat Hessen!»

Die Wirtschaften waren voller Patrioten; sie tranken

auf den Sieg. Vor dem Schloßkaffee saßen sie auf der Straße und hatten rot-weiße Papierfähnchen in Brotscheiben gebohrt.

Zwischen der Menge gingen stille Frauen, dunkel gekleidet. Sie hatten bange Augen, und ihr Herz fragte in all dem Jubel: Wird er zurückkommen? Oder hat es ihn getroffen? Aber in aller Schwäche und Mutterangst fühlten sie sich als Heldenmütter und bewahrten die Haltung.

«Steinmetz soll furchtbare Verluste gehabt haben», sagte der alte Justizrat, der dem jungen Paar begegnete. Er trug den Hut in der Hand, und der Wind wühlte in seinen dichten weißen Locken. Sein Hündchen Roquette lief neben ihm her und begrüßte Friedrich mit freudigem Gebell.

«Woher weißt du's?»

«Ich bin dem Geheimrat begegnet; beim Großherzog hat ein Kurier aus dem Feld Meldung gebracht. Zwanzigtausend Tote auf unserer Seite.»

«Zwanzigtausend? Das ist ja furchtbar!»

«Man hat die die Garderegimenter in dichten Kolonnen gegen St. Privat anrennen lassen. Es gibt Schwadronen, die haben nur noch eine Handvoll Reiter. Steinmetz wird erledigt sein.»

«Aber der Sieg ist gewiß?» fragte Elisabeth.

«Das schon. Aber er wäre billiger zu haben gewesen. Jedenfalls ist Bazaine nach Metz zurückgeworfen und dort eingeschlossen.»

«Weiß man schon von Gefallenen?» fragte Friedrich.

«Hauptmann von Kalbhenn von den roten Dragonern. Es hieß auch die beiden jungen Bismarcks, aber das hat sich als Irrtum herausgestellt. Herbert ist verwundet, Bill vom Pferd gestürzt.»

Die Männer merkten nicht, daß Elisabeth tödlich

erblaßt war. Ihr schwindelte, und sie hing plötzlich schwer an ihres Gatten Arm. Da wurde er aufmerksam. «Ist dir nicht gut?» fragte er erschrocken.

Schon hatte der Schwiegervater eine Droschke herbeigewinkt; sie hoben die Wankende hinein. Elisabeth lehnte den Kopf an ihres Gatten Schulter, und ihre Tränen flossen.

«Was ist dir, Liebes?» fragte der Justizrat bekümmert.

«So viele Tote!» stammelte Elisabeth. «Das ist schrecklich!»

Friedrich legte den Arm schützend um sie, und in allem Schmerz empfand sie die Heimat am Herzen ihres Mannes als süßen Trost in der Unsicherheit und Grausamkeit des Lebens.

«Ist dir besser?»

Sie nickte schluchzend.

«Das kommt oft vor in solchem Zustand», tröstete der Vater den Sohn. «Deine Mutter ist immer in der Kirche ohnmächtig geworden. Gib ihr ein Gläschen griechischen Wein zu Hause, das bringt das Blut wieder in Gang und belebt. Und nichts von Krieg und Blutvergießen, gelt, mein gutes Kind?»

Sie streckte dankbar ihre kleine Hand hinüber, und er behielt sie in der seinen und streichelte beruhigend über ihren Arm, während die Glocken nun ganz nahe über ihnen hindröhnten, daß die Glasfenster des Wagens klirrten.

«Wir sind daheim», sagte Friedrich erleichtert. Und die beiden Männer führten das zarte Wesen behutsam wie einen zerbrechlichen Schatz die Treppe hinauf und betteten sie auf das geblümte Ruhebett im Wohnzimmer.

Die Glocken schwiegen; vom Paradeplatz tönte Gesang:

«Es braust ein Ruf wie Donnerhall,
wie Schwertgeklirr und Wogenprall:
zum Rhein, zum Rhein, zum deutschen Rhein!
Wer will des Stromes Hüter sein?»

Und nun sang auch Friedrich mit:

«Lieb Vaterland, magst ruhig sein,
fest steht und treu die Wacht am Rhein!»

Bis spät in die Nacht hinein ertönte Musik und Gesang aus den Wirtschaften, auf den Straßen. Elisabeth lag lange wach. Sie mußte an die vielen Toten denken, die da draußen auf dem Schlachtfeld verblutet waren, und an den einen, der ihrem Herzen teuer gewesen war. Ob er noch ihrer gedacht hatte? Und sie war ahnungslos gewesen. Wie war das Leben rätselhaft und unheimlich!

Wer wußte, was morgen geschah? Vielleicht stirbt auch sie bei der Geburt ihres Kindes. Ob sie dann dem Freund begegnete, der ihr vorangegangen war? Aber da merkte sie, daß das gar kein tröstlicher Gedanke war, daß sie lieber bei ihrem Fritz blieb und dem Kind, das sie erwartete. Eine große Angst packte sie. Sie setzte sich aufrecht im Bett und sah zu ihrem Mann hinüber. Er schlief ruhig mit gelösten Zügen. Er konnte schlafen, und sie war so in Angst.

Vorsichtig hob sie seine Bettdecke und schlüpfte hinüber, schmiegte sich an seine Brust, in seinen Arm. Er erwachte sofort und sah im Schein des Öllichts das geängstigte Gesicht seiner Frau. Fester schloß er den Arm um sie. «Fehlt dir etwas, mein Kindchen?»

«Ich kann nicht schlafen, mir ist so angst.»

«Die Franzosen kommen nicht; fest steht und treu die Wacht am Rhein», murmelte er schlaftrunken.

«Es ist nicht deshalb, ich fürchte mich vor dem Tod», flüsterte sie beschämt an seinem Ohr, denn sie kam sich gar nicht heldenhaft vor.

«Du stirbst nicht», sagte er überzeugt. «Warum solltest du? Bist jung und gesund, und Kinder kriegen ist das Natürlichste von der Welt für euch Frauen.»

Sie fühlte sich ihm so nahe, so sicher in seinem Arm, daß sie ihm nichts verschweigen konnte.

«Der Hauptmann von Kalbhenn hat mich geliebt und wollte mich heiraten. Die Eltern erlaubten es nicht», schluchzte sie ihr Geheimnis heraus. Würde er ihr zürnen?

Friedrich schwieg, und es fuhr ihm ein Schwert ins Herz. «Hast du ihn geliebt?» fragte er, als er sich gefaßt hatte.

Sie hauchte ein Ja und grub ihr Gesicht tief in seine Schulter. Ihre dunklen Locken lagen über seine Brust gebreitet. Er fühlte ihr Herz klopfen und daß sie Trost bei ihm suchte. Da streichelte er ihr sanft über die Haare, immer wieder, und flüsterte Liebesworte über sie hin. Er spürte ihre Tränen an seinem Hals, wie sie heiß an ihm hinunterrannen und sein Hemd näßten. Sie hob den linken Arm und legte ihn über seine Brust und klammerte ihre Hand um seine Schulter.

Langsamer wurde ihr Schluchzen, ihre Tränen versiegten, nur zitternde Seufzer wie bei einem weinenden Kind kamen noch an sein Ohr. Dann auch die nicht mehr; sie atmete ruhig, sie schlief.

Und er spürte, daß ihr Vertrauen zu ihm schrankenlos war, und daß ihr Herz zu ihm geflüchtet war und nichts sie trennte, auch nicht der Heldentod einer Jugendliebe.

* * *

Die Wochen und Monate vergingen. Die Schlacht bei Sedan und die Gefangennahme Napoleons wurden jubelnd gefeiert. Die Häuser waren illuminiert, die Fahnen flatterten, und jeder prophezeite das Ende des Kriegs.

Am 4. September brach die Revolution in Paris aus; die Regierung mit Favre an der Spitze nannte sich Regierung der nationalen Verteidigung. Die Kaiserin floh nach England, der Kaiser saß gefangen auf Schloß Wilhelmshöhe.

«Vor Paris nichts Neues», meldete der Heeresbericht.

Elisabeth zupfte Berge von Scharpie; sie nähte im Frauenverein des Roten Kreuzes Soldatenhemden; sie strickte am Abend wollene Socken, denn es war Winter, und die Soldaten froren.

Weihnachten ging still vorüber. «Vor Paris nichts Neues.» Man flüsterte sich zu, daß der Kronprinz und seine Engländerin nicht gestatteten, die Hauptstadt zu bombardieren. Sie würden, vom Hunger bezwungen, die Tore ohne Blutvergießen öffnen. Schon aßen sie Katzen und Hunde, und Ratten galten als Leckerbissen.

Am 27. Dezember endlich beginnen die Geschütze zu reden. Fort Avron wird genommen.

Und dann am 18. Januar die Kaiserproklamation, die Einigung Deutschlands zu einem großen Reich. Unendlicher Jubel erfüllt Darmstadt. Die Straßen sind schwarz von Menschen, trotz dem kalten Wintertag. Die Seifensieder und Lichtzieher füllen Tausende von irdenen Schalen mit Talg zur Illumination; Näherinnen rasseln auf ihren Maschinen und nähen schwarz-weiß-rote Fahnen, um Rathaus und öffentliche Gebäude mit den Fahnen des neuen sieghaften Kaiserreichs zu schmücken. Und am Abend flammen die Häuser am Markt in Perlenketten von Licht. Am Rathaus sind alle Fenster hell, das alte Schloß hat sich geschmückt. Nur ein einziges Haus ist dunkel. Der Pöbel rottet sich davor zusammen. Er quillt aus der Ochsengasse, der Hinkelsgasse, er ist erregt und will sich betätigen. Man kann keine Spione jagen wie zu Beginn des Kriegs, es gibt keine Modeläden zu plündern, die dem Feind gehören.

Keine Fahne hängt über die dunkle Hausfront, die Fenster aber sind hell hinter den Vorhängen, man hat vergessen, die Läden zu schließen. Ein Bursche pfeift gellend auf den Fingern, andere fallen ein, es klingt wüst und aufreizend. Oben rührt sich nichts. Da fliegt ein Stein und verfehlt sein Ziel, fällt dumpf an der Hauswand herunter und poltert auf die Straße, ein zweiter splittert in ein Fenster. Unten reißen sie das Pflaster auf, um Wurfgeschosse zu bekommen.

«Wer wohnt denn da?» kreischt ein Weib.

Die vordern drängen zum weißen Schild. «Ein Advokat», rufen sie zurück.

«Oho, ein Judd! Raus mit den Fahnen, Lichter her und wenn's der Schabbesleuchter ist!» Wieder fliegt ein Stein, eine Frauenstimme oben schreit auf. Brüllendes Gelächter antwortet und erneutes Pfeifen.

Da öffnet sich unten die Haustüre, und ein Mann tritt heraus. Der Lichtschein der Illuminination fällt auf sein verstörtes Gesicht. Oben schließt eine Frau die Laden.

«Geht weiter! Meine Frau hat soeben ein totes Kind geboren und schwebt in Lebensgefahr», sagt er zu den Nächststehenden.

Der Lärm verstummt. «Was hat er gesagt, der Judd?» schrie es von hinten. Man gab die Erklärung nach rückwärts. «Das ist der Advokat Heyer, das ist ein Patriot und braver Mann», sagt ein älterer Handwerker und zieht höflich den Hut.

«Macht, daß ihr fortkommt, Saubande!» kommandiert eine Hökerin. Und zu Heyer gewandt in gutmütigem Ton: «Gräme Sie sich net! Nächst Johr um die Zeit hawwe Se ein Staatsbub. Den holt Eich die Dieffenbach aus de Dreibrunne.»

Heyer ging wieder hinauf.

«Warum schreit es denn gar nicht?» hörte er seine Frau mit matter Stimme fragen. Er getraute sich nicht, hineinzugehen, er war feige, dem Schmerz seiner Frau zu begegnen. Noch wußte sie nicht, daß das Kind tot war, nur daß es ein Bübchen war. Das hatte sie gleich gefragt.

«Tante Henner, ist . . . ist irgend etwas nicht in Ordnung?»

Und dann die sanfte Stimme der Geburtshelferin. «Elschen, mußt dich nicht grämen, nächstes Jahr hast du ein gesundes lebendes Kind. Dieses hier ist tot.»

Ein Aufschrei. Friedrich stürzte hinein, kniete am Bett seiner Frau nieder, liebkoste ihre Hände, und Tränen liefen aus seinen Augen.

«Ich bin gar nicht enttäuscht, Liebling», sagte er hastig, «alle jungen Frauen bekommen jetzt tote Kinder. Das macht die Aufregung der Zeit.»

Elisabeth schluchzte. «Und all die Schmerzen und Lasten umsonst. Laßt mich mein armes kleines Bübchen wenigstens sehen.»

«Lieber nicht, Else», sagte Frau Dieffenbach überredend. «Das Kind ist schon seit Wochen tot, und wenn du nicht so eine starke Natur hättest, wäre es schon lange abgegangen. Die Hauptsache bist jetzt du, und daß keine Infektion dazukommt.» Sie strich ihr sanft über die Haare und wandte sich an den knienden Gatten. «Fritz, laß das Mädchen Wasser heiß machen, fünf Minuten brausend kochen und dann abkühlen auf Körperwärme.»

«Gibt es kein stärkeres Mittel, das einer Infektion wirksam vorbeugt?» fragte Friedrich und sprang auf.

«Nein, noch nicht. Die Ärzte sind dran, zu proben und machen in den Krankenhäusern Versuche. Abgekochtes Wasser ist steril, und der gesunde Körper hilft sich selbst.»

Er ging hinaus.

«Und nun tapfer, Else, du willst doch gesund werden? Und bald ein lebendes Kind haben? Wenn du trauerst, lähmst du deinen Körper und seine natürlichen Heilkräfte.»

«Und wenn ich sterben muß?»

Henriette Dieffenbach lachte hell und unbekümmert. «Dummerle! Ist deine Freundin Pauline dran gestorben? Und deine Mutter, meine Schwester? Denen ist es auch so gegangen wie dir.»

«Ach, Tante Henner, ich will ja auch nicht sterben. Und ich schäme mich vor dir.» Sie blickte hilfesuchend die kleine, zarte Frau an, die solch ein schweres Leben geführt hatte. Sie dachte daran, wie ihr Mann, der Doktor Dieffenbach, sie und ihre drei Kinder verlassen hatte und mit einer Schauspielerin Rotter nach Amerika gegangen war, und wie die Verlassene in Gießen Geburtshilfe studiert hatte und nun damit ihre Kinder ernährte. Mit einem geschwächten Herzen, aber unverzagt, ein Licht, das an zwei Enden brennt.

«Tante Henner», sie streckte der von ihr Geliebten und Verehrten die blassen Hände hin. «Ich will von dir lernen tapfer sein. Und ich habe ja auch meinen Mann. Erzähle mir etwas Heiteres, daß ich auf andere Gedanken komme.»

Die letzten Worte hörte Fritz beim Hereinkommen und setzte sich zu ihr auf den Bettrand. «Ich weiß etwas Lustiges. Meine Urgroßmutter Scriba, die auch Pfarrerin in Nieder-Beerbach war, wie meine Großmutter Dingeldey, die hatte zwanzig Kinder. Böse Menschen behaupteten, es seien vierundzwanzig gewesen, aber das ist nicht wahr. Jedenfalls nahm sie das Kinderkriegen nicht schwer. Daneben spielte sie aber sehr gern Karten.»

«Das habt ihr wohl von ihr geerbt?» fiel Elisabeth ein.

«Kann sein. Also eines Abends hatte sie ihren Whistkranz, und da steht sie vom Kartenspiel auf und sagt zu den Mitspielenden: ‚Ihr entschuldigt mich wohl für ein halbes Stündchen.' Sie geht in ihr Schlafzimmer, kriegt ihr Kind, und nach einer halben Stunde wird der Whistkranz ans Bett der Wöchnerin gebeten, und das Spiel geht auf der Bettdecke weiter, während die Hebamme das Neugeborene im Nebenzimmer badet, wo man sein Quäken hört.»

Die Frauen lachten.

«Ja, die war gut in Übung», sagte Henriette Dieffenbach und nahm dem Mädchen an der Türe das Wasser ab. «Aber unser Elslein soll ihr doch nicht in allem nacheifern, denn zwanzig Kinder ist ein bißchen zuviel für eine einzige Frau.»

«Aber die Kinder sind wohl geraten», fiel Fritz ein, «und bevölkern ganz Süddeutschland. Mein Vetter Emil, der große Entomologe, gehört auch zu den Nachkommen.»

«Und nun, Fritz, bist du entlassen», sagte die Tante und öffnete ihm einladend die Türe.

* * *

Elisabeth erholte sich rasch und streckte sich in die Zukunft, anstatt der Vergangenheit nachzutrauern. Die politischen Ereignisse beschwingten alle Deutschen;

selbst der Geheimrat, der in diesem Jahr Direktor der Hofbibliothek wurde, versteckte seinen Partikularismus und war bereit, der neuen Zeit Gutes zuzutrauen. Nur von Bismarck wollte er nichts wissen, während er doch gnädig bereit war, die süßen Früchte seiner Arbeit vom Baum zu pflücken und mit zu genießen.

Der Friede wurde geschlossen, die Truppen kehrten heim. Mimi bekam einen Orden für treue Pflege und kehrte ins Elternhaus zurück. Für Elisabeth und ihre Schwägerin Anna gab es nur Denkmünzen, denn Scharpiezupfen und -nähen ward nicht so hoch gewertet wie die Pflege im Krankenhaus, wo man den ganzen Menschen einsetzen mußte.

Im Mai konnte Elisabeth ihrem Mann ihre große Hoffnung anvertrauen, und der stille, im Gefühlzeigen karge Mann war überglücklich. Frau Dieffenbach wurde konsultiert, strenge Lebensregeln aufgestellt. Elisabeth durfte nicht aufgeregt und geärgert werden; sie sollte viel Obst und Salat essen; sie mußte jeden Tag zweimal spazieren gehen. Sie durfte keine Wäsche aufhängen und nicht von Stühlen herabspringen; sie sollte nicht auf Schränke hochreichen und keinen Wein trinken.

«Setzt mich doch in ein Glashaus», sagte sie übermütig und fiel der Tante um den Hals und drückte sie so heftig, daß sie stöhnte.

«Auch solch ungehemmte Temperamententfaltung ist vom Übel», quetschte die Betroffene heraus.

Da wurde sie losgelassen, bekam Kaffee und Kuchen und mußte lauter erfreuliche Dinge aus der Praxis erzählen, bis ein fremdes Dienstmädchen außer Atem angerannt kam und sie schleunigst abberief.

Der Sommer ging vorüber, und es wurde Herbst. Das Kindlein unter ihrem Herzen rührte sich und beglückte die junge Mutter unsagbar durch seine Lebensregungen.

Gewissenhaft befolgte sie die Vorschriften der Ärztin. Nachmittags begleitete Fritz sie auf dem Spaziergang. Aber manchmal hatte er einen auswärtigen Termin; da holte sie ihre Mutter ab oder ging allein in den nahen Herrengarten. Sie brauchte vom Markt nur über den Paradeplatz am Theater vorbeizugehen, dann kam sie in den schönen alten Park.

Jetzt, Ende Oktober, begann es auch hier zu herbsteln. Wohl waren die Wege vom welken Laub sauber gekehrt, und die Rasenflächen sahen noch grün und frisch aus. Aber die Bäume fingen an zu gilben. In goldener Pracht standen die alten Linden, die Blätter der Blutbuchen fielen unverfärbt, die Kirschbäume trugen purpurrote Kleider und der Ahorn grün und gelb gescheckte. Die Georginen waren erfroren und hingen als schwarze Leichen an ihren Stützen, und auch die Astern auf dem großen Rondell hatten ausgeblüht, denn es hatte schon gereift. Gärtner in grünen Schürzen waren dabei, die empfindlichen Knollen aus der Erde zu nehmen und sie einzukellern. An einer alten Buche am Eingang hing ein Theaterzettel. Elisabeth blieb davor stehen und las ihn. Sollte sie den Logenplatz des Vaters benützen, den er vom Großherzog bekommen hatte und der so peinlich oft leerstand? «Pechschulze, Posse in drei Akten», las sie. Butterweck hatte die Hauptrolle. Den mochte sie gern, man wurde immer so von innen heraus fröhlich.

Sie ging tiefer in den Garten hinein bis zu dem kleinen künstlichen Hügel, auf dem Bänke standen und Kinder spielten. Sie setzte sich und blickte auf die Frankfurter Straße hinunter, auf der sich die ersten Häuser im Bau befanden. Weiterhin war alles Äcker und Wiesen. Zwischen den Baugerüsten sah man den schwarzen Kessel der Gasanstalt; der sah unheimlich und drohend aus. Nein, sie wollte im Haus kein giftiges Gas, das so unruhig aus den Röhren flackerte; sie blieb ihrer Petroleumhängelampe treu, mit dem schönen seidenen Schirm und den Perlenfransen über dem Milchglas und dem Bronzeengel, der an der Decke die Messingketten zusammenhielt und trug.

Auf dem Neubau stiegen Arbeiter mit Speisekübeln an den Leitern hoch. Einer, der oben auf schwankendem Brett stand, blickte in den Himmel und rief dann in alarmierendem Ton etwas auf die Straße. Die Arbeiter stellten die Kübel ab und folgten seinen Blicken.

Unwillkürlich tat Elisabeth das gleiche und entdeckte zwischen dem Gewirr halb kahler Äste eine schwarze Wolke, die sich wie ein ungeheurer Lindwurm am Himmel wälzte und anwuchs. Brandgeruch machte sich bemerkbar. Die Maurer hatten den Bau verlassen, nur ein Speisebub war zurückgeblieben und hütete das Werkzeug.

Die Kinder spielten im Sand zu Elisabeths Füßen; ruhig strickten ihre Mütter und erzählten sich alle Krankheiten, die sie schon durchgemacht hatten.

Da schrie jemand auf der Straße: «Feuer! Feuer!»

Die Frauen sprangen auf, rafften ihre Kinder an sich, sahen entsetzt um sich.

«Es scheint das Theater», sagte Elisabeth und deutete auf die Rauchwolke.

Da schrillte auch schon das Feuerglöckchen vom Turm der Stadtkirche, und eine rote Fahne erschien in der Luke und zeigte nach Norden.

Elisabeth eilte zum Ausgang des Parks; Frauen mit Kinderwagen jagten vorüber, Spaziergänger, Gartenarbeiter ließen ihre Arbeit liegen, um zu helfen. Als die junge Frau zum Ausgang gelangte, konnte sie gerade noch passieren, schon sperrte die Polizei die Zugänge zum Theater und den nächsten Umkreis.

Aus den Fenstern der Galerie züngelten Flammen.

Spritzen rasselten herbei; Feuerwehrmänner mit Messinghelmen stürzten sich ins Gebäude, Zivilisten halfen. Sie schleppten ganze Stöße von Noten heraus, Goldspiegel, Musikinstrumente, rote Sammetsessel aus den Hoflogen.

Elisabeths Blicke hingen wie gebannt an dem furchtbar schönen Schauspiel; alle Ratschläge der Ärztin waren vergessen. Oh, daß sie ein Mann wäre, um mit den schaurigen Flammen zu kämpfen, Brust an Brust wie mit dem Feind!

Sie stand mit dem Rücken gelehnt an die Mauer des benachbarten Zeughauses. Der Wind, der von Nordosten wehte, trug Rauch dorthin, Funkenregen stäubte über die dort harrende Menge.

Ein Kind, das die Mutter verloren hatte, lief schreiend durch die Menge. Elisabeth nahm es zu sich und hielt das kalte Händchen fest, tröstete es zart und versprach, es heimzubringen.

Die Löschgeräte waren ganz unzureichend; der Wasserstrahl drang nicht hoch genug bis zum Feuerherd, man mußte sich begnügen, das Dach des Zeughauses zu übergießen und ein Übergreifen des Brandes zu verhindern.

Es begann zu dunkeln. Feuriger und schöner erblühten die Flammen. Durch das große Theater sausten sie wie ein Sturmwind. Es krachte und prasselte, es zischte und donnerte. Menschen schrien, Kommandorufe ertönten. Wie ein glühender Vulkan, schaurig von innen her erleuchtet, stand der schöne Bau.

Nun marschierte Artillerie auf; das gefährdete Zeughaus wurde geräumt. Kanonen und Protzen, Wagen und Waffen wurden auf den Paradeplatz geschoben.

«Gut ist, daß der Wind nicht von Westen weht», sagte ein Metzger in blutiger Schürze. «Sonst würde die ganze Alexanderstraße abbrennen.»

«Und wie gut, daß es nicht am Abend ausgebrochen ist», meinte eine Frau aus dem Volk.

Immer mehr Menschen strömten herzu, der Paradeplatz war schwarz davon.

Wie der Brand entstanden sei, fragte Elisabeth, und ihre Zähne schlugen hörbar aufeinander.

«Der Beleuchter Mütz wird vermißt», sagte ein Soldat. «Der ist hin. Im Haus lebt keine Maus mehr.»

Auf der Stadtkirche wimmerte immer noch in Abständen das Glöckchen. Es schlug sieben. Elisabeth versuchte durch die Menge durchzukommen, aber es war aussichtslos. Ihr Mann würde sich ängstigen; aber sie war so gebannt von dem Schauspiel, daß kein Gedanke daneben aufkommen konnte.

Plötzlich tat es einen furchtbaren Krach, und ein Klirren ertönte. Die Menschen schrien auf und wichen zurück. Der Kronleuchter samt der Decke war heruntergebrochen. Eine glühende Funkenwolke stieg auf und umwirbelte die Menschen. Soldaten drängten die Menge zurück. Das Kind an Elisabeths Hand schrie auf. Aus dem brennenden Gebäude stieg eine haushohe Flamme.

Im abgesperrten leeren Raum stand ein Häuflein Menschen, Männer und Frauen, und weinten bitterlich. Das waren die Schauspieler des Hoftheaters, deren Arbeit zerstört war und die nicht wußten wohin.

Da trat der Erbgroßherzog auf sie zu, begrüßte alle mit schweigendem Abnehmen seines Hutes. Dann sagte er mit lauter Stimme, die das Toben der Elemente übertönte: «Es ist der Wille Seiner Königlichen Hoheit, daß sich niemand von Ihnen sorge. Das ganze Personal wird weiter Gage beziehen, und in größter Eile soll ein Interimstheater hergestellt werden.»

«Was hat er gesagt?» schrie eine Frau aus der Menge. «Auch 's Ballett, wo meine Tochter ist?»

Der Fürst wandte sich um: «Alles Personal, auch das Ballett», bekräftigte er.

«Nun gottlob! Ein gnädiger Herr!» rief die Frau erregt zurück.

Ruhiger brannten die Flammen. Das alte Schloß war purpurn bestrahlt. Rußflocken regneten auf die Menge herunter und schwärzten die Gesichter. Eine Frau drängte durch die Menge und schrie: «Gretche, Gretche!»

«Das ist die Mama», sagte das Kind und rief laut. Elisabeth kletterte auf eine Kanone und hob das Kind hoch. Da sah es die Mutter und fing unbeherrscht an zu weinen, küßte es und schimpfte es, alles in einem Atem. Dann nahm sie es auf den Arm und bahnte sich rücksichtslos den Weg aus der Menge mit Stoßen und Treten, und hinter ihr konnte Elisabeth stillere Straßen erreichen.

Als sie den Marktplatz betrat, kam Fritz ihr entgegen, der gerade von der Bahn angelangt war. Sie stürzte in seine Arme. Er begann heftig zu schelten, daß sie sich solchen Aufregungen und Gefahren aus lauter Neugier aussetzte.

«Fritz», sagte sie hoheitsvoll, «ich darf doch nicht geärgert werden.»

«Dummes Kind!» Er mußte lachen und war froh, sie heil gerettet zu sehen. Seine Phantasie hatte ihm schon Schreckliches vorgestellt.

«Es wird dir doch nicht geschadet haben?» fragte er ängstlich, als sie zu Hause waren und sie sich den Ruß aus dem Gesicht wusch.

«Ach wo», sagte sie leichtherzig. «Ich bin doch nicht aus Porzellan. Und es ist mir ganz gut.»

«Dann darfst du von heute ab auch wieder geärgert werden», meinte er neckend. «Solch ein Feuer ist doch erregender als ein bißchen Gebrumm von deinem Ehemann.»

«Oh nein», sagte sie streng und schüttelte die Locken. «Wir wollen uns doch lieber an ärztliche Vorschriften halten.»

* * *

Nein, der Brand hatte ihr nicht geschadet und auch nicht dem Kind. Am 31. Januar ward ihr ein Mägdlein geschenkt, rund und rosig mit großen erstaunten Augen und einer hohen gewölbten Stirn. Kaum hatte es diese Welt und die um sie versammelten Menschen mit lautem Geschrei begrüßt — der jungen Mutter war es die schönste Musik, die sie je gehört hatte —, als es auch schon das winzige Däumchen in den Mund nahm und ergeben daran lutschte, weil Besseres einstweilen nicht zu erlangen war.

Henriette Dieffenbach hielt das kleine Wesen im Arm und studierte aufmerksam das Gesichtchen. «Es ist intelligent, das sieht man an der Stirne; es ist gesund und der Körper wohlgebildet, und es ist anpassungsfähig und geduldig, das kündet sein Lutschen.»

Auguste nahm es ihr ab; es sah putzig aus in einem zu großen weißen Wolljäckchen und dem blonden Haarschöpfchen, das sich auf dem Scheitel ringelte. Sie senkte die Augen zärtlich auf ihr Enkelkindchen, das die seinen vor dem Licht an der Decke zukniff. «Ich glaube, es sieht mir ähnlich», sagte sie gedankenvoll.

«Da wäre ich glücklich», meinte die junge Mutter. «Hoffentlich auch im Charakter.»

«Abwarten», sagte Fritz phlegmatisch. Es gefiel ihm nicht, daß er und seine Familie aus der Vererbungsmöglichkeit so gänzlich ausgeschlossen wurden. «Seht ihr nicht, daß es ein gebogenes Heyersnäschen hat?»

«Du hast recht», gab Auguste bereitwillig zu. Da

nahm die Ärztin das Kindlein weg und legte es an seiner Mutter Brust. Zuerst stellten sich Mutter und Kind etwas ungeschickt an, aber mit kräftiger Nachhilfe der Tante gelang es endlich.

«Es trinkt», sagte Elisabeth verklärt und sah aus wie eine Madonna von Raffael.

«Das hat einen guten Zug», lobte der Vater.

«Den hat es von dir», meinte Auguste lachend. Und das brachte ihn auf den Gedanken, auf das Wohl des Neuankömmlings zu trinken; er stieg in den Keller und holte eine verstaubte Rotweinflasche herauf. Da ihm aber niemand Bescheid tat als nur die Großmutter mit einem nippenden Schlückchen und die Ärztin mit einem rasch hinuntergestürzten Glas, zog er sich mit der vollen Flasche in sein Arbeitszimmer zurück und wurde dann ganz allein für sich lustig und dann schläfrig. Er setzte noch die Geburtsanzeige auf, trug die Daten und Namen in die Familienbibel ein und kam dann auf seiner Chaiselongue zum wohlverdienten Schlaf der Gerechten, denn es war Mitternacht vorüber, und seine Schwiegermutter schlief drüben im ehelichen Schlafzimmer und behütete Mutter und Kind.

Die nächsten Monate verliefen programmäßig, wie es sich in einem guten Bürgerhaus gehört. Die junge Mutter stand zur gegebenen Zeit gesund auf, und ihr Lebenslauf wurde im Raster der regelmäßigen Stillzeiten eingeteilt. Dazwischen konnte man einen Spaziergang machen oder für zwei Stunden die französische Soiree besuchen, die sie behufs Förderung der Sprachkenntnisse mit ihren Freundinnen und einer ältlichen Französin unterhielt. Die Dienstmädchen in den jeweils betroffenen Familien nannten diese Veranstaltung die Sauerei.

Im Sommer ward das Kindlein von dem Mädchen im Herrengarten spazieren gefahren, und Elisabeth ging an der Seite, und Mutter und Kind lächelten sich an. Den Wagen selber zu fahren galt nicht für fein.

Im Juni war die Taufe, zu der Schwester Mathilde aus Bremen kam, die nicht früher reisen konnte, weil ihre Kinder an Scharlach erkrankt waren.

Paten hatte Helenchen die Menge, denn man mußte auf Eifersüchteleien zwischen den Familien Rücksicht nehmen: die beiden Großmütter, die beiden ältesten Schwestern und die beiden ältesten Tanten. Den Rufnamen verdankte sie dem gestorbenen Schwesterchen Elisabeths, so konnte niemand gekränkt sein; und nun hieß das Kindlein Helene, Betty, Auguste, Mathilde, Wilhelmine, Eleonore, Emilie. Die Namensfülle ward ihr später noch manchesmal lästig, aber die Fülle der Patenlöffel wog diesen Umstand reichlich auf.

Als der Sommer vorüber war, hörte der Milchquell auf zu fließen, worüber Elisabeth ganz melancholisch wurde. Sie haßte die ovale Flasche mit dem Gummisauger als unsaubere Konkurrenz und mußte noch froh sein, daß die Kleine sie nach einigem Widerstand, dem Hunger nachgebend, annahm.

Dafür aber gab es für Elisabeth jetzt größere Freiheit. Man konnte wieder am geselligen Leben teilnehmen, hatte von Schwager Julius ein vergißmeinnichtblaues schweres Seidenkleid geschenkt bekommen und von dem glücklichen Ehemann und Vater eine goldne Kette, die schwer und massiv war und wie eine Gänsegurgel aussah.

Ein würdiger Anlaß, diese Pracht zum erstenmal anzulegen, war im November gegeben. Richard Wagner besuchte Darmstadt. Wohl war er schon einmal dagewesen: Im Jahre 1862 hatte er der Erstaufführung von Rienzi beigewohnt, in der Loge von Minister Dalwigk gesessen und Beifallsstürme mit seiner Musik entfesselt. Aber jetzt, im Jahre 1872, war er schon unangefochten berühmt. Es gab in Darmstadt einen Richard-Wagner-Verein, der sich die Förderung seiner Musik zur Aufgabe machte. Heyers gehörten ihm zwar nicht an und auch nicht Walthers. Aber der Großherzog wünschte, daß sein Geheimrat ihn vertrete, und schickte ihm zwei Karten mit dem ausdrücklichen Wunsch, er möge ein schönes Frauenzimmer zu dem Fest mitnehmen, da Künstler stets auf ein hübsches Gesicht hereinfielen und dadurch in gute Laune versetzt würden.

Also nahm er die blauseidene Tochter mit, die dann auch alle Regierungsrätinnen, Exzellenzen und Opernsängerinnen in ihrer Jugendschöne und natürlichen Lebhaftigkeit überstrahlte.

Das Fest war im Gasthaus zum Prinzen Karl, an der Ecke der Schulstraße. Es war schauderhaftes Novemberwetter. Es regnete in Strömen, und ein kalter Wind riß die letzten gelben Blätter von den Linden und Platanen am Kapellplatz und jagte sie vor das Portal des Gasthauses. Dort standen ein paar melancholische Droschkengäule und ließen ergeben die Köpfe hängen, während die Kutscher sich in das Innere der Wagen gerettet hatten.

Ein Musikzug der Infanterie marschierte auf und gruppierte sich vor dem Hotel. Ihr Dirigent, Adam, hatte den Mantel über die Galauniform gehängt und schwang den Stab vor seinen Musikern. Es war Wagner zu Ehren die Ouverture zum Tannhäuser. Aber sie kam kläglich heraus. Wasser lief in die Trompeten und gab gurgelnde Töne von sich; es rieselte den Soldaten kalt im Rücken hinunter, machte frostige klamme Finger und überflutete das ganze Wagnerprogramm, das zu Ehren des Meisters mit viel Fleiß eingeübt worden war.

Oben im Speisesaal war es warm und hell. Zitternde Gasflammen stiegen aus den kupfernen Kandelabern und spiegelten sich im blanken Metall. Zwei große weiße Kachelöfen strömten milde Wärme aus. Der Tisch war festlich gedeckt mit Treibhausnelken und altem Damast; feingeschliffene Gläser standen vor jedem Platz; hohe Kelche für Champagner, grüne Römer mit goldnem Rheinwein, dazwischen Torten und Backwerk, das die Damen des Vereins mit viel Liebe und frischer Butter gebacken hatten.

Die Tafel war hufeisenförmig gedeckt; an ihrer Mitte saß der Meister; klein, behäbig, mit mächtigem Kopf, eisgrauem Haar und Backenbart, strahlenden Augen und einem sensibeln, fast fraulichen Mund.

Neben ihm seine junge, schöne Frau Cosima: groß und schlank mit dunkeln Locken, ausgeprägten, geistvollen Zügen. Sie hatte nur Augen für den Gatten, nahm ihm jedes Wort vom Munde, rückte es zurecht, wenn es ihr für das Verständnis der andern nötig schien, und ließ keinen Zweifel daran, daß nichts ihr wichtig erschien als nur er — seine Musik, sein Ruhm, sein Erfolg.

Sie trug ein seegrünes Seidenkleid, mit gelblichen Spitzen, die aus halblangen Ärmeln fielen und einen zarten, fast magern Arm freigaben.

Der Geheimrat und seine Tochter waren vom Vereinsvorstand in die Nähe des gefeierten Gasts dirigiert worden, wo sich auch der Vorstand und seine Damen befanden. Hier saß Luise von Plönnies, die gefeierte Dichterin Darmstadts, Luise Büchner, Dichterin, Frauenrechtlerin und gütige kluge Menschenfreundin in einem. Die beiden waren ganz versunken in eine literarische Unterhaltung. Luise Büchner war entzückt von «Abälard und Heloise», das gerade herausgekommen war, und sagte das der Dichterin. Sie nickte Elisabeth nur über den Tisch hin freundlich zu; sie kannte sie schon von Kind auf und war befreundet mit ihrer Mutter.

Luise von Plönnies reichte dem Geheimrat die Hand mit sanftem Augenaufschlag.

«Wieder von Holland zurück? Mit Ehren reich beladen, ich habe es schon von Büchner gehört», sagte der alte Herr liebenswürdig.

«Ich komme nächstens zu Ihnen auf die Hofbibliothek, ich brauche indische Literatur.» Sie wandte sich wieder zu Luise Büchner.

Der Geheimrat und seine Tochter wurden Wagner vorgestellt; der gelehrte Hofmann überbrachte in schmeichelhaften Ausdrücken die Grüße des Fürsten; Elisabeth machte einen tiefen Hofknix, bei dem alle Falbeln und Volants des Festkleids raschelten und sich mit verbeugten.

Das Auge Wagners ruhte wohlgefällig auf dem zarten bewegten Gesicht der jungen Frau, und Cosima redete sie huldvoll an, als sie das Wohlgefallen ihres Gatten spürte; denn vulgäre Eifersucht lag dem Geiste dieser Frau fern.

Nun ertönte von draußen herein der Brautmarsch aus dem Lohengrin, ohne Schwung geblasen von den bis auf die Haut durchnäßten Stabstrompetern.

Das Gesicht Wagners verdüsterte sich, aber schon sprang Regierungsrat Hahn auf und begrüßte mit begeisterten Worten die Gäste, huldigte dem Genius des Meisters. Ein Knäblein in schwarzem Sammetanzug überreichte einen riesigen Lorbeerkranz. Champagner wurde in die schlanken Gläser gegossen, man stieß an. Cosima zuerst mit dem Gatten, und tief tauchte ihr leuchtender Blick in seine Augen.

«Du wirst antworten müssen», flüsterte sie und lehnte den Kranz an seinen Stuhl. Er nickte, und sein Gesicht wurde freundlich.

Tiefe Stille. Der preußische Gesandte raunte seiner

Frau zu: «Wenn Wagner redet, geschieht allemal ein Unglück.»

Fromm blickte Elisabeth zu dem Redenden auf, der sich zuerst etwas stockend für die freundliche Einladung und Ehrung bedankte. Er kam dann auf die Frauen, seine treusten Verehrer, denen er am meisten künstlerische Förderung verdanke. Dabei haschte Cosima nach seiner herabhängenden Hand und streichelte zärtlich über sie hin. Sie von allen Frauen hatte ihm am meisten gegeben, ihr Leben, ihr Herz, ihre Ehre, und am meisten für ihn getan, indem sie mit klugem, praktischem Sinn alles Äußere und Geschäftliche für ihn ordnete, mit Direktoren verhandelte, diplomatische Briefe schrieb.

Auch Elisabeth errötete freudig, als er so dankbar von den Frauen sprach, während das Auge des Meisters wohlgefällig auf ihr ruhte und ihre warme Ergebenheit spürte.

Nun fiel sein Blick auf den Geheimrat und seine Orden. Seine Miene verfinsterte sich. Warum glänzte der Hof mit Abwesenheit? Im Nu war er von den Frauen, den Förderern seiner Kunst, zu den Fürsten geglitten, denen das Mäzenatentum anvertraut war. Und nun brannten plötzlich alle Enttäuschungen in ihm, die in seinem Leben hohe Herren und Frauen ihm gemacht hatten. Er begann in breitem, sächsischem Tonfall auf Könige und Königinnen, Herzöge und Großherzöge zu schimpfen. Nie verstand der Fürst den Genius, und wenn er ihm einen Bettelpfennig hinwarf, so lohnte der Künstler mit Gold.

Peinlich erstarrten die Gesichter der Herren; erstaunt und verlegen blickten die Frauen. Elisabeth senkte die Augen und trank verwirrt ihr Glas leer, was ungehörig war; nur Cosima hing unentwegt an den Lippen ihres Meisters, hatte, wie er, König Ludwig von Bayern, seinen Freund und Gönner, vergessen und manchen andern, der ihm die Bahn geebnet hatte.

Als er geendet hatte, entstand eine peinliche Stille; der Regen schlug an die Scheiben.

«Also wollen wir die Frauen hochleben lassen!» sprang der Präsident des Vereins gewandt ein, «die unser Leben schmücken, denen wir unser Bestes verdanken. Wie schon Schiller sagt:

Ehret die Frauen, sie flechten und weben
himmlische Rosen ins irdische Leben!»

Alles sprang erleichtert auf, mit den Gläsern in der Hand; vor Cosima staute sich der Zug, sie tat jedem mit einem bestrickenden Lächeln Bescheid. Aber auch die andern wurden nicht vergessen, und Elisabeth empfing manchen bewundernden Blick, der ihre Augen immer strahlender machte und ihren Geist lebhafter und beweglicher.

Die Champagnergläser wurden ausgetrunken, Kellner eilten, neu einzuschenken.

Da öffnete sich die Türe, und der Führer des Musikzugs trat ein in seiner goldglitzernden Galauniform; den nassen Mantel hatte er draußen abgelegt. Er schritt mit kotbespritzten Stiefeln auf den Fußspitzen über das glatte Parkett und pflanzte sich stramm vor dem Meister auf.

«Musikdirigent Adam, dem wir das Ständchen verdanken», stellte der Präsident vor.

Tiefbewegten Herzens und auch im breitesten Sächsisch, wie der Meister, hielt nun der Biedere eine wohleinstudierte kleine Rede, in der er die Verdienste Wagners für die Militärmusik in ehrlichstem Eifer heraushob.

«So, so», sagte Wagner, «ein Landsmann?»

«Zu dienen, Meister. Aus Pirna», antwortete der Dirigent ehrfurchtsvoll.

Ein kleines spöttisches Lächeln huschte wie ein Blitz über Wagners Züge. Er langte zur Seite, ergriff den mächtigen ihm gewidmeten Lorbeerkranz und gab ihn dem verdutzten Musiker. «Dem Verdienst seine Krone», sagte er pathetisch.

Adam verbeugte sich und stotterte: «Das schlechte Wetter... bei den Proben klappte es besser.» Er hielt den Kranz in den weißbehandschuhten Händen, wand sich in tödlicher Verlegenheit und wußte nicht, was tun. Im Saal war es totenstill.

«Wir danken Ihnen, daß Sie für Wagners Musik eintreten», sagte Cosima schnell und blickte ihn huldvoll an wie eine Königin.

«Ja», fügte Wagner bei, «wenn ich das nächstemal komme, sorge ich für besseres Wetter.»

Adam stand stramm, die eine Hand an der Hosennaht, in der andern den unverdienten Lorbeerkranz. Sein Gesicht war rot, und Schweißtropfen perlten ihm auf der Stirne.

Da niemand mehr etwas sagte, schlug er die Absätze zusammen und zog mit den Lorbeeren ab. Aber die Stimmung war gestört; Wagner begann zu gähnen und mit seiner Frau zu flüstern. Dann trank er sein Glas leer, und beide erhoben sich. Sie schüttelten einige Hände in der Umgebung; der Präsident begleitete das Paar hinaus und ging wie ein begossener Pudel hinter ihnen drein.

«Unerhört», sagte der Geheimrat zu Elisabeth.

«Mit Künstlern darf man nicht rechten», meinte diese mild. «Wir wollen uns an das Schöne halten, das sie uns schenken.»

«Ich, für meine Person, kann aber auch dieser modernen Musik keinen Geschmack abgewinnen, finde sie nicht schön», brummte Walther.

«Aber ich», sagte Elisabeth kriegerisch, «und wenn

wieder der ‚Fliegende Holländer' gegeben wird, gehe ich hinein, obgleich die Darmstädter ihn vor zwei Jahren ablehnten.»

«Wenn nicht deine Mutter den Platz beansprucht», sagte der Vater steif.

«Natürlich, Muttchen ist die Nächste dazu», gab Elisabeth ihm recht. Und dann war das Fest aus und hatte unharmonisch geendet, was bei so vielen musikalischen Leuten peinlich und verwunderlich war.

Zwei Tage später aber sah man in einem Schaufenster den Lorbeerkranz hängen, und er umrahmte die Bilder Wagners, Adams und des Großherzogs. Die Bürger, die davor standen, staunten über die Zusammenstellung, aber die Eingeweihten lächelten listig und gingen vorüber.

Auf diese Weise hatte der brave und verdienstvolle Adam sein künstlerisches und menschliches Gewissen beruhigt.

* * *

Sechs Monate nach diesem Bankett gebar Elisabeth einen Sohn. Kurz vor der Geburt war Henriette Dieffenbach einem Herzschlag am Bett einer Wöchnerin erlegen und wurde leidenschaftlich von Elisabeth betrauert. Aber das Knäblein kam ohne Schwierigkeit. Es sah runzelig wie ein altes Männlein aus, aber die junge Mutter nahm es glühend ans Herz. Sie war überhaupt eine Bubenmutter, wie ihr bei diesem Kind deutlich wurde. Bei Helene war sie nur Mutter, die sich des gesunden Kindes freute; bei Hermann, wie dieses zweite getauft wurde, floß noch etwas Undefinierbares herein. Es war nicht Erotik, aber vielleicht war es mit ihr verwandt; es war auch nicht Familienstolz, einen Erben des Namens geschenkt zu haben, aber der Gedanke an eine große Zukunft des Knäbleins entzündete ihre Phantasie. Würde er ein Held werden? Ein Retter seines Volkes? Ein großer Künstler? Ein geistesmächtiger Gelehrter? Bei der Tochter dachte sie nur an eine liebe, tüchtige Familienmutter, die ihr viele Enkel schenken würde und vielleicht lieblich anzusehen war. Obgleich — das Kind hatte etwas Unausgeglichenes im Gesicht; eine überhohe Stirne, strahlende große Augen und einen großen Mund mit vollen Lippen. Dazwischen saß ein kühngebogenes Näschen mit weitgeöffneten Nüstern; dunkelblonde, uninteressante Haare hingen straff über kleine wohlgebildete Ohren, aber das Körperchen war rundlich, gesund, harmonisch.

Hermann war als Kind gewiß nicht schöner, gedieh auch nicht so klaglos.

«Alles Edle ist anfälliger», tröstete sie der Vater. Aber es gab geheime Verbindungen vom Sohn zur Mutter, die ihr nie ins Bewußtsein traten. Vielleicht war es das ganz andere, das Ergänzende, das Zukünftige, was sie spürte, was ihrer Weibesnatur Vollendung zum Vollmenschentum verhieß und was der Gatte ihr nicht so restlos gewähren konnte, wie ihre ergänzungsbedürftige Natur es verlangte. Oder waren es Beziehungen, die in vorgeburtliches Dasein ragten?

Jedenfalls spürte sie eine stärkere Bindung an dieses Kind als an das erste. Vielleicht lernte sie auch an ihm erst in Vollkommenheit Mutter werden. Denn jedes Kind erweitert und vertieft das Muttergefühl, macht es heißer, opferbereiter, allbeherrschender.

Es war gut, daß es so war, denn kaum war Hermann fünf Monate alt, als ihre Mutterkraft auf eine harte Probe gestellt wurde.

Sie hatte das Bübchen nur drei Monate gestillt, denn die Zeitströmung war der Ammentätigkeit der Mutter aus höhern Ständen nicht günstig. Die aufkommende

Technik erfand Konservierung und Kondensierung der Kuhmilch unter Zuckerzusatz. Die Ärzte jubelten: endlich ein einwandfreies, unveränderliches Nahrungsmittel für Säuglinge. Die Milch wurde nicht sauer, es gab keine Verdauungsstörungen mehr, Krankheitskeime der Milch wurden durch das lange Kochen unschädlich gemacht. Die Mütter konnten ihre Kräfte sparen, blieben jung und schön, arbeitsfähig und gebärfreudig.

Für den kleinen Stammhalter war nur das Beste gut genug, also bekam er diese kondensierte Milch, und sie schmeckte ihm gut, süß wie sie war.

Aber nach zwei Monaten hatte Elisabeth einen großen Schrecken. Nachdem das Bübchen schon Tage vorher grämlich gewesen war, offenbar zahnte es schwer, bekam es in der Nacht einen heftigen Krampfanfall.

Hellhörig, wie Mütter auch in tiefstem Schlaf sind, wenn ihre Kinder sich regen, erwachte sie an einem pfeifenden Laut, denn die Wiege stand dicht neben ihrem Bett. Sie fuhr sofort hoch, sah im Schein des Ölnachtlichts das blaue Gesicht des Kindes, das vergeblich nach Luft rang. Sie riß es aus dem Bett, schüttelte es, benetzte das schlaffgewordene Körperchen mit kölnischem Wasser, schrie den Mann wach, der sofort zum Arzt eilte. Bis er ankam, war der Krampfanfall vorüber, und das Kind lag bleich und erschöpft in den Armen seiner Mutter.

Es war keine halbe Stunde verflossen, so trat Doktor Kaufmann ein, eine hohe schmale Gestalt mit dunkelm, schütterm Bart und tiefliegenden guten Augen. Seine Stimme schon klang tröstlich, warm und gedämpft, wie wenn sie Tod und Schmerzen beschwören könnte und dabei inniges Mitleid mit dem habe, der litt. Wenn sein sinnender Blick den Kranken umfaßte, floß Vertrauen in jedes Herz, und dies Vertrauen war besser als die Medikamente, die er verschrieb, denn es rief die Heilkraft der Seele wach.

Elisabeth mußte ihm den Verlauf des Anfalls erzählen; er ließ die Glieder des kranken Kindes zart tastend durch seine Hände gleiten, fühlte die Handgelenke und Rippen ab. Fritz hatte die Petroleumlampe gebracht und leuchtete dem Arzt.

«Der Kleine neigt zur Englischen Krankheit, und was Sie da erlebten, war ein Anfall von Stimmritzenkrampf», ließ sich Kaufmann vernehmen. «Sie stillen nicht mehr?» Elisabeth schüttelte die offenen Locken, denn sie saß aufrecht im Bett.

«Wir wollen dem Kind Lebertran geben und die Nahrung wechseln. Lassen Sie einmal die kondensierte Milch, und geben Sie rohe Ziegenmilch mit Haferschleim gemischt.»

«Aber die wird sauer jetzt im Sommer», wandte die Mutter ein.

«Der Gärtner Sommerkorn an der Niederramstädterstraße hat Ziegen; da lassen Sie das Mädchen zweimal am Tag frischgemolkene Ziegenmilch holen. Und dann — das Kind darf keine Minute allein bleiben, denn die Anfälle wiederholen sich. Es muß auch nachts gewacht werden, und beim ersten Anzeichen das Kind hochgenommen und auf das Popochen geklopft werden, kräftig, daß es rot wird und das Blut in Wallung kommt.»

«Armer Bub, so früh schon», scherzte der Vater mit bleichem Munde.

«Wechseln Sie mit Mann, Mutter und Mädchen im Wachen ab, damit keins im Schlaf zu kurz kommt. Und, Frau Elschen, vergessen Sie nicht, jeden Tag spazieren zu gehen, das haben Sie nötig. Lassen Sie beim Kind keine Verstopfung aufkommen, baden Sie es nicht zu heiß, lassen Sie das Kind viel in frischer Luft. Sie haben ja einen Balkon, stellen Sie es hinaus. Machen Sie Salzbäder. Ich komme morgen wieder.»

«Muß ... muß er sterben?» fragte die junge Mutter und starrte den Arzt angstvoll an.

«Nein, viele machen alles gut ab und werden dann die kräftigsten Kinder», tröstete er liebreich. «Aber natürlich — jeder Anfall ist eine Gefahr.»

«Und woher kommt die Krankheit?» fragte der Vater, «wir haben doch alles getan.»

«Wir wissen es noch nicht genau. Es ist eine Mangelkrankheit, die viel im Proletariat der Städte vorkommt. Sonne, Luft, Reinlichkeit, natürliche Nahrung. Kinder stillender Mütter bekommen sie selten.»

Elisabeth sah ihn entsetzt an. «So bin ich im Grunde schuld?» Tränen standen in ihren Augen. «Und ich bin die Mörderin meines süßen kleinen Bübchens?» Sie steigerte sich in heftige Erregung, ihr Busen wogte, schließlich fing sie an zu weinen und rang vergeblich nach Fassung.

Der Arzt nahm ihr ruhig das bleiche schlafende Kind aus den Armen und legte es in sein Bettchen zurück.

«In aller natürlichen ungekochten Nahrung ist ein lebendiger Stoff, den wir nicht kennen», sagte er gedankenvoll, «es scheint, daß der Mensch ihn nötig hat. Der Seemann bekommt Skorbut, wenn er ihm fehlt. Inder, die immer nur geschälten Reis essen, bekommen die Beriberi-Krankheit.» Er strich sich grübelnd über die Stirne. «Vielleicht wird er noch von Liebig entdeckt oder seinen Nachfolgern. Wir tasten da alle noch im Dunkeln.»

Fünfzig Jahre später entdeckte man diesen Stoff, die Vitamine.

Der Arzt riß sich von seinen Gedanken los. «Aber

nun schlafen Sie, und grämen Sie sich nicht.» Er streckte ihr die Hand über die Wiege hin. «Sie brauchen Ihre Kraft und Ihren Schlaf in den nächsten Wochen.»

«So lange?» warf Fritz bekümmert ein.

«Mut, kleine Mutter, wir reißen das Bürschchen schon durch. Dem Mädel geht's gut?» Er trat an das Bettchen. «Schläft in all dem Trubel mit roten Wangen. Gott behüte dich!»

Fritz begleitete ihn mit der Lampe hinaus; still weinte und betete Elisabeth in ihre Kissen.

* * *

Zwei Monate lang wütete die Krankheit und machte aus dem kräftigen Bübchen ein schwaches und schlaffes Kerlchen. Da verminderten sich plötzlich die Anfälle; das Kind bekam helle Augen, der Verfall war aufgehalten, und das Körperchen baute sich sichtlich neu auf.

Aber in der Wachsamkeit ließ die Mutter nicht nach. Jeden Nachmittag kam die Großmutter, um die Obhut des Kindes zu übernehmen und der Tochter die nötige Entspannung zuteil werden zu lassen.

«Diesmal habe ich eine Überraschung für dich», sagte sie eines Tages fröhlich. «Zieh dich hübsch an, Freiligrath ist bei Papa, und du sollst mit ihm Kaffee trinken und spazieren gehen, während Papa in der Bibliothek ist.»

«Freiligrath, der Dichter?» fragte Elisabeth erstaunt. «Ich dachte, er sei verbannt in England.»

«War er. Aber im Jahr 70 hat er so schöne, glühende vaterländische Gedichte gemacht, da hat die Regierung ihn wissen lassen, daß seiner Rückkehr nichts im Wege stehe. Nun ist er auf dem Weg nach Stuttgart, wo er sich niederlassen will. Er wohnt bei Büchners. Nimm im

Vorbeigehen beim Bäcker Koch noch Zimmetkuchen mit, und sieh, daß die Kathrin einen guten Kaffee macht.»

«Niemand möchte ich lieber kennenlernen als den Freiligrath», sagte Elisabeth begeistert. «Weißt du noch?

Von den Segeln tropft der Nebel,
auf den Buchten zieht der Duft.
Zündet die Latern' am Maste!
Grau das Wasser, grau die Luft.»

«Und ‚O lieb, so lang du lieben kannst'!» ergänzte die Mutter.

«Ich ziehe das blaue Kleid an mit der Spitzenrüsche», überlegte die junge Frau.

Die Mutter nickte, zog ein Strickzeug heraus und setzte sich an Bübchens Wiege, während das kleine Mädchen zu ihren Füßen spielte.

In Hut und hellem Sommermantel kam Elisabeth bald darauf herein, ein Rot freudiger Erwartung lag auf ihrem schmalgewordenen Gesicht.

Sie beugte sich über die Wiege und küßte das Bübchen, das ihr entgegenzappelte und genommen sein wollte.

«Nene auch Kuß», sagte das kleine Mädchen leise. Aber die Mutter hörte es nicht mehr, die Türe fiel hinter ihr zu. Enttäuscht sah die Kleine ihr nach.

Die beiden Männer saßen im Salon auf dem grünen Sammetsofa, Freiligrath und der Geheimrat. Gustchen, die unterdessen eine junge Dame geworden war, hatte ihren Kranz und war ungern aus der interessanten Gesellschaft weggegangen.

«Das ist meine zweite Tochter, Elisabeth, Frau Advokat Heyer», stellte der Vater vor.

Elisabeth streckte ihm freimütig die Hand hin und

sagte aufleuchtend: «Ich freue mich schrecklich, Sie kennenzulernen.»

Der Dichter lächelte sauersüß.

«Sag ihm nur nichts über seine Gedichte, das liebt unser Freund nicht. Ich habe auch noch nie eins von ihm vorgetragen gehört.»

«Oh, das ist auch nicht nötig, die schönsten kann ich auswendig», sagte Elisabeth scherzend.

Freiligrath lächelte sie an und sagte halblaut vor sich hin:

«Geliebt zu sein von seinem Volke,
o herrlichstes Poetenziel!
Los, das aus dunkler Wetterwolke
herab auf meine Stirne fiel.»

Der Geheimrat kritzelte eifrig in seinem Taschenbuch. Elisabeth sah sich, während sie den Kaffeetisch deckte, den Gefeierten genau an. Er hatte eine breite, gedrungene Gestalt, auf der ein Löwenkopf saß. Die braunen Dichterlocken waren schon mit grauen Haaren untermischt. Das Gesicht war rötlich gesund, die Stirne gewölbt mit blitzenden dunkeln Augen, die mit Falkenblick das Hantieren der jungen Frau verfolgten. Der ganze Mensch hatte etwas Kraftvolles, Männliches, Offenes. Auch seine Stimme war sympathisch; sie war weich und voll, und wenn er so herzlich lachte, mußte man ihn gern haben.

«Das ist also ein Revolutionär», dachte Elisabeth, und ihre Begriffe verwirrten sich. «Das ist doch ein guter Mensch?»

Sie schenkte den Kaffee ein. «Selbst gebacken?» fragte der Dichter und biß in den Kuchen, daß der Zucker sein Gesicht bestäubte.

Sie schüttelte den Kopf und sagte schüchtern: «Ich wußte ja nicht, daß Sie kamen.»

«Seien Sie zufrieden, Freiligrath», nickte der Vater.

«Ich glaube, das Elschen kann noch nicht mit unserm Hofbäcker wetteifern.»

Sie wurde rot und schmollte. «Ach Vater, nur einmal ist er sitzengeblieben, das muß ich nun immer hören.» Sie war ehrgeizig und gern gelobt. Nun blamierte der Vater sie so vor dem Fremden.

«Bäcker wollen auch leben», tröstete der Dichter, «und Kuchen-Backen-Können ist nicht die oberste Frauentugend.»

«Und welche wäre es nach Ihrer geschätzten Meinung?» fragte der Geheimrat und strich der Tochter väterlich über die erglühte Wange.

Freiligrath sann einen Augenblick nach. «Ein liebes, treues Herz, auf das des Mannes Herz sich verlassen kann», sagte er dann.

Elisabeth dachte, daß dies auf sie passen könnte. «Aber ist das nicht das Selbstverständlichste von der Welt?» fragte sie impulsiv.

«Man sollte es meinen», antwortete Freiligrath freundlich.

Der Geheimrat stand auf. «Ich muß fort, und Sie wissen, Fürsten darf man nicht warten lassen. In ein bis zwei Stunden bin ich wieder hier. Vielleicht machen Sie gern einen Spaziergang mit meiner Tochter?»

«O ja», sagte der Dichter lebhaft, «in die Schebb-Allee. An die erinnere ich mich noch von meinem Aufenthalt hier vor fünfundzwanzig Jahren.»

«Die ist auch ganz nah, da brauchen wir nicht durch die Stadt zu gehen», meinte Elisabeth und zog den Mantel an. Sie wünschte heiß, daß ihre Freundinnen ihr begegnen möchten, als sie über den Marienplatz schritt, auf dem die Platanen gilbten.

Es war ein wonniger Herbsttag; bei jedem warmen Windstoß wirbelten goldene Birkenblätter aus dem Palaisgarten, daß es aussah, wie wenn jemand Goldstücke über die Mauer unters Volk würfe.

Freiligrath war ein wenig kurzatmig, und Elisabeth paßte ihre Schritte den seinen an. Jetzt sah sie auch in der hellen Sonne die Zerstörung im Gesicht des Ausgewanderten. Da waren harte Linien, die der Schmerz und die Sorge gegraben hatten.

«Sind Sie gern in England gewesen?» fragte sie schüchtern.

«O Kind», sagte er wehmütig, «es ist kein Tag vergangen, an dem ich nicht Heimweh nach Deutschland gehabt hätte.»

«Aber in Deutschland . . .»

«Ich weiß, was Sie sagen wollen. In Deutschland hätte mir Gefängnis oder Schlimmeres geblüht. Der Jammer um mein Vaterland hatte mich ja fast verzehrt: Kein freies Wort war geduldet, die tiefsten männlichsten Empfindungen waren strafbar. Freiheit und Tapferkeit und Wahrheit waren aus unserm Wörterbuch gestrichen. Feigheit wurde großgezogen durch Denunzieren, Furcht lähmte die Familienväter; Fürstendiener, die schmeicheln konnten, kamen zu Ehren.»

Er schwang drohend seinen Stock mit der Elfenbeinkrücke und hieb ihn in die staubigen Brennesseln, die den Weg säumten. Das war eine symbolische Handlung.

«Aber jetzt hat man Sie zurückgerufen», tröstete Elisabeth fraulich und legte hemmend ihre Hand auf die Faust, die in die Nesseln schlug.

«Ja, und doch bin ich heute kein anderer als vor fünfundzwanzig Jahren», brummte er besänftigt.

«Es ist aber eine andere Zeit, und vieles, was Sie erstrebt haben, fällt uns jetzt in den Schoß», sagte Elisabeth beschwichtigend.

«So haben wir wenigstens nicht umsonst gelitten»,

meinte der alternde Dichter befriedigt. «Denn wir Revolutionäre von 48 haben den guten Samen gesät.» Er nahm den schwarzen Schlapphut ab und ließ den weichen Wind durch die verstrubelten Haare wehen.

«Und er ist aufgegangen und von Bismarck betreut worden», warf die junge Frau ein.

«Hm», sagte der Dichter düster, «manches Pflänzlein, das zum Lichte strebt, hat der Kanzler ausgerissen; er ist im Grund konservativ bis in die Knochen.»

«Vielleicht. Aber er hat Deutschland geeint», sagte Elisabeth begeistert, «das ist sein Werk.»

«Ja, und dafür wird ihm viel vergeben.»

Sie sah ihn verwundert an.

«Ich habe nie gedacht, und mein Mann auch nicht, daß er der Vergebung bedürfe.»

Er lächelte vor sich hin. «Wenn man von draußen kommt, weiß man manches, was die Nächsten nicht erfahren. Und dann — ihr seid eine andere Generation.»

«Ich verehre in Bismarck den Mann, den Gott uns gesandt», verteidigte die junge Frau stürmisch ihr Idol.

«Und Sie tun recht daran. Wir Menschen sind alle begrenzt; einen Vollkommenen fand Gott offenbar nicht, der zum Werkzeug getaugt hätte. Wer wäre ohne Fehl?» Er sah traurig vor sich hin. Nach einer Weile fuhr er fort: «Ein Herrscher mag um eines großen Ziels willen auch Härten, ja Grausamkeiten begehen, möglich, daß es nicht anders geht in dieser dreckigen Welt; aber merken Sie sich das, liebes Kind, der einzelne darf nie die Stimme der Menschlichkeit in sich ersticken, damit beschmutzt er seine Seele.» Der Dichter blieb stehen, breit wie ein Fels, und seine Locken wehten im Wind. «Wehe, wenn er es täte!» sagte er drohend.

«Ich tu es gewiß nicht», versicherte Elisabeth treuherzig.

Er lächelte. «Das galt im Grund nicht Ihnen, es galt dem deutschen Volk.»

«Hier sind wir in der Schebb-Allee», wechselte Elisabeth das Gespräch.

Zur Linken dehnte sich sandiger Kiefernwald; seinen Saum begrenzte die wunderliche Allee, die aus Kiefern bestand, deren Stämme die absonderlichsten Formen, Verrenkungen und Krümmungen machten.

«Sie sehen aus wie Dämonen und Drachen, die an die Erde geschmiedet sind», sagte der Dichter sinnend und blieb stehen.

«Dies ist das Kamel. Als Kinder kletterten wir hinauf und ritten auf seinem Buckel», erklärte die junge Frau.

«Wie sie entstanden sein mögen?»

«Ich glaube, es war einst ein Hag aus Kiefern, der beschnitten wurde; in dem sandigen Boden gedieh keine Fichte. Aber die Kiefer ist ein Lichtbaum und strebt zur Höhe, eignet sich nicht zu einer dichten Umzäunung, läßt sich nicht ziehen. Da ließ man sie schließlich wachsen, und die Verkümmerung ihrer Jugend wuchs sich zu grotesken Mannbäumen aus.»

Elisabeth bückte sich und pflückte gelbe Immortellen, die im magern Sand wuchsen, fügte Steinnelken hinzu und ein Zweiglein mit roten Früchten von Pfaffenköpfchen. «Ein Herbststräußchen», sagte sie bescheiden. «Darf ich es Ihnen als schwachen Dank für vieles Schöne geben?» Sie reichte es ihm hin.

Er sah sie freundlich an, und seine Augen blitzten.

«Danke, mein Kind. Vor fünfundzwanzig Jahren wäre ich es gewesen, der Ihnen Blumen geschenkt hätte. Nun bin ich ein alter Mann, und die Jugend bringt sie mir.»

«Ich habe sie nicht dem alten Mann gebracht, sondern

dem ewig jungen Dichter», sagte Elisabeth glühend. Und erschrocken schlug sie sich auf den Mund. «Aber davon wollen Sie ja nichts hören.»

«Wenn es so anmutig dargebracht wird, nehmen Sie mir die Scham, und ich kann mich nur freuen.»

Als sie die Allee hinuntergeschritten waren, den wunderlichen Bäumen Namen gegeben hatten, kehrten sie um. Es ging sich mühsam in dem tiefen Sand des Wegs, und Freiligrath atmete schwer.

«Freuen Sie sich, wieder in der Heimat zu sein? Welche Gegend in Deutschland empfinden Sie am meisten als Heimat?» fragte Elisabeth nach langem Schweigen.

«Am meisten wohl den Rhein und Westfalen, wo ich die Jugend verlebte. Und ob ich mich freue? O junge Frau, wenn Sie wüßten, welch hartes Brot das Emigrantenbrot ist!»

«Aber Sie hatten doch auch Landsleute dort als Freunde», warf Elisabeth ein.

«Gewiß, da war der Dichter Kinkel und die edle Malwida von Meysenbug, Alexander Herzen, der russische Philosoph, Mazzini, der italienische Revolutionär und spätere Staatsmann. Lauter hochbegabte Menschen mit glühenden Herzen. Aber manche verbittert, untergegangen in Sorgen ums tägliche Brot, Sprachunterricht gebend, voll Zorn und voll Heimweh zugleich.» Mit leiser Stimme fügte er hinzu, und es klang wie ein widerwilliges Bekenntnis: «Und manche irre geworden an dem Recht der Revolution.»

Die junge Frau sah ihm fragend in das nachdenkliche Gesicht.

«Daß einst die Französische Revolution zerbrach, war Schuld der Jakobiner. Die Bourbonen der Restauration verdanken ihren Sturz den extremen Royalisten, die nicht mit dem Geist der Zeit gingen.»

«Und die Revolutionäre von 48?» fragte Elisabeth mit großen Augen. Wollte er sagen, daß sie an der Unfähigkeit der Revolutionäre zugrunde gegangen?

Er schien die Frage nicht gehört zu haben. Aus tiefem Nachdenken heraus fuhr er fort: «Talleyrand sagte in einer Rede einmal ungefähr folgendes: ‚Ich kenne jemand, der klüger ist als Bonaparte, klüger als irgendein Minister der Vergangenheit, Gegenwart und Zukunft. Dieser Jemand heißt Jedermann.' Sich in einen Kampf einlassen oder wenigstens darin verharren, in dem dieser Jedermann mit seinen Gefühlen und Belangen auf der Gegenseite steht, ist ein Fehler. Das sollten alle Regierungen wissen.»

«Und was hat das mit Ihrer Revolution zu tun?» fragte Elisabeth und bemühte sich, den Zusammenhang zu begreifen.

«Nichts», sagte der Dichter schroff. «Oder vielleicht, daß die Zeit nicht reif war, indem Herr Jedermann nicht einheitlich dachte. Einst wird uns alles, was wir erstrebt haben, in den Schoß fallen. Ist es schon zum Teil.»

«Ja, trotz Bismarck», lächelte Elisabeth heiter.

«Auch er muß sich mit Jedermann auseinandersetzen und Rücksicht auf ihn nehmen.» Er stülpte seinen großen Hut auf, denn nun waren sie wieder in der Stadt. Der Geheimrat erwartete mit Ungeduld seinen Gast, und Elisabeth strebte eilig heim zu ihrem Kinde und fühlte sich reich durch die vergangene Stunde und hinübergehoben über die Kleinarbeit der Hausfrau und Mutter und den engen Kreis des Haushalts.

* * *

Kaum konnte die junge Mutter sich der Genesung ihres Kindes freuen, als sie einen Verlust erlitt, von dem sie sich lange nicht erholen konnte: ihre Mutter starb ganz plötzlich an einem Herzschlag.

Wenige Stunden noch vor ihrem Tod ging sie im Herrengarten spazieren. Am Ententeich blieb sie stehen, denn sie sah ihre Tochter mit der zweijährigen Helene kommen. Das Kind trug ein Kapothütchen aus schwarzem Samt mit rosa Seide ausgefüttert und lief am Rand des Teichs, wo es den Enten und Schwänen Brot ins Wasser warf.

«Ei, wer kommt denn da?» rief da die Großmutter im Ton inniger Freude; sie hockte nieder und breitete die Arme aus. «Komm in mein Häuschen», lockte sie, und mit einem Jauchzer stürzte sich die Kleine in die Arme, die sie zärtlich umfaßten.

Viele Jahre später bedauerte man Helene, daß sie ihre Großmutter Walther nicht gekannt habe, die so eine prächtige Frau gewesen sei.

«Oh, ich erinnere mich sehr gut an sie», meinte Helene freudig und erzählte die Begegnung am Teich, die wie das erste Lichtlein aus weiter Vergangenheit in ihre Gegenwart hineinleuchtete. «Das ist ja fast nicht möglich, du warst zwei Jahre alt, als sie starb», entgegnete man ihr.

Aber Helene wußte es besser. Der Ton inniger Liebe und Freude, der ihrem unerwarteten Erscheinen gegolten hatte, war tief in ihr Herz gegraben und hatte ihr die Gestalt der Großmutter, die ganze Situation bis zum Samthütchen aufbewahrt. Sie konnte in Wahrheit sagen: ich habe sie gekannt. — —

Am Nachmittag desselben Tages erschien Tante Elise, um mitzuteilen, daß ihre Mutter gestorben sei! Sie wurde von ihrer Tochter so leidenschaftlich betrauert, daß ihr Mann für die Gesundheit seiner Frau fürchtete. Jede Lieblosigkeit, jede Heftigkeit, die die Mutter getroffen, stand in Elisabeth wieder auf, jeder unbeherrschte Temperamentsausbruch, jede eifersüchtige Unfreundlichkeit, unterlassene Hilfeleistungen, egoistische Selbstbehauptungen, Ungehorsam und Abweichen von der Wahrheit bis in ihre jüngsten Jahre hinein, stand aufbewahrt in ihrem Gedächtnis und erhob sich nun wie eine Wolke von Anklagen, die an ihr Herz klopften.

Und über dem allem schwang sich wie eine nie verstummende Melodie das Wort:

«O lieb, solang du lieben kannst!
O lieb, solang du lieben magst!
Die Stunde kommt, die Stunde kommt,
da du an Gräbern stehst und klagst.»

«Wenn ich sie wenigstens hätte pflegen können», schluchzte Elisabeth im Arm ihres Gatten. «Aber so — ohne ein Wort des Abschieds, der Liebe, des Danks! Was sind wir elende, dumpfe Geschöpfe, ahnungsloser als Tiere. Mit keinem Gedanken dachte ich an Krankheit oder Tod, ließ Mutterchen allein heimgehen, vergnügte mich mit dem Kind an jungen Entchen; wir aßen Malzbonbons und spielten Fangen.»

Beruhigend streichelte Friedrich die wie ein Kind weinende Frau, während ihm selbst die Tränen in den Augen standen, denn er hatte seine Schwiegermutter um ihrer edlen Menschlichkeit willen geliebt.

Aber für Elisabeth war eine Quelle versiegt, aus der ihr Labe und Kraft geflossen war; sie fühlte, daß sie nun auf sich allein angewiesen war. Daß sie selbst wissen mußte, was gut und böse war, was getan und gelassen werden mußte, und daß keine Mutterarme ihr mehr offenstanden und kein Mutterherz, an das sie sich flüchten konnte.

Das Haus in der Hügelstraße bekam ein anderes Gesicht. Die Schwestern des Vaters zogen zu ihm und führten ihm den Haushalt, und es gab Elisabeth einen Stich ins Herz, wenn sie Tante Lorchen am Fenster sitzen sah, wo ihrer Mutter Nähtischplatz gewesen war.

Den heißen Wunsch, eine geliebte Kranke zu pflegen, konnte sie dann am Sterbebett ihrer Schwiegermutter erfüllen, die wenig später an einem schweren Leberleiden erkrankte, das nach qualvollen Monaten zum Tod führte.

Und hier kam sie der Mutter ihres Mannes nahe, der gegenüber sie immer gewappnet gewesen war, damit sie ihr kein Fädchen von der Liebe ihres Mannes abreiße.

Elisabeth erwies sich trotz ihrer Jugend als eine geschickte, liebevolle und unermüdliche Krankenpflegerin, Herrscherin und Dienerin in einem, aber im Zeichen der Liebe.

Als die letzte Nacht kam und alle Kinder der Sterbenden um sie versammelt waren und Elisabeth in junger Kraft unermüdlich den Körper der Schweratmenden stützte, stahl sich plötzlich die Hand ihrer Schwägerin Mimi in die ihre. «Elisabeth, wenn ich einmal zum Sterben komme, dann pflege du mich, unter deinen Händen ist es gut sein.»

«Im Leben wie im Tod», sagte Friedrich still und sah seine Frau liebevoll an. Der alte Justizrat weinte bitterlich in seine Hände hinein.

Wenige Wochen später traf ihn der Schlag; aber er fällte den starken Mann nicht, er lähmte ihn nur, und noch sieben Jahre brachte er im Bett zu, gelähmt und geistig zurückgegangen, aber freundlich und anspruchslos. Immer wieder traf ihn ein neuer Schlag, aber seine kräftige Natur wehrte sich gegen den Tod. Mit siebenundachtzig Jahren endlich war seine Kraft erschöpft, und er durfte zur Ruhe eingehen.

Er war ein guter Mensch gewesen und kein Falsch an ihm erfunden. Elisabeth hatte ihn liebgehabt. Ihre Kinder erinnern sich seiner nur im Bett liegend mit silberweißen Locken, reinlich gekleidet und ein freundliches Lächeln um den zahnlosen Mund. In leiser Scheu reichen sie ihm die Hand; er murmelt etwas, was sie nicht verstehen, Anna drückt ihm eine Leckerei in die Hand, und er reicht sie den Kindern. Helene dankt mit einem Knixchen, Hermann stopft sich das Makrönchen in den Mund, und erleichtert treten sie den Rückzug an.

* * *

Elisabeths Bewährung am Krankenbett der Schwiegermutter brachte sie den Schwägerinnen näher als alles andere. Dazu kam noch, daß die beiden eine verspätete, vom Leben nie beanspruchte Mutterliebe zu des Bruders Töchterchen empfanden. Als sie gar spürten, daß die junge Schwägerin eine Bubenmutter war und ihre Liebe dem Sohn glühender zuwandte als dem kleinen Mädchen, vielleicht auch weil er ein Sorgenkind war, sahen sie ihre Aufgabe darin, hier auszugleichen. Helene empfand, so jung sie war, sehr heftig die verborgenen Strömungen. Es gab sogar eine Zeit, in der sie glaubte, ein Findelkind zu sein, während Hermann der wahre Sohn seiner Eltern sei. Dieser heimliche Verdacht machte ihr noch bis in die ersten Schuljahre viel Schmerz, bis er nach und nach verblaßte. Immer aber empfand sie das Tantenhaus als eine Stätte, wo sie in allen Nöten geborgen war, wo man Kümmernisse abladen konnte, Hilfe fand, Wünsche erfüllt bekam. Hatte man sich ein Loch in die neuen Strümpfe gefallen, weil man ein Wolkengucker war — die Tanten heilten den Schaden mit Strickstopf, so daß die Mutter nicht schalt, weil sie es nicht merkte, und verbanden das blutende Knie. Hätte man so schrecklich gern Malstunde gehabt — die Tanten stifteten die Ölfarben und bezahlten die Stunde. Hatte man ein schäbiges Jäckchen, aus einem alten Mantel der Mutter gemacht, bekommen, das der jungen Eitelkeit nicht gefiel — Tante Anna wurde mit dem jungen Mädchen «ins Schwabs» geschickt, ein neues zu kaufen.

Natürlich wurde der Mutter bewußt, daß ihrem Kind dort eine besondere Liebe entgegengebracht und von ihm erwidert wurde, was die heißblütige Frau manchmal zu Reaktionen veranlaßte, die die Sache nicht verbesserten. Aber sie durfte dann doch im Laufe der Jahre selber so viel freundliche Hilfe von den Schwägerinnen erfahren in allen Nöten, daß der Zustand der Eifersucht meist latent blieb und ein freundliches Familienleben alle umschloß, wenn sie auch nie zusammenwohnten.

Friedrichs Advokatur ging etwas zurück, als das mündliche Verfahren bei Gericht eingeführt wurde. Er war ein guter Jurist, aber kein glänzender Redner. Der eine Schreiber mußte entlassen werden, und nur der alte schmuddelige Amend blieb, spitzte den Kindern die Griffel und Bleistifte und steckte ihnen Papier zu, das er verdorben hatte. Reisen konnten nicht gemacht werden. Aber die Witwe von Onkel Ferdinand, des Geheimrats kaufmännischem Bruder, hatte sich eine Villa in Auerbach gebaut, und da Friedrich ihr Vermögen verwaltete und sie eine gewisse Schwäche für ihn hatte, lud sie stets die Familie in den Sommerferien zu sich ein.

Elisabeth frischte selige Kindheitserinnerungen auf, Friedrich sammelte Käfer, und die Kinder halfen ihm mit Begeisterung. Sie wohnten im obern Stock der Villa auf der Philippshöhe, hatten eine kleine Küche und wirtschafteten selber. Tante Elise hatte zwei Hunde und eine Katze, die den Kindern viel Spaß machten und sie zuerst mit der Tierwelt verbanden. Die Tante selbst war dick und gutmütig, mit großen schwarzen Augen und glattem dunklem Scheitel. Sie hatte zwei sächsische Dienstmädchen, die Selma und die Toni, Schwestern, die Garten, Haus, die Tante und die Hunde besorgten und eifrig darüber wachten, daß die Kinder sich keine Übergriffe erlaubten, weder Beeren noch Blumen im Garten pflückten, die Schuhe an der Matte reinigten und den Hunden nicht zu nahe traten. Sonntags waren alle bei der Tante zum Mittagessen eingeladen. Da gab es immer etwas Gutes, aber die Hunde verdarben den Gästen die Freude an der Mahlzeit. Sie stellten sich bettelnd neben ihnen auf, kratzten mit kräftigen Pfoten den Säumigen am Arm und verlangten ihren Tribut an Fleischbrocken. Reichte man sie vertrauensvoll mit der Hand, bissen sie mit gierigem Eifer in den Finger, warf man sie ihnen hin und ging der Bissen daneben auf den Teppich, traf einen der vorwurfsvolle Blick aus Tantes schwarzen Augen.

Hier in Auerbach machte man den Keuchhusten ab und die Masern, man fiel in eine Kalkgrube und ein andermal in den Bach, der durchs Dorf floß. Manchmal kamen die Bremer Verwandten und wohnten in der Krone. Da war Elisabeth immer etwas nervös; sie wollte, daß ihre Familie guten Eindruck mache. Entweder war ihr Fritz zu phlegmatisch und nicht höflich genug, oder er weigerte sich, die Sonntagshosen anzuziehen am Werktag, oder er hatte einen Witz vor versammelter Familie gemacht, der von ferne heikle Gebiete streifte. Auch die Kinder wurden strenger auf saubere Nägel, tiefe Knixe und vorbildliches Benehmen bei Tisch geprüft. Aber da die gute Tante Tilde immer märchenhaft schöne Mitbringsel hatte, die Vettern und Basen auch

Kinder und weder Herren noch Engel waren, fanden Hermann und Helene den Besuch recht erfreulich, besonders, wenn man in die «Krone» eingeladen war, mit Schlagsahne oder Eis zum Nachtisch.

Als Helene dreizehn Jahre und Hermann zwölf war, hatten Tante Anna und Tante Mimi einen wundervollen Plan ausgeheckt. Sie wollten ins Hochgebirge gehen und die ganze Familie des Bruders dazu einladen. Darüber war Elisabeth so glücklich, daß die Dankbarkeit die Eifersucht überflutete. Friedrich packte zwar einen ganzen Koffer voll mit «Käfersachen», d. h. Netze zum Abstreifen von Büschen, Siebe, um bevölkerte Erde zu sieben, Käferliteratur, Fläschchen voll Spiritus mit engem Hals; große für Weinschröter, Hirschkäfer und Böcke mit langen Fühlern, kleine für winzige Staffyline, Gletscherflöhe und sonstiges alpines Gesindel, das er in den seltensten Exemplaren zu finden hoffte. Elisabeth hatte für die Käferei nur eine sehr beschränkte Zuneigung. Sie brachte der Hausfrau zuviel Schmutz ins Haus, störte Spaziergänge in Sonntagskleidern und erregte unliebsames Interesse des Publikums. Man mußte sich genieren, wenn der Mann und die Kinder auf den Knien lagen und unter dem Moos wühlten nach Knollenkäfern und verschlafenen Läufern, oder wenn Sonnenschirme unter Büsche gehalten wurden, die man abklopfte.

Fritz und den Kindern war das einerlei; Helene war stolz, daß der Vater sie zum Kaiser ernannte, weil sie unbeschädigt einen seltenen Bock erwischte, der sie in den Finger biß, während Hermann nur erst Herzog war. Aber ihm war das «wurscht», er war nicht ehrgeizig, und der Schluck Bier aus dem väterlichen Glas galt ihm mehr als alle Standeserhöhungen.

Elisabeth sah zum erstenmal die Alpenwelt, während Fritz und seine Schwester einmal von den alten tauben

Tanten mit in die Schweiz genommen worden waren und dort unvergeßliche Wochen verlebt hatten.

Nach langem Beraten hatte man als Reiseziel Oberstdorf im Allgäu gewählt, das damals noch als Luftkurort unentdeckt war. Man aß im Gasthaus «zum Mohren», von feschen Dirndeln bedient, und hatte in einem Bauernhaus, bei Brutschers, Zimmer gemietet. Die Stuben waren einfach, aber sauber. In jedem hing ein Kruzifix, und die Kissen hatten breite, gehäkelte Einsätze, was den Kindern als ein unerhörter Luxus erschien. Es roch im Haus nach Heu und nach dem «Örtchen», und manchmal mischte sich noch Schmalzgeruch dazu, wenn Frau Brutscher dem von der Sennerei heruntergekommenen Sohn Sträuble buk. Dieser Aloys imponierte Eltern wie Kindern. Er war ein großer, sehniger, dürrer Bursch, mit schwarzbuschigem Haar und einer kühn gebogenen Nase. Seine Sprache war schwer zu verstehen, aber er brachte den Frauen Alpenrosen mit, Edelweiß und Bränderle und nahm dafür kein Trinkgeld an, was den Schwestern Anna und Mimi besonderen Eindruck machte. Bald aber hatten sie heraus, daß Elisabeths Strauß immer weitaus der schönste und größte war; da ärgerten sie sich und spotteten über den galanten Bauern, während Elisabeth und ihre Tochter ihn glühend verteidigten. Fritz nahm die Sache phlegmatisch und hörte schmunzelnd den Reden der Frauen zu, während er seine Käfer präparierte, sie auf hauchdünne Nadeln spießte oder die kleinen auf winzige Papierdreiecke klebte, durch die dann die Nadel ging. In schön geordneten Reihen wurde die Käferausbeute auf Korkplatten gespießt, und der seinen Akten entronnene Jurist galoppierte glückselig auf seinem Steckenpferd in der Naturgeschichte herum.

Friedrich war ein Mensch, bei dem man sich wohlfühlte. Unannehmlichkeiten des Lebens vergoldete er mit einem weltüberlegenen Humor, der sie auch den Mitbetroffenen tragbar machte. Er war bescheiden und konnte nichts aus sich und seinen reichen Kenntnissen machen; so war es seiner jungen Frau überlassen, ihn bei andern ins rechte Licht zu setzen. Sie tat es mit Geschick und feinem Takt; aber der Gatte merkte nie, wann sie mit ihm prunken wollte, und ließ den Gesprächspartner geistreiche Bemerkungen machen oder seine Kenntnisse ausbreiten, wirkliche und manchmal auch scheinbare. Er selber hörte mit Behagen zu, nickte anerkennend und widersprach selten.

Im «Mohren» aß an der Tafel ein Junggeselle, Herr Pasewalk, der viel Schaum schlug und sich die schöne junge Frau zum Gegenstand seiner Huldigungen auswählte. Er geriet aber an die falsche Adresse. Elisabeth war keine erotische Natur, und die eheliche Treue war bei ihr nie der leisesten Versuchung des eigenen Herzens ausgesetzt gewesen, wenn es ihr auch Spaß machte, daß sie gefiel. Wohl war ihr Mann neunzehn Jahre älter als sie; er bekam auch jetzt, nach dem fünfzigsten Jahr, ein Bäuchlein und wurde bequem. Aber seine Güte, die der jungen Frau gegenüber oft etwas Väterliches annahm, war unwiderstehlich und verbreitete eine warme Atmosphäre in der Familie, in die sich auch die Kinder und Schwestern eingebettet fühlten. Er neckte gern und ließ sich necken, während Elisabeth alles wörtlich nahm, auf jeden Leim ging, bei allen Neckereien hereinfiel, aber es nicht übelnahm, so daß alles in einem großen Gelächter endete.

Hermann grollte, weil die ältern Herrschaften nicht sofort, wie er wünschte, gefährliche Bergtouren mit Führer und Alpenstöcken unternahmen und statt dessen in den Tettachanlagen spazierengingen oder harmlose Wege nach dem Stuibenwasserfall und der Spielmannsau machten, die die Tanten und die Mutter mit Reifen im Rock, in Trikottaillen, großen Strohhüten und feinen Zugstiefelchen bewältigen konnten, während der Vater hingenommen war von der Entdeckung eines Springkäfers, den er auf gelbem Enzian fand und den er noch nicht kannte. Da gab es keine Höfatsspitze mehr und keine Mädelegabel, nur noch die hochgeschossene Wiesenpflanze, aus der man Enzianschnaps bereitete, wie der Vater die um ihn herumschwirrenden Kinder belehrte. Im Wirtshaus zur «Spielmannsau», das einsam am Fuße der Mädelegabel liegt, durften sie dann an einem solchen Schnaps nippen, aber er schmeckte ihnen nicht.

Nach dem Essen war Hermann unauffällig verschwunden, während Helene in ihrem Skizzenbuch zeichnete und sich mühte, Felspartien hervorzubringen, die nicht wie eine Schüssel voll Kartoffelklöße aussahen.

Als die Zeit zum Aufbruch kam, war Hermann nicht aufzufinden, und Helene sagte kühl: «Der ist wahrscheinlich auf die Mädelegabel.» Man pfiff, man rief, man juchute. Ein Geißbub deutete wahrhaftig nach den Hängen der Mädelegabel, dort sei der Bub hin: «Edelweiß brocke.» Elisabeth wurde schneeweiß, der Vater wütend, die Tanten klagten und schalten. Es dunkelte schon, da erschien der Junge wieder, verschwitzt und verschrammt, drei Edelweiß am Strohhütchen. Er empfing vom Vater zwei gewaltige Ohrfeigen, die einzigen, die er je von ihm gefaßt hatte; das besorgte sonst die Mutter, die ein sehr «lockeres Handgelenk» besaß. Elisabeth weinte, schalt und preßte den verlorenen Sohn ans Herz, die Tanten machten wohlverdiente Vorwürfe; Helene beneidete ihn, und er schenkte ihr großmütig einen der sauer erkauften weißen Sterne.

Damit hatte Hermann seine Bergtour und getraute sich nicht mehr über Familienausflüge zu quengeln, besonders als Tante Mimi ihm schroff erklärte, das nächstemal könne er ja daheim bleiben, wenn ihm nichts recht sei.

Eine gemeinsame Besteigung des Nebelhorns zum Schluß der Reise mit einem Proviantträger, der sich Führer nannte, tröstete ihn dann. Man sammelte die herrlichsten Bergblumen, wobei Helene beinah abgestürzt wäre; man bewunderte die einzigartige Aussicht, über deren Erhabenheit Elisabeth die Tränen in die Augen traten, so daß sie impulsiv der Schwägerin Mimi um den Hals fiel und ihren Dank für so viel Schönheit heraussprudelte. Man erfreute sich an belegten Broten und Wein; Hermann renommierte dem Führer vor, was er alles besteigen wolle, wenn er groß sei, und Helene flocht ein Kränzchen, das sie fromm an einem Wegkreuz aufhing als Dank für die gnadenreiche Bergfahrt.

Fritz aber hatte ein ganzes Fläschchen voll Käfer gesammelt; er wies entrüstet eine rote Baumwanze zurück, die Anna als Seltenheit gefunden, und eine grasgrüne Spinne, an deren Fang sich der Führer beteiligt hatte. Aber Elisabeth träumte ins weite Land hinaus, das vor ihr lag, wollte nicht essen und trinken und war so voll Glück über dies Erlebnis, daß sie ganz verstummt war, was der lebhaften Frau sonst selten passierte.

Am andern Tag packte man die Koffer; Herr Pasewalk brachte zum Abschied ein geschnitztes Kästchen herbei, in dem ein blaues emailliertes Vergißmeinnicht lag, und machte sentimentale Augen; man trank eine Abschiedsbowle, von der die Männer, einschließlich Hermann, sehr heiter wurden und Herr Pasewalk sich über den Abschied tröstete, und dann fuhr man tief befriedigt wieder der Heimat zu.

Als der Turm der Stadtkirche auftauchte, sang Hermann:

«Nach Darmstadien, nach Darmstadien,
laßt uns lenken unsre Pfadien,
wo der Darmstrom strömt enorm!
Wo der Bäcker und der Jäger,
ja sogar der Schornsteinfeger
wandelt stets in Uniform!
Dafür ich schon immer schworm!»

* * *

Im Hessenländchen hatte sich in den letzten acht Jahren auch allerlei geändert. Der alte Großherzog war gestorben und wurde von dem Geheimrat und von den Hessen betrauert. Aber da sein Nachfolger, Ludwig IV., immer sehr beliebt gewesen war, tröstete man sich bald. Er war eine männlich schöne Erscheinung mit regelmäßigen Zügen und blondem Vollbart, anspruchslos, liebenswürdig und liberal. Er regierte streng konstitutionell mit seinen Ministern Finger und Starck, war ein Preußenfreund und ohne partikularistische Neigungen und hatte darüber manche hessische Widerstände zu besiegen.

Seine Frau, die englische Prinzessin Alice, stand als ebenbürtig freier Geist an seiner Seite. Sie hatte ihm sieben Kinder geschenkt, die nach englischem Muster mit kaltem Wasser, frischer Luft und Sport erzogen wurden, was den guten Darmstädtern manchen Schauder über den Rücken jagte.

Heyers, die nach dem Tode der Mutter in die Hügelstraße ins elterliche Haus gezogen waren, konnten aus ihrer Wohnung, die dem Palaisgarten gegenüberlag, an dem Leben der großherzoglichen Kinder teilnehmen, was besonders Elisabeth interessierte. Sie sahen ihren Spielen im Garten zu; sie erlebten die schwere Diphtherieerkrankung der Prinzen und Prinzessinnen mit, die von der Mutter treu gepflegt wurden. Einer der kleinen Prinzen starb. Die Kutsche des Leibarzts raste dreimal am Tage mit donnernden Hufschlägen feuriger Pferde die Hügelstraße hinauf, und dann erfuhr man von der Ansteckung der Fürstin, ihrem Hangen zwischen Tod und Leben, ihrem Sterben.

Schwarze Fahnen und schwarz-weiß-rote des Reichs, rot-weiße hessische hingen auf Halbmast trauernd zu den Fenstern heraus, und Helene knüpfte an das Fähnchen, das aus ihrem eigenen Stübchen flatterte, einen alten Crepeschleier von Mutters Trauerhut.

Die Queen kam aus England angereist, von allen Kirchen läuteten feierliche Glocken, und ein Zug schwarzer Wagen ging nach der Rosenhöhe hinauf, wo die Begräbnisstätte war. Daß in einem der Wagen der Großvater saß, verband die Kinder noch stärker mit dem traurigen Ereignis.

Dann reiste die Queen nach einigen Wochen wieder ab und nahm die Kinder zur Erholung mit nach England, und der großherzogliche Garten lag leer und tot; kein Jauchzen, kein Geschrei ward mehr gehört, keine Mutter, um die sich Kinder drängten, gesehen; nur Gärtner rechten die Kieswege und beschnitten mit knipsender Schere die Hecken.

Im gleichen Jahre starb eine edle Frau, die mit Elisabeths Mutter befreundet gewesen war, und die mit der Großherzogin Hand in Hand am Wohl und der Bildung der Frauen gearbeitet hatte, Luise Büchner. Sie war die Schwester eines genialen Bruders, eines Feuergeists, der revolutionäre Dramen geschrieben hatte und außer Landes gegangen war. Auch sie war schriftstellerisch tätig, und Helene besaß einen Band geliebter Weihnachtsmärchen von ihr, den die Dichterin einst der Mutter geschenkt hatte.

Tante Lorchen und Tante Elise strickten und stickten für den Alice-Bazar, den Luise Büchner mit der Großherzogin zusammen gegründet und eingerichtet hatte und der alleinstehenden Frauen aus dem Bürgerstand diskrete Verdienstmöglichkeiten gab; denn damals galt es noch als Schande, wenn Töchter aus gebildeten Familien ihr Brot verdienen mußten. Wunderliche Zeit! Lieber lebte man in Abhängigkeit im Haus des Bruders und tat dort Magdsdienste.

Am 28. November 1877 erschien der Geheimrat sichtlich bewegt oben in der Wohnung seiner Tochter, die beim Abstauben war, entfaltete die Darmstädter Zeitung und las mit zitternder Stimme vor:

«So gingst du hin, zu frühe für dein Streben,
zu früh für deiner Freunde weiten Kreis,
zu frühe für dein tatenreiches Leben,
zu früh für uns und deiner Mühen Preis.»

«Wer ist denn gestorben?» fragte Elisabeth erschrokken und strich eine Locke unter das Morgenhäubchen.

«Unsere Freundin Luise Büchner», sagte der Geheimrat langsam. «Du kannst ja noch gar nicht fassen, was ihr Frauen an ihr verloren habt», sagte er unwillig, als seine Tochter gelassen blieb.

Elisabeth blickte den Vater erstaunt an. «Du kämpftest doch immer gegen ihre Anschauungen?»

«Indem ich gegen sie kämpfte, überwand sie mich. Du weißt, ich bin kein Freund von Neuerungen; aber das rein Menschliche und Soziale, das ihren Bestrebungen zugrunde lag und das zugleich so fern von Auswüchsen der Emanzipiertheit war, das mußte Männer überzeugen, die nicht Macht, sondern Gerechtigkeit wollten.»

«Mein liebes, gutes Väterchen», sagte Elisabeth gerührt und legte die Arme um seinen magern, faltigen Hals, «ich bin sehr stolz auf dich.»

Der alte Mann, der einsam geworden war, seit seine Frau gestorben, hielt stille der stürmischen Liebkosung. Dann lächelte er verlegen und sagte mit seiner spröden Stimme: «Bestelle bei Henkel einen schönen Kranz zur Beerdigung, Lorbeer und Rosen aus dem Treibhaus. Er darf teuer sein.»

Er räusperte sich, faltete die bei der Umarmung zu Boden geflatterte Zeitung zusammen und ging steifbeinig hinunter in seine Wohnung.

«Er wird alt», dachte Elisabeth wehmütig. «Guter Papa, ich wünschte, Mama hätte dich jetzt hören können.» Und plötzlich war ihr, als vernehme sie ihre warme, tiefe Stimme, die sagte: «Wer nur das *Gute* will, wird auch das *Wahre* finden.»

Sie dachte darüber nach und lauschte. Aber nun war alles still; nur das Feuer knackte in dem weißen Kachelofen, und ein hungriger Sperling schilpte auf dem Fenstersims.

* * *

Elisabeth war nun sechsunddreißig Jahre alt und stand auf der Höhe in der Fülle ihres Frauentums. Ihr Hauswesen war wohl im Stande, ohne pedantisch geordnet zu sein; der Mann fühlte sich behaglich und warm umhegt, ein bißchen beherrscht, aber nur so weit, als eine gesunde Opposition jedem Staat und jeder Regierung wohl bekömmlich ist. Manchmal hatte man Geldsorgen, wenn die Klienten spärlich kamen oder nicht zahlten. Aber man lebte einfach; die Tanten Heyer sprangen in Notfällen ein, die Kinder wurden anspruchslos erzogen, und das einzige Laster, das Geld in der Familie kostete, war das Rauchen des Vaters. Und das konnte man ihm nicht abgewöhnen, selbst der Arzt nicht. Das Studierzimmer war immer von blauen Schwaden angefüllt, die ausgelüftet wurden, sobald Friedrich aufs Gericht mußte oder dem Dämmerschoppen mit seinen Freunden zustrebte.

Es gibt Zeiten, in denen das Leben sachte einhergeht. Von außen fehlen die großen Erschütterungen, das Herz hat ruhigen Schlag; die tägliche Arbeit ergibt sich von selbst und kann beherrscht werden von der Höhe gesunder körperlicher Kraft und der Sicherheit des reifenden Geistes.

Eine solche Zeit war nun gekommen. Hermann besuchte das Gymnasium, war weder ein genialer Schüler, noch hinkte er der Klasse nach. «Aurea mediocritas, Goldene Mittelstraße», sagte der Großvater Walther ironisch, als er das Zeugnis las.

«Aber golden», betonte Hermann schlagfertig. «Im übrigen will ich Arzt werden, und das Studium wie auch der Beruf wird mich freuen. Für Sprachen, weder alte noch neue, habe ich kein Interesse.»

«Und für was hast du es denn?» fragte der alte Mann spöttisch aus seiner Sofaecke heraus und nippte an seinem Gläschen stärkenden Südweins.

«Ich? Für Elektrizität», sagte der Junge lebhaft. «Ich habe einen Harzkuchen gekocht, wenn ich den mit dem Fuchsschwanz peitsche, wird er elektrisch. Das solltest du einmal sehen, Großvater! Ganz lange Funken gibt es. Die Funken sammle ich in eine Leidener Flasche, die ist mit Eisenfeilspänen gefüllt. Damit elektrisiere ich die Helene und ihre Freundinnen. Die quieken dann wie die Mäuse, besonders die Aline.»

Der Großvater schüttelte würdig den Gelehrtenkopf. «Davon verstehe ich gar nichts. Das gab's früher nicht. Das ist so eine moderne Erfindung.»

«Das ist eine neuentdeckte Naturkraft, gar keine Erfindung», wies der Schuljunge den Alten etwas mitleidig zurecht. «Und wer weiß denn, was wir daraus noch machen? Wenn ich Arzt bin, elektrisiere ich die Kranken und studiere dann die Folgen. Vielleicht mache ich dann den Kaiser oder den Bismarck gesund und werde ein berühmter Mann.»

Der Alte nickte: «Ja, ich wollte in deinem Alter den Nordpol entdecken und mein Freund Müller-Pouillet das Perpetuum mobile.»

«Nun, du bist wenigstens Geheimrat geworden und er ein berühmter Professor», schmeichelte Hermann und schielte dabei begehrlich nach dem duftenden rotbraunen Wein.

«Trink aus», sagte der Großvater freundlich. «Wenn du einmal statt der Drei eine Zwei im Zeugnis bringst, kriegst du ein ganzes Glas.»

Genießerisch leerte der Junge die seltene Kostbarkeit. «Wenn du einmal Rheumatismus hast, elektrisiere ich dich», versprach er großmütig und stellte das leere Glas zurück.

«Lieber nicht, ich ziehe ein Katzenfell vor.»

«Siehst du, siehst du», eiferte Hermann, «Katzenfelle sind auch elektrisch, wie mein gepeitschter Harzkuchen.»

Aber der Großvater wollte nicht Versuchskarnickel sein und schenkte sich lieber noch ein halbes Gläschen von dem feurigen Wein ein, der so warm durch die mürben Adern rann. Tante Lorchen grämelte in ihrem Sessel über Schädlichkeit des Alkohols bei Kindern; Tante Elise steckte dem Jungen einen dicken roten Apfel zu, worauf sich Hermann höflich empfahl und froh war, seinen Pflichtbesuch erledigt zu haben. Die Mutter hielt sehr darauf; aber zwischen Großvater und Enkel bestand kein natürliches Band des Vertrauens, und die Tanten konnten das Kritisieren und Aufhetzen nicht lassen.

Helene war jetzt fünfzehn Jahre alt und begann ein Mensch zu werden. Sie trat der Mutter näher, die sich und ihre Jugend in der Tochter wiederfand und sich glühend in das junge Leben hineinkniete. Bei der Konfirmandenstunde, die das Kind tief beeindruckte, konnte sie zwar nur halb mit. Aber sie begleitete sie doch manchmal in die Kirche und gab zu, daß Pfarrer Pahncke ein guter Prediger sei.

«Eine gottbegnadete Natur», korrigierte das Mädchen enthusiastisch.

Freundinnen kamen ins Haus und füllten es mit Jugend und Gelächter; Elisabeth schwankte zwischen Kameradschaftlichkeit und autoritärer Herrschgewalt. Helene war ein sanftes Kind, aber lebhaften Geistes. Sie wollte nicht herrschen, aber auch nicht beherrscht werden, denn ein selbständiger Geist regte sich in ihr. Die Mutter spürte es mit sicherm Instinkt; da wurde sie Freundin und fürsorgende Mutter. Nur hie und da entgleiste sie noch und gebrauchte ihren starken Willen zur Vergewaltigung. Aber Helene entschlüpfte ihr, ohne es zu Szenen kommen zu lassen. Sie wußte, was sie wollte und was sie nicht wollte.

Heimlich verbarg sie Tagebücher und fromme Gedichte vor der Mutter sowie die rührende Geschichte eines Mönches, die sie selbst illustriert hatte. Elisabeth empfand diese Zurückhaltung schmerzlich; aber Helene blieb scheu in Sachen des innern Reichs und ließ den Vorwurf unkindlicher Verschlossenheit gelassen auf sich sitzen. Nur ihre großen sprechenden Augen baten still um Nachsicht.

Bei einer solchen Gelegenheit, als das schreibende Mädchen sich mit ihrem Leib über ein Heft warf, um es vor den Augen der eintretenden Mutter zu bergen, war es Elisabeth zum erstenmal zum Bewußtsein gekommen, daß das häßliche junge Entlein sich zu mausern begann. Geistiges Leben, reines und starkes Fühlen formten die Züge von innen her und gaben dem unregelmäßigen Gesicht mit der beherrschenden Stirne einen eigenen Reiz, der etwas anderes als Jugend und aufblühende Jungfräulichkeit war.

«Nun, du Kirchenlicht», neckte der Vater, wenn sie am Sonntagmorgen sich von ihm verabschiedete, um zur Kirche zu gehen. «Bet auch für mich!»

Sie lächelte schelmisch. «Ob du das nicht besser selbst besorgst?» fragte sie bittend.

«Vielleicht», gab der Vater zu und wurde plötzlich ernst. «Ich lese da eine interessante Zeitschrift über Spiritismus von Aksakow: Psychische Studien. Da klopfen die Geister in Tischen, schreiben auf Tafeln, künden eine andere Welt. Und einer bittet, man möge doch für ihn beten.»

Helene war die Sache etwas unheimlich. «Ich möchte lieber nichts mit Gestorbenen und Geistern zu tun haben», wich sie aus.

«Aber das Wissen um ein Jenseits, um ein Leben nach dem Tod hat doch etwas Tröstliches», meinte der Vater nachdenklich.

«Ja, vielleicht. Aber dazu brauche ich keinen Spiritismus. Das sagt schon die Bibel und mein eigenes Herz.»

Der Vater seufzte. «Du hast halt die materialistischen Philosophen nicht gelesen.»

«Nein, dazu bin ich zu dumm. Aber wenn du willst», fügte sie scheu hinzu, «will ich beten, daß du ihre Lehren wieder vergißt.» Sie wandte sich schnell zur Flucht.

«Nicht vergessen, überwinden», rief Friedrich ihr nach. Da knallte die Türe zu.

«Kindskopf», lächelte der Vater vor sich hin, und sein Herz wurde warm.

Wenige Tage vor der Konfirmation starb der Großvater an einer kurzen Lungenentzündung, und sein Tod beschattete den festlichen Tag mit Wehmut. Beim Frühstück fand die Mutter unter ihrer Serviette ein Gedicht über den Tod des alten Mannes von der Tochter Hand, mit der Überschrift «Ein welkes Blatt». Als sie sich anschickte, es behaglich am Familientisch vorzulesen, stand Helene unauffällig auf und ließ ihren Kaffee im Stich. Mütter können doch sehr ahnungslos sein. Sie erschien auch nicht wieder, und erst als es Zeit zum Kirchgang war, kam sie in ihrem schlichten schwarzen Wollkleid herein, das am Hals von einer weißen Krause eingefaßt war; sie hatte das Samtgesangbuch mit den Silberbeschlägen in der Hand, das letzte Geschenk des Großvaters, und ließ sich von Vater und Mutter feierlich auf die Stirne küssen. Ihr dunkelblondes Haar hing offen über den Rücken und war mit einer schwarzen Seidenschleife zusammengefaßt. Zu den Fenstern blaute ein Maitag herein, Glocken von allen Kirchen läuteten feierlich und pochten an junge Herzen. Hermann sah ein wenig verlegen die große Schwester an, die in dem langen Kleid so erwachsen aussah, daß ihm sein untergeordnetes Schulbubendasein peinlich zum Bewußtsein kam und er an seiner roten Krawatte zupfte, um sich zu vergewissern, daß wenigstens dieses Attribut junger Männlichkeit vorhanden und an seinem Platz war.

«Wie wenige Jahre noch», dachte Elisabeth, «und aus den Kindern wurden Menschen, traten an ihren Platz in die Welt und ließen die Mutter allein hinter sich zurück.» Zog eine Wolke vor die Sonne? Sie fror plötzlich.

«Kind, wo hast du meine Handschuhe?» tönte da die Stimme des Gatten aus dem Schlafzimmer.

«Hier!» rief sie hell, und als er herauskam im feierlichen Zylinder und das alte, wenig gebrauchte Gesangbuch schamhaft in die Brusttasche schob, hängte sie sich zärtlich in seinen Arm, drückte ihn an sich und flüsterte: «Lieber Mann!» Aber das Bewußtsein verließ sie nicht, daß ihr eignes Leben einer Wende zustrebte, wo es an Wichtigkeit verlor.

Die Stadtkapelle war festlich geschmückt. Um den Altar standen immergrüne Orangeriebäume, die ihre eigentliche Heimat in südlichen Ländern hatten: Granaten und Mimosen, Lorbeer und Zypressen. Dazwischen leuchtete es rot von blühenden Azaleen, violetten Rhododendren und weißen Calla. Brave heimische Geranien, blühende Fuchsien und violettes Heliotrop füllten die Lücken und faßten die blühende, schwarzgekleidete Jungmädchenschar in einen bunten Kranz.

Elisabeth, Friedrich und Hermann fanden weiter hinten einen Platz, von wo sie die Tochter sehen konnten, die zwischen ihren zwei liebsten Freundinnen saß und mit gesenktem Haupt in ihrem Gesangbuch las. Neben ihr hauchte ein Topf voll Maiblumen starken Duft aus und störte ihre gesammelte Versunkenheit. Sie mußte nach den Blumen sehen, die sie so sehr liebte. Ob sie wohl daheim welche geschenkt bekam? Sie hatte Christine, das Mädchen, am Morgen mit einem Gärtnerburschen gesehen, dem sie ein Trinkgeld brachte. Ob wohl ... Nein, es war schrecklich, daß sie so zerstreut war, und sie las weiter:

«Mir nach, spricht Christus, unser Held,
mir nach, ihr Christen alle!»

Das Umblättern war schwierig; sie hatte prall sitzende schwarze Glacéhandschuhe an, die sie hinderten. Auch

Elisabeth hielt ihr Buch aufgeschlagen, aber sie las nicht. Immer wieder flog ihr Blick zu dem Kind am Altar. Sie konnte sein Profil sehen, die hohe Stirne, ein kühngebogenes, scharf herausspringendes Näschen. Das hatte sie vom Vater. Eigentlich, ihr, der Mutter, sah sie nicht ähnlich; sie selbst war schöner gewesen, sagte eine traurige Stimme in ihrem Herzen. Aber sie ging diesem Gedanken nicht nach. Sie war eine rechte Mutter, und so eifersüchtig sie als Mensch war, auf die Jugend und das Leben ihrer Tochter war sie nicht eifersüchtig und gönnte ihr alle Süßigkeit und Erfolge, die es ihr bringen mochte. An das Schwere, das ebenso sicher auf sie wartete, wollte sie jetzt nicht denken. Heute war Festtag, und wenn es hereinbrach, war immer noch Zeit, es tragen zu helfen mit starken Mutterschultern.

Jetzt erhoben sich die Konfirmandinnen, der Pfarrer war unter sie getreten. Leise spielte die Orgel. Die Mädchen sangen. Es klang ein wenig dünn in dem hohen Raum, aber sehr rührend:

«Jesu, geh voran auf der Lebensbahn!
Und wir wollen nicht verweilen,
dir getreulich nachzueilen.
Führ uns an der Hand bis ins Vaterland!»

Man spürte die Andacht und Weihe, die über der jungen Schar lag.

«Mein Helenchen», flüsterte die Mutter zärtlich vor sich hin. Was lag in der Zukunft für das Kind verborgen, das mit heißen Wangen dort am Altar sich ihrem Gott gelobte?

Und plötzlich war ihr, wie wenn jemand einen schweren Vorhang weggezogen hätte und sie sah . . . ja, was sah sie? Sie hätte es nachher nicht sagen können. Es waren viele schöne Kinder dabei, herrliche Landschaften zogen vorüber und blühende Gärten, ein blauer See mit gelben Mimosen und ein Zug von vielen Menschen, der nicht enden wollte. Und sie wußte, daß dies alles mit dem Schicksal ihres Kindes zusammenhing.

Der Gesang war verstummt, Elisabeth erwachte zur Wirklichkeit, sah Hermann mit den Beinen baumeln und Friedrich, der ein wenig hilflos den Zylinderhut auf den Knien hielt. Sie hörte die warme Stimme des Pfarrers, den Helene anbetete; er war ja wie der Stellvertreter Gottes selbst in ihr Leben getreten.

Und da verstand Elisabeth, daß alles Bangen töricht war. Wenn sie alt wurde, war ihr Kind jung, und sie lebte mit ihm. Seine Freuden waren ihre Freuden. Sie wurde Großmutter und hatte einen Schwiegersohn, von dem neues geistiges Leben in die Familie strömte. Und es ging weiter: die Enkel führten ihr Urenkel zu, ein ganzes Heer von Jugend umgab sie — das Leben wurde so reich, daß es gar nicht zu bewältigen war. Immer neue Menschen traten herein, bedeutende und harmlose, ernste und fröhliche, männliche Kraft und weibliche Schönheit, Liebe und — ja — auch Tod. Liebe und Tod hallte es noch in ihr nach, da erhob sich die Gemeinde rauschend von ihren Plätzen und betete. Und Elisabeth betete, daß sie ihren Platz im Leben stets recht ausfüllen möge, daß ihre Liebeskraft wachse mit den neuen Aufgaben und daß der Weg ihrer Kinder nicht allzu schwer und ihr Leben erfüllt sei von Arbeit und Liebe, von Glück und Leid, das Segen brachte. Ach nein, lieber kein Leid, wenn es sein konnte. Aber Kraft.

«Amen», sagte der Pfarrer.

«Amen», sang die Gemeinde. Sie setzten sich wieder; die Predigt begann. In Elisabeth quoll das heiße Gefühl der Mutterliebe über; sie tastete nach der Hand ihres Sohns, die neben ihr braun und treuherzig auf der Bank lag und umschloß sie mit leidenschaftlichem Druck.

Hermann genierte sich; er hörte auf, mit den Beinen zu baumeln, und hob die Augen zum Altar. Sicher hatte die Mutter gemerkt, daß er an ganz andere Dinge dachte. Was würde er machen, wenn ihm jemand ein Fahrrad schenkte? Es war wirklich ein stolzer Traum. Diese hohen Zweiräder kosteten 200 Mark und waren schwer zu fahren; ein Dreirad aber mochte er nicht, das war zu ungefährlich für seinen Knabenehrgeiz.

Die Mutter hielt immer noch ihre heiße Hand um seine Finger geklammert, er spürte die Wärme durch den schwarzseidenen Handschuh durch; sie störte ihn in seinen verwegenen Gedankengängen. Ob er sie wegziehen konnte? War das unhöflich? Aber mußte man nicht einmal die Nase putzen? Da hatte er auch schon die Mutterhand abgeschüttelt und war in die Tasche gefahren; er schnaubte sich diskret und hielt dann seine Hände gefaltet über den Knien. Die leere Mutterhand lag noch eine Weile verlassen auf der Bank, und er hatte ein schlechtes Gewissen. Er mußte jetzt wirklich aufmerken, vielleicht wollten die tauben Tanten Emilie und Fiekchen wissen, was der Pfarrer gepredigt hatte, und fragten ihn nachher. Tante Mimi und Tante Anna saßen auch in der Nähe. Tante Anna schnüffelte und war gerührt.

Da brach die Sonne durch die bunten Glasscheiben und streute Glanz wie von kostbaren Edelsteinen über die geneigten Häupter der Kinder, daß der ganze Altarraum wie ein farbenfrohes Blumenbeet aussah und des Pfarrers dunkellockiges Haupt wie von goldenem Licht gekrönt erschien. Da vergaß er die Tanten und staunte in den bunten Zauber, der über den Mädchen lag.

«Mädchen», dachte er verächtlich. «Pah . . .» Und doch mußte er sie ansehen. Komisch waren sie . . . so anders. Helene nicht, die war ihm ganz vertraut, aber diese Kleine neben Aline mit dem langen weißblonden Zopf und dem seidenen Kleid. Fein war die. Wie sie wohl hieß? Sie sah aus, als ob sie Mariechen heißen würde. Hübsch müßte es sein, diesen langen Zopf aufzulösen; das Haar war dann wie ein hellgoldener Mantel ... Man konnte damit spielen, es streicheln ... Das Fahrrad war vergessen.

* * *

Die alten Tanten zogen nach des Bruders Tod in die Parterrewohnung, die kleiner war, und vermieteten davon noch ein Zimmer an einen Lehramtskandidaten. Der hieß dann immer «unser Herr» und wurde gut von ihnen behandelt. In Großvaters Wohnung zog ein junger vermögender Mann ein. Das Gericht hatte Friedrich dessen Vermögensverwaltung übertragen, bevor er mündig geworden war. Die andere Hälfte der Wohnung mieteten zwei alte vornehme Damen.

Eines Tages brachte Friedrich den jungen Menschen in die Familie; er hatte das Gefühl, als müsse er nicht nur sachlich, sondern auch freundlich gegen den Verwaisten sein, der schon in so jungen Jahren den Ruf eines Sonderlings trug.

Wilhelm Walloth war klein, schmächtig, hatte ein blondes Schnurrbärtchen, dünne blonde Haare und graublaue Augen hinter einem scharfen Zwicker. In seinen Bewegungen lag etwas Fahriges, Nervöses. Er war auch kein bißchen schüchtern, als er der jugendlichen Frau seines Anwalts vorgestellt wurde, sondern musterte aufmerksam ihr Gesicht, als müsse er sich ihre Züge einprägen.

Elisabeth setzte sich wieder an ihren Nähtisch, wo ein Berg von zerrissenen Strümpfen sich häufte, und wies Walloth einen Sessel, den sich dieser nahe herbeischleppte; Fritz lehnte am Kachelofen und wärmte sich den Rücken. Ob er als Ehemann für Helene in Betracht kam? fragte sich Elisabeth. Geld hatte er wohl, aber seine Eltern waren an der Schwindsucht gestorben. Sie sah seine käsige Gesichtsfarbe, abgekaute Nägel, den überlegenen spöttischen Gesichtsausdruck. «Nein», sagte sie sich, «der kann nicht lieben, der liebt nur sich — und überhaupt . . . nein, nein, nein.»

Hatte sie das letzte Nein laut gesprochen? Der junge Mann sah sie so forschend an. Sie stürzte sich in ein Gespräch.

«Was studieren Sie, Herr Walloth?»

«Ich habe am Polytechnikum für Literatur und Kunstgeschichte belegt», strudelte er hastig heraus. «Aber nicht als Brotstudium, das habe ich zum Glück nicht nötig.»

«Herr Walloth ist Dichter», erklärte Fritz von seinem Ofen her, «und Pegasus geht nicht gern ins Joch.»

Walloth lachte zustimmend und räkelte sich im Sessel.

«Haben Sie schon etwas veröffentlicht?» fragte Elisabeth interessiert.

«Ja, einen Band Gedichte», sagte er mit gemachter Gleichgültigkeit.

«Oh, den müssen Sie mir leihen.»

«Ich werde mir erlauben, Ihnen ein Bändchen zu widmen. Wir Dichter verleihen unsere Bücher nicht.»

Leise drückte sich Friedrich aus dem Zimmer. Er sah, die Unterhaltung lief jetzt ohne ihn. Er lächelte vor sich hin, als er in seinem Zimmer einen Sammelkasten von kleinen Milben säuberte, die seinen Käfern gefährlich wurden. Dieser Jüngling war etwas für seine Frau. Der Gesellschaftskreis, in dem sie verkehrten, war ihr zu bürgerlich: zwei Militärärzte, ein Augenarzt, ein Apotheker, zwei Offiziere und ihre Familien. Vom elterlichen Haus her war sie Gelehrte und Künstler gewöhnt, Forschungsreisende und Musiker.

Nun hatte sie einen Dichter — und sogar einen ungefährlichen — wie ihm schien. Er war befriedigt im Gefühl wohlerfüllter Pflicht und zerdrückte die wuselnden Milben mit mordlustigen Fingern.

«Biester», sagte er strafend und umhüllte sich und das Zimmer mit blauem Rauch. — —

«Ja, und welcher Art sind Ihre Gedichte? Lyrik, Epik?» fragte Elisabeth.

«Beides», sagte Walloth und merkte erhöhte Aufmerksamkeit in dem belebten, ihm zugewandten Gesicht. Die Arbeit glitt ihr aus den Händen, die Nadel ruhte. «Kennen Sie Freiligrath? Der verkehrte viel bei meinen Eltern. Seine Gedichte sind so schön.»

«Freiligrath?» Er kräuselte spöttisch die Lippen. «Ein alter Herr mit Revolutionsidealen und langen Locken?»

Widerwillig nickte Elisabeth.

«Na — wenn Sie diese alten muffigen Sachen schön nennen und sich für so himmelblaue Ideale begeistern . . . Die locken heute keinen Hund mehr hinter dem Ofen hervor.»

Ärgerlich griff sie wieder zur Nadel und überbrückte schweigend ein Loch im Socken ihres Mannes.

«Wir Jungen haben die Wahrheit auf unser Panier geschrieben. Was schön!» sagte er wegwerfend, «was edel! Poesie für höhere Töchter! Ich lobe mir das wahre Leben, auch wo der Bürger es scheußlich und gemein nennt. Dirnen und Verbrecher sind interessanter als der Herr Rechnungsrat und die Frau Apotheker.»

«Und wer sind die Götter, zu denen Sie beten?» Sie war gegen ihren Willen gefesselt.

«Michael Georg Conrad, die Gebrüder Hart, Franz Held, Liliencron, Scharf. Auch Heine geht noch, er kann so hübsch frech sein. Bis zu einem gewissen Grad auch der junge Goethe, ehe er Geheimrat wurde. Aber gegen uns Junge ist er wie ein zahmes Reh gegenüber einem brünstigen Hirsch.»

Elisabeth sah mit einem schnellen Blick auf. War das ein brünstiger Hirsch, der da wie ein zusammengeknäueltes Häufchen Mann im Sessel hockte? Sie lachte hell hinaus.

«Lachen Sie nicht», schnob der junge Mann und begann zu zitieren:

«Wenn ich zur Nacht aus dem Wirtshaus hinke,
wo ich Geld und Verstand vertrinke,
wie meine Mutter und teure Magen
mir des öftern belieben zu sagen:
dann hör ich wohl auch, wie Tausende schon,
der Nachtigall lüsternen Klageton:
das zittert so hell aus lauterer Kehle
und dringt so hinein in die Menschenseele.
Da steh ich auf altem Paradeplatze,
hängenden Schweifes schleicht eine Katze.
Und ich denke an mein weibliches Ideal,
das aus hundert Weibern zusammen ich stahl.
Und denk an die Esel vergangener Zeit,
an des Glückes notorische Schlüpfrigkeit,
und mir ist, als könnt ich da unten auf Erden
noch einmal riesig glücklich werden.»

«Ist das von Ihnen?» fragte Elisabeth angewidert.

«Nein, von Ludwig Scharf.»

«Bitte, lieber etwas Eigenes; für diese Art Poesie habe ich kein Interesse», sagte Elisabeth ablehnend.

Nun wurde er rot und zierte sich. «Meine eigenen

Sachen kann ich nicht auswendig, ich kann sie auch schlecht vorlesen.»

«Ich will nicht Ihre Gedichte kritisieren, ich will daraus nur den Menschen kennenlernen.»

«Warum?» fragte er geradezu, und in seinen Brillengläsern spiegelte sich das Licht, daß man seine Augen nicht sah. Das entseelte das Gesicht auf eigentümliche Weise.

«Warum?» wiederholte sie ernst. «Sie sind jung und meinem Mann anvertraut. Sie sind ohne Eltern und Familie. In der Verwaltung Ihres Vermögens sehe ich den Pflichtenkreis meines Mannes nicht beschlossen. Sie sind noch so jung. Sie brauchen eine Mutter.» Ihr Ton war herzlicher geworden. «Armer Kerl», dachte sie. «Und wie gefährdet!»

Er spürte Wärme ihm entgegenkommen und sah plötzlich hilflos aus wie ein unartiges Kind, das sich verrannt hat und zurück möchte.

«Und nun ein Gedicht von Ihnen», unterbrach Elisabeth die plötzliche Stille.

Er wühlte in seiner Brusttasche und brachte ein zerfledertes Notizbuch heraus und blätterte darin.

«Ich werde ihn zum Weihnachtsabend einladen», dachte sie, «und ihm ein neues Taschenbuch schenken. Schwarzes Leder mit Goldschnitt. Oder braunes?»

Er las:

«Das Kind.

Du schläfst im weichen Mutterarm,
noch schützt er dich vor Not und Harm;
o träume nur, noch dämmert kaum
dem Aug der wüste Erdentraum.
Die Mutter küßt dein Mündlein rot.
O wüßte sie, was einst dir droht,

sie würde nimmer, nimmer froh
und wollte, ewig schliefst du so.

O lächle nur! Du lächelst nicht
so friedlich mehr; dein Angesicht —
von Tränen wird es immer feucht,
so rein, so bald verscheucht.

Das größte Glück für dich, es ist:
kehr um, kehr um, so wie du bist,
zu sterben an der Mutter Brust,
eh du vom Leben noch gewußt.»

Er machte eine Pause.

«So traurig?» fragte Elisabeth ergriffen.

«Ja, Sie vergessen, daß ich nie meine Mutter kannte. Und nichts hat der Mensch so nötig auf dieser dreckigen Erde als eine Mutter.»

«Bitte, lesen Sie weiter.»

Er blätterte und begann:

«Überm totenstillen Sumpfe
will der Halbmond trüb entweichen;
über öde Weidenstumpfe
schlummertrunkne Vögel streichen.

Lautlos scheu die Nebel tasten
an des Moorgrunds feuchten Hecken;
kühle Abendwinde hasten
durch das Schilf, es aufzuwecken.
Leis im Rohre raunt ein Fächeln,
als ob's ahnungstrüb mich frage:
Wird dir jemals Liebe lächeln?
Bleibt sie dir verschollne Sage?»

Hastig steckte der Dichter sein Büchlein ein und schaute scheu nach der sinnenden Frau, die beharrlich schwieg und sich ihrer Stopfarbeit widmete.

Er stand auf und fuhr sich nervös durch die Haare. «Ich bitte um Verzeihung, daß ich Sie so lange aufgehalten habe», meinte er gekränkt.

Sie blickte auf und sagte mit warmer Stimme: «Ich danke Ihnen. Es war schön, was Sie lasen.»

Seine Augen leuchteten auf, verflogen war der Mißmut. Er gab seine schlaffe Hand ihrem festen Druck hin. «Auf Wiedersehn morgen.»

«Morgen sind wir den ganzen Tag in Auerbach.»

«Ein verlorener Tag. Also am Montag!»

Sie errötete flüchtig. Der Dichter raffte seinen Schlapphut vom Boden auf und knüllte ihn in den Händen.

«Ja, und bringen Sie wieder Gedichte mit», rief sie ihm noch unter der Türe nach.

* * *

Walloth kam von diesem Tag an täglich um dieselbe Zeit nach Tisch und blieb genau eine Stunde. Fritz gab deshalb sein Mittagsschläfchen nicht auf; manchmal saß auch Helene dabei, las in einer Zeitschrift aus der Lesemappe oder war mit einer Handarbeit beschäftigt. Sie mochte den jungen Mann nicht leiden; er hatte eine frivole Art, über Dinge zu sprechen, die ihr heilig waren, und sie war zu jung, um sich erfolgreich zu wehren. War die Mutter da, so sprang sie ihrem Kind bei und wies ihn mit einem zornigen Stirnrunzeln zurecht. Aber es geschah auch, daß die Mutter abgerufen wurde. Helene wäre ihr dann am liebsten nachgelaufen; aber sie wußte, daß das kindisch und unhöflich sei; so hielt sie ihm stand, innerlich bis an die Zähne gewappnet. Ob er wieder über ihre Frömmigkeit spottete? Oder den christlichen Glauben sezierte? Er reizte sie und behandelte sie als Kind. Sie sagte hartnäckig «Sie» zu ihm, obgleich er sie um das «Du» gebeten hatte. «Ich sage nur du, wenn ich jemand liebe», erklärte sie ihm in ungezogener Aufrichtigkeit.

«Hast du denn schon einmal geliebt?» fragte er neugierig und erwartete mit Lust ihr Rotwerden.

Sie wurde es aber nicht, sondern antwortete unschuldig: «Oh ja, meine Freundinnen und Miß Robinson, unsre englische Lehrerin.»

«Keinen Mann?»

«Doch, den Herrn Pahncke, meinen Konfirmandenlehrer.» Sie war ganz unbefangen.

«Aha, also doch!» Er zog das Geständnis ein wie einen feinen Likör. «Das ist doch der mit dem schönen braunen Christusbart, der hier nebenan wohnt?»

Sie nickte stumm.

«Den liebst du wohl wie Christus, halb himmlisch, halb irdisch?»

Sie sah ihn verwundert an. «Da ist doch kein Unterschied.»

«Na, aber sehr.» Sein Gesicht bekam etwas Mephistophelisches; seine Augen bohrten sich wie Nadeln in sie ein, seine Zunge leckte die Lippen, wie wenn sie etwas Süßes schmeckte, ein Lachen hing in den Mundwinkeln. Helene war über ihre Stopfarbeit gebeugt und sah nicht auf.

«Möchtest du ihm gern einen Kuß geben?» platzte er los.

Nun wurde sie endlich rot. Aber sie antwortete kalt: «Ich bin doch kein kleines Kind mehr, das sich von allen Onkeln küssen läßt.»

«Nein, aber wäre es nicht süß», flüsterte er, «wenn er dich plötzlich in den Arm nähme und dich auf den Mund küßte?»

Helene blickte zornig auf. «Sie sind ein Teufel!» schrie sie ihn an und warf ihm den Strumpf an den Kopf, zeigte ihm das marmorne Stopfei und drohte: «Noch einmal ein derartiges Wort, und Sie bekommen den Stein an den Kopf. Ich treffe!»

«Halb so wild», wehrte der Jüngling und blickte dem Mädchen nach, das mit hartem Schritt das Zimmer verließ und nicht mehr erschien.

Da nahm er seinen Schlapphut vom Tisch und drückte sich ohne Abschied, denn vor Frau Elisabeth fürchtete er sich und vor ihren Vorwürfen. Er liebte sie auf seine Art; sie war so mütterlich und warm, kümmerte sich um seine Wäsche, seine Gesundheit, beriet ihn in häuslichen Angelegenheiten. Der Backfisch Helene war ihm nur psychologisch interessant. Dieses familiäre Stündchen nach Tisch wollte er sich doch nicht verscherzen.

«Nanu?» sagte die Mutter, als sie zurückkam und das Zimmer leer fand. Aber dann war sie es zufrieden; sie war ein wenig müde, hatte Waschtag und den ganzen Vormittag gekocht. Da legte sie sich aufs Sofa und machte ein kleines Nickerchen und vergaß darüber, nach Helene zu fragen, die in ihrem Zimmer saß, den Kopf in die Arme gelegt, und Ströme von Tränen vergoß.

* * *

Im nächsten Winter hatte Helene Tanzstunde.

«Wer hat eigentlich mehr Pläsier von der Hopserei, du oder deine Tochter?» fragte Fritz mit gutmütigem Spott.

Elisabeth lächelte spitzbübisch: «Eine soviel wie die andere.»

«Hoffentlich verliebst du dich nicht in den Studenten Schreiner oder in den Einjährigen Klein, der so in der Uniform schwitzt und das seiner Tänzerin anvertraut?»

Helene prustete los: «Väterchen, nimm dich in acht! Mama guckt meine Tänzer mit liebevollern Augen an als ich.»

«Ja», gestand Elisabeth, «ich finde sie so nett und rührend, und Helene ist oft so spritzig gegen sie. Der August Klein hat ihr so ein schönes Gedicht gemacht.»

«Sogar August heißt er», sagte er mit leiser Anwandlung väterlicher Eifersucht.

Helene stand vor ihm in ihrem elfenbeinfarbenen Tanzkleid, das mit Rosensträußchen bedruckt war und mit einer lang herabhängenden Samtschleife um die Taille gegürtet wurde. In den offenen Haaren auch eine Samtschleife und das Gesicht leuchtend von Gesundheit und Lebenslust.

«Wen magst du denn am liebsten von deinen Tänzern?» fragte er obenhin.

«Am liebsten mag ich, glaube ich, den Krug. Der raspelt kein Süßholz und ist doch immer da, wenn ich einen Menschen brauche.»

«So», sagte der Vater zufrieden: «verliebt in ihn scheinst du aber auch nicht zu sein.»

«Nein, Papinkelchen!» Sie lachte hell und unbefangen hinaus. «Ich hab kein Talent, mich zu verlieben, und, weißt du», setzte sie ernst hinzu, «neben dem Herrn Pahncke sind das alles doch nur Buben.»

«Aha, sagte der Vater beruhigt, «der ist also der Maßstab, an dem die Männlichkeit gemessen wird. Gut, daß er verheiratet ist und das Haus voll Kinder hat!»

«Das ist doch in diesem Fall ganz einerlei», meinte Helene leichthin und knüpfte die seidenen Schleifen an ihren Goldkäferschuhen.

Elisabeth warf ihm einen verweisenden Blick zu. Männer konnten doch unglaublich taktlos sein. Er verstand den Blick und zog sich beschämt in seine blaudunstige Höhle zurück.

Mutter und Tochter eilten unterdessen in die Tanzschule von Hoffmann. Es war ein langgestrecktes Gebäude, ein ehemaliger Stall; an den Wänden standen Stühle und oben am Ende des Saals ein abgedroschenes Tafelklavier mit einem Regimentsmusiker in Uniform, der zum Tanz aufspielte. Elisabeth saß bei den Müttern, die wie eine vom Sturm zusammengetriebene Herde dem Klavier gegenüber ihren Platz hatten und sich der Behütung ihrer Töchter weihten. Nebenbei auch einer ausgiebigen Kritik.

Elisabeth saß neben Alines Mutter, einer lieben, rundlichen Frau mit Grübchen in den Wangen. Ihre Tochter sah ihr sprechend ähnlich, nur hatte sie noch besonders schöne krause dunkle Haare. Sie saß neben Helene und tuschelte mit ihr. Die beiden Mütter blickten hinüber und nickten ihnen lächelnd zu. Elisabeth dachte: Alinchen ist wirklich hübsch, aber Helenchen . . . Und Alines Mutter dachte: Helene ist ein nettes Ding, aber meine Aline . . . Zum Glück sprachen sie ihre Gedanken nicht aus, und so blieb die Eintracht gewahrt.

«Robert ist ein prachtvoller Mensch», bemerkte Alines Mutter und blickte stolz auf den Verehrer ihrer Tochter. «O ja», gab Elisabeth zu, «er ist stattlich und für einen Primaner sehr reif und klug.» Ein bißchen pickte sie der Neid, denn der Student, der sich Helene zur Dame seines Herzens auserkoren hatte, war unscheinbar von Gestalt, aber mit einem guten, klaren Gesicht.

Eigentlich war es doch schade, daß ihr Kind ohne Beteiligung des Herzens tanzte. Sie, die Mutter, war durchaus bereit, mitzulieben und durch das Medium der Tochter ein Stück Jugendglück mitzuerleben.

Der Walzer aus der Fledermaus setzte ein. Helene tanzte mit einem hochaufgeschossenen jungen Mann mit eckigen Schultern und einem Gesicht wie ein alter Dürerholzschnitt. Er blickte väterlich auf sie herunter, sie sah mit blitzenden Augen übermütig zu ihm auf.

«Übrigens bin ich Ihr Onkel, und Sie haben etwas respektvoller gegen mich zu sein», wehrte sich Georg Krug, der entfernt verwandt war durch Elisabeths Mutter. Sie tanzten an den Müttern vorüber.

«Den Veilchenstrauß hat sie von ihrem Tänzer», sagte Alines Mutter, «vorhin hat der Krug ihn noch in seinem Knopfloch gehabt.»

Elisabeth nickte vergnügt. «Den mag sie besonders.»

«Aber von Liebe keine Spur.»

«Nein, weder bei ihr noch bei ihm. Das ist mir auch lieber; er wird Offizier.»

Alines Mutter seufzte. Elisabeth wußte warum, sagte aber nichts.

Der Tanz war zu Ende; die zwei Freundinnen standen mit heißen Wangen vor den Müttern. Alines krause Haare umgaben wie ein Heiligenschein das regelmäßige Gesichtchen. Helene schwatzte drauf los und lachte mit heller Stimme. «Bitte die Herren zur Française!» rief der Tanzmeister, ein kleines dürres Männchen. Der Einjährige schlitterte über das Parkett. Seine weißen Handschuhe waren schon durchgeschwitzt, wie Helene bemerkte. Mit herzhaftem Widerstreben legte sie ihre Hand auf den Uniformärmel und ließ sich an ihren Platz führen.

«Seine Eltern haben eine Gastwirtschaft», sagte Alines Mutter und sah ihm nach.

Elisabeth überhörte die Bemerkung, die ihr nicht paßte. «Am liebsten möchte ich ja noch mittanzen», sagte sie lebhaft und zappelte mit den Füßen.

«Ja, aber wir tanzten Schleifwalzer, und jetzt haben sie so einen hopsigen Sechsschrittwalzer, den finde ich gar nicht graziös.»

«Und die Française gehen sie, während wir sie noch tanzten», tadelte Elisabeth. «Der kleine Trapp stolpert sie, wie wenn er auf der Rheinstraße auf dem Bummel wäre.»

«Jetzt werden wir kritisiert», sagte der Einjährige und fing einen Blick von den Müttern auf. «Haben Sie das Gedicht gelesen?» flüsterte er Helene ins Ohr, während das gegenübertanzende Paar ihnen Verbeugungen machte.

Sie zögerte mit der Antwort; sie hatte es gräßlich und schwülstig gefunden, und es hatte ihr mädchenhaftes Gefühl verletzt, sie wußte nicht recht warum.

«Sie haben vielleicht Begabung», sagte sie gleichgültig, während das Herz ihr klopfte. «Schicken Sie es doch einmal an eine Redaktion.»

Das war roh, sie wußte es. Der junge Mann erblaßte, nur ein paar Pockennarben leuchteten rot wie ein Sternbild auf seiner Stirn.

«Grande chaîne!» rief der Tanzmeister.

Gottlob, die letzte Tour der Française, dann noch der Schlußgalopp, und es war überstanden! Aline kam Helene entgegen; sie drückten sich lachend die Hände.

«Schon wieder ein Abend herum», sagte Elisabeth bedauernd und erhob sich mit ihrer Nachbarin.

Draußen glitzerten die Sterne, und es war kalt. Elisabeth hängte sich in den Arm der Tochter; auf ihrer andern Seite ging der Student. Er war einsilbig. Es bedrückte ihn, daß das Mädchen, das er mit erster Liebe anbetete, ihm nur ein kluger, heiterer Kamerad war. Die Mutter sprach allerlei Belangloses, die Jungen antworteten kurz oder schwiegen.

Eine Sternschnuppe fiel und zog eine strahlende Bahn über den Nachthimmel.

«Habt ihr euch etwas gewünscht?» fragte Elisabeth.

«Ja», sagte kurz der Student. Helene schwieg; sie war wunschlos.

* * *

O schwerelose Zeit! Das Leben ein Spiel am sonnigen Morgen. Es gibt Zeiten, wo das Leben stillezustehen scheint und den Atem anhält; das Schicksal geht auf andern Wegen als den unsern, man ist gesund; große Freuden und große Leiden meiden uns, und mit den kleinern wird man ohne Erschütterung fertig. Stürme der Leidenschaft schweigen, ein jeder Tag hat seine Plage und bringt sein Gutes. In solchen Zeiten schöpft man Kraft. Man dringt nicht zu seines Lebens Quelle vor, man liegt in Gras und Blumen und läßt sich von der Sonne bescheinen.

So war diese Zeit für Elisabeth. Ihre Ehe lief in sichern Gleisen; die Kinder waren auf gutem Weg; Überfluß gab es keinen, aber auch keine Not. Man hatte seine Arbeit, aber sie ging nicht über die Kraft, und an Stelle der schwindenden Jugend lebte man die der Tochter mit und gliederte sie ins eigene Dasein ein.

Walloth kam immer noch täglich herauf. Er brachte moderne Bücher und Zeitschriften mit, erzählte von Ereignissen der literarischen Welt. Er hatte seine ersten Romane veröffentlicht: «Oktavia», ein geschichtlicher

Roman aus dem alten Rom, «Das Schatzhaus des Königs» aus Ägypten, und nun schrieb er einen modernen «Der Dämon des Neids». Er las manchmal ein Kapitel vor und erläuterte seine Schönheit oder seinen tiefern Sinn.

Elisabeth spürte die Bereicherung dieses Umgangs, obgleich — oder vielleicht gerade weil sie mit Widerspruch geladen war. Dadurch ward sie sich ihrer selbst bewußter und dessen, was zu ihr gehörte und was nicht.

Das allzu Naturalistische der modernen Kunst stieß sie ab. Die Künstler schienen ihr das Rohe, Gemeine und Unappetitliche förmlich aufzusuchen und mit Wonne auszubreiten.

«Man könnte denken, man lebte nur noch unter Dirnen, Schwächlingen, Charakterlosen und Verbrechern.»

«Und hier und da einmal ein braver, lächerlicher Spießbürger dazwischen», fiel Helene ein, die nähend an ihrem Platz saß.

«Kennst du denn meine Bücher?» fragte Walloth herausfordernd.

Das Mädchen wurde rot. Sie hatte heimlich gelesen. Wohl stand kein unzweideutiges Verbot da, doch sie fühlte ganz gut, daß es nicht erlaubt war. Aber ein dunkler Drang nach Erkenntnis hatte sie mitgerissen. Sie beantwortete deshalb die Frage nicht und ließ den Vorwurf unbegründeten Urteilens auf sich sitzen.

Walloth wechselte das Thema, das ihm auch nicht ganz gemütlich bei den Frauen war, und fing von Dr. Ella Mensch an, die in Darmstadt die damals noch unerhörten und angefeindeten Ziele der Frauenbewegung vertrat und im Darmstädter Tagblatt eine verständnisvolle Kritik über seine Romane geschrieben hatte.

Das interessierte sowohl Mutter wie Tochter, und man kam auf Frauenberufe zu sprechen.

«Welchen hätten denn Sie gewählt, Frau Heyer?»

Helene platzte vorlaut heraus: «Mama hat am meisten Talent zur Fürstin. Sie kann herablassend und zugleich so freundlich sein, daß die einfachen Menschen die Herablassung für die warme Freundlichkeit in Kauf nehmen. Landesmutter.»

Elisabeth wehrte lachend ab. «Ich kann mir nichts anderes denken, als daß ich geheiratet hätte; aber als Frau würde ich gerne ein selbständiges Reich haben: Gutsbesitzerin oder ein großes Hotel, Oberin eines Krankenhauses.»

«Natürlich mit genügend Hilfskräften», schaltete Helene ein.

«Ich muß gute Verhältnisse haben, mit Menschen handeln können; herrschen und fürsorgen zugleich.»

«Ja, so bist du», sagte Helene zärtlich und blickte die Mutter warm an. «Und nun bist du in kleinen Kreis gebannt, deshalb explodierst du manchmal.»

«So, tut sie das?» fragte Walloth neugierig. Die beiden Frauen lächelten, ohne zu antworten. Verlegen die eine, neckend die andere.

«Nun, und du, Helene?» fragte der junge Mann, als er keine Antwort bekam, und funkelte das Mädchen mit seinen Brillengläsern an.

«Ich? ich will heiraten und viele Kinder haben», sagte sie unbefangen, «am liebsten einen Pfarrer auf dem Land. Da habe ich einen Garten, kann meinem Mann im Beruf und in der Gemeinde helfen. Und wenn ich Zeit habe, will ich noch malen oder . . .» sie verschluckte, daß sie noch sagen wollte «dichten». Denn sie fürchtete den Spott des anerkannten Dichters über himmelblaue Frauenlyrik.

Walloth hörte zerstreut zu. Ein anderer Gedanke war ihm durch den Kopf gefahren. «Ach, Frau Heyer, ich wollte Sie noch etwas fragen. Ich bekomme nächstens

Besuch aus Schwaben. Einen Rezensenten, der sehr entzückt von meinen Sachen ist, und mit dem ich mich auf meiner Reise angefreundet habe. Er schreibt auch und verlegt bei Friedrich in Leipzig, der das ganze junge Deutschland bevatert.»

«Haben Sie etwas von ihm?» fragte Elisabeth gespannt.

Er fingerte in seiner Brusttasche herum und brachte ein zerfleddertes broschiertes Buch heraus, das er mit dem Finger aufgeschnitten hatte, und legte es auf den Nähtisch.

«Aristokratie des Geistes», las Elisabeth. «Oh, etwas Philosophisches?» fragte sie enttäuscht.

«Philosophisch-Soziologisch. Ein kühnes Buch. Ich lasse es Ihnen hier. Und ich wollte fragen, ob er nicht oben bei Ihnen essen könnte. Sie wissen, bei mir geht's junggesellig her, und ich fürchte, der Mann ist's geordnet gewöhnt. Ich möchte doch keinen so schlechten Eindruck machen.»

«Den machen Sie sowieso», sagte Helene keck.

«Wieso?» fuhr Walloth auf.

«Sie sind ein Sonderling schon in jungen Jahren. Zum Beispiel Ihre Angst vor Flöhen ist grotesk. Und die Mittel, die Sie dagegen anwenden!»

«Ja», half Elisabeth der Tochter, «das Wohnzimmer ist gelb von Insektenpulver und darf deshalb nicht geputzt werden. Die Füße Ihres Bettes stehen in Schalen voll Spiritus. Dabei bin ich überzeugt, daß Sie an nervösem Hautjucken leiden statt an Flöhen. Sie sollten zum Arzt gehen.»

«Glauben Sie?» Er sah ängstlich und sorgenvoll drein und riß an seinem langen Schnurrbart; dann begann er lang und breit über seine Gesundheit und körperlichen Zustände zu sprechen, bis Helene stillschweigend hinausging. Elisabeth hörte tröstend zu, und der nervöse junge Mensch fühlte sich geborgen in ihrer mütterlichen Teilnahme.

* * *

An einem düsteren Novembernachmittag brachte Walloth seinen Besuch herauf in die gastfreundliche Familie. Elisabeth und Helene saßen am Tisch, hell von der Lampe beschienen. «Zwei gute Frauen» war der erste Eindruck des Fremden.

«Das ist also der Erdmann», sagte Walloth fahrig. «Ich lasse dich gleich hier, ich bin zum Zahnarzt bestellt.» Er stoffelte eilig hinaus und rannte dabei gegen das Mädchen, das das Kaffeebrett brachte. Die Tassen klirrten, die Milch schwappte über, und Christine brummte ärgerlich hinter ihm her.

Der Angekommene sah etwas schüchtern und unbehaglich drein. Er war kaum mittelgroß, feingliedrig, mit magern, vergeistigten Händen. Der Kopf war auffallend: eine hohe, kantige Stirne, dunkle, leichtgelockte Haare, ein wenig zu lang, ein ebensolcher Vollbart, helle Augen, die sanft blickten, aber doch die Schärfe eines wachen Geistes in sich hatten; ein dunkler, hochgeschlossener Rock und schwarze Krawatte gaben ihm etwas Feierliches. Er sprach hochdeutsch mit schwäbischem Akzent, was Helene komisch erschien und ihren Respekt etwas lockerte.

Sie schenkte Kaffee ein, der Vater erschien und setzte sich in seinen Sessel, ohne sich von der geliebten Zigarre zu trennen. Er war mit der Zeit etwas salopp geworden in seinen Gewohnheiten und ignorierte, daß seine Frau es nicht liebte, wenn er auch die Wohnräume der Familie vollpaffte. Hermann kam aus der Schule und beteuerte seinen rasenden Hunger.

«Ich komme Ihnen so hereingeschneit, und Sie kennen mich gar nicht», entschuldigte der Gast seine Anwesenheit und nahm drei Stücke Zucker aus der Dose und versenkte sie in seine Tasse.

Hermann machte große Augen darob und wollte es ihm nachtun, aber die Mutter zog ihm die Dose unter den Händen weg. Er war ein hübscher Bursche geworden mit regelmäßigen Zügen, kräftigen Brauen und dem Anflug eines dunkeln Bärtchens. Er sprach mit einer Baßstimme, besuchte die Tanzstunde, und seine junge Eitelkeit bevorzugte farbenfreudige Krawatten.

Den fremden Gast betrachtete er mit einigem Mißtrauen als Geistprotz und beschloß, sich nicht von ihm imponieren zu lassen. Er erzählte, wie man die «Latte», einen beliebten Lehrer, geneckt hatte, und daß er der Rosa, seiner Tanzstundendame, begegnet sei in einem neuen Wintermantel mit Pelz.

«Das sind ja erschütternde Erlebnisse», duckte Helene den Bruder und brachte ihn zum Schweigen, indessen «die Großen» sich gebildet unterhielten. Elisabeth kramte ihre neuen Kenntnisse über moderne Literatur aus; der Advokat erzählte einen interessanten Fall von einem Hellseher, der ihn als seinen Verteidiger veranlaßt habe, sich mit okkulten Phänomenen und spiritistischer Literatur zu beschäftigen.

Erdmann bekannte sich zu Darwin und Häckel und mußte sich sagen lassen, daß es viele Dinge zwischen Himmel und Erde gebe, von denen sich die Schulweisheit nichts träumen lasse.

Es zuckte spöttisch um seinen schmalen Mund. «Wenn der gute Shakespeare geahnt hätte, wie sein Wort zum Knüppel geworden ist, mit dem man die klaren Ergebnisse der Naturwissenschaft totzuschlagen versucht.»

Ein kalter Funke sprühte dabei aus seinen Augen, und der Vater beschloß, seine Perlen nicht vor die Säue zu werfen.

Die Tischgesellschaft löste sich auf. Hermann hatte Schularbeiten zu machen, der Vater ging zum Dämmerschoppen und erbot sich, Erdmann mitzunehmen, was dieser aber zögernd ablehnte. Er trinke Bier nicht gern.

Da wurde er mit der «Täglichen Rundschau» versehen; Helene räumte den Tisch ab, Elisabeth gab Anweisungen in der Küche und schickte Christine hinunter, das Gastzimmer zu richten, ein Ort, an dem Walloth alles Gerümpel aufbewahrte: schmutzige Wäsche, alte Zeitungen, leere Arzneiflaschen und Pappschachteln, zerrissene Pantoffeln und fettfleckige Broschüren.

«Du Mama, der gefällt mir viel besser als sein Freund Walloth», sagte Helene in der Küche zur Mutter.

«Er hat etwas Bedeutendes», gab Elisabeth zu. «Aber er sollte sich beim Frisör die Haare kürzen lassen. Ich mag solche Nazarenerfrisuren nicht.»

«Sie paßt aber zu ihm; er sieht so weltfremd aus.» Sie lachte plötzlich. «Wenn ich daneben meine Tanzstundenherren nehme!»

«Die sind halt noch zu jung, um bedeutend zu wirken. Du darfst nicht ungerecht sein.» Sie schlug Eier zu Pfannkuchen auf.

Das Mädchen rümpfte das Näschen, und nachdem sie die Tassen gespült hatte, verzog sie sich wieder ins Wohnzimmer. Dort setzte sie sich an den Nähtisch und nahm still eine Arbeit zur Hand. Ihre Anwesenheit machte den Lesenden zerstreut. Er ließ die Zeitung sinken, blickte zu ihr hinüber und suchte nach einem Anfang des Gesprächs. Er konnte schwer über Alltägliches sprechen, und was konnte er diesem jungen Wesen sagen über Dinge, die ihn bewegten und für die er kämpfte?

Endlich begann sie selber mit leichtem Ton. «Sie sind auf der Reise nach Berlin?»

«Ja, heute werden die Schlachten nur in den großen Städten geschlagen. Wir auf dem Land leben abseits.»

«Sie sind Redakteur an der ‚Frankentaler Zeitung', erzählte Walloth?»

«Ich war es, jetzt lebe ich im Schwarzwald in einem winzigen Städtchen, aber in schönster Gegend.» Er war sichtlich etwas verlegen bei der Auskunft, und Helene wunderte sich, warum. «Sie kennen Walloth schon lang?» lenkte er schnell ab.

«Ja, bald drei Jahre», sagte sie zurückhaltend.

«Er ist ein echter Dichter und großes Talent», fuhr er warm fort. Helene schwieg. «Sie mögen seine Sachen nicht?»

Helene zögerte mit der Antwort, aber die hellen Augen ihres Gegenübers blickten so forschend, daß sie widerwillig sagte: «Ein Instinkt warnt mich vor ihm.»

«Vor dem Menschen oder vor dem Dichter?»

«Das fällt in eins zusammen für mich.»

«Sind Sie so instinktsicher?» fragte er erstaunt.

«Ich weiß nicht, dazu fehlt mir die Erfahrung», sagte sie schüchtern.

«Was sagt Ihr Instinkt zum Beispiel mir gegenüber?»

Sie wendete ihm prüfend die großen dunkeln Augen zu mit dem unschuldigen Blick eines Kindes.

«Sie sind lauter», sagte sie nachdenklich und nach einer Weile: «Aber unerbittlich wie ein Fanatiker.»

«Merkwürdig», erwiderte er betroffen. «Mein Freund, der Dichter Max Halbe, nannte mich immer Robespierre.»

Sie wendete erschrocken ihre Augen von ihm ab. «Aber das war doch ein böser Mensch?»

Er lächelte über die Primitivität ihres Ausdrucks. «Sie

brauchen sich nicht vor mir zu fürchten, liebes kleines Mädchen. Mein Blutdurst erstreckte sich nur auf die Schnecken und Engerlinge meines Gartens.»

«Aber sie könnten Todesurteile unterschreiben, die dann andere ausführen», beharrte sie.

«Ja», antwortete er stark, «aber nur, wenn es das Heil der Menschheit erfordert.»

«Wenigstens so wie es nach Ihrer Theorie aussähe», erwiderte sie herb.

Er sah sie erstaunt an. «So kriegerisch?»

«Ja. Ich bin gar kein liebes kleines Mädchen.»

«Ich wollte Sie nicht kränken, aber ich bin so viel älter als Sie, und Sie sahen so jung aus in Ihren holden Siebzehn.» Er streckte ihr die Hand hin. «Bekomme ich Pardon?»

Verwirrt legte sie die ihre hinein. Er drückte sie herzhaft.

«Ich bin nämlich gar kein Held, kann kein Blut sehen, da wird mir sofort schlecht, und ich kämpfe mit einer Ohnmacht. Nerven!» Er zuckte die Achseln. «Als meine Mutter mich trug, war ein Negeraufstand in Afrika; da floß Blut in Strömen, und sie entsetzte sich so, daß sie das Entsetzen ihrem ersten Sohn vererbte.»

«Ach, Sie sind ein Missionarskind? So sehen Sie eigentlich auch aus.»

«Ja, meine Mutter ist in Afrika gestorben. Ich bin in Basel elternlos im Missionshaus aufgewachsen.» Sie sah ihn mitleidig an und spürte Bitterkeit in seinen Worten.

Die Mutter kam herein. Wie hübsch sie noch aussah, dachte Helene. Das hellgraue Kleid hatte sie ihr selber in der Schneiderstube genäht; es saß gut, wie ‚angeknallt'; denn so war es Mode. Ihre Augen glänzten wie schwarze Diamanten, und das dunkle, lockige

Haar umrahmte in einer schlichten, fraulichen Frisur das elfenbeinblasse Gesicht. Sie sprühte von Wärme wie ein gutes Öfchen, und der Fremde empfand sofort die wärmere Atmosphäre.

«Mama, denk nur, Walloths Freund ist in Afrika geboren als Missionarssohn», rief Helene ihr entgegen.

«Oh, da müssen Sie uns aber erzählen», sagte Elisabeth lebhaft und setzte sich ins Sofa.

«Gar nichts kann ich erzählen; ich war fünf Monate alt, als ich nach Europa kam. Das Klima an der Goldküste war für Kinderaufzucht nicht geeignet.»

«Und Ihre Mutter?»

«Blieb bei ihrem Mann und starb am Schwarzwasserfieber nach einer Fehlgeburt.»

«Armes Kind», bedauerte ihn Elisabeth.

«Und da Sie doch einmal in einer Mitleidswelle schwimmen, kann ich Ihnen auch gleich bekennen, daß ich die Literatur verlassen mußte und seit zwei Jahren Pfarrer bin.»

«Dafür sind Sie doch nicht zu bemitleiden!» brach Helene heftig aus.

«Doch», sagte er mit Nachdruck. «Oder beneiden Sie einen Menschen, der seiner besten Begabung nicht leben darf und dafür Dinge tun und sagen muß, die nicht aus seinem Herzen fließen, ja, die er für tot, unwahr oder gar schädlich hält?»

«Und wer zwingt Sie?» fragte Elisabeth mitleidig, denn das Gesicht des Mannes war wie aufgewühlt.

«Meine Armut und das Konsistorium. Ich habe auf Kosten einer Stiftung studiert und bin dafür dem Staat den Dienst schuldig. Acht Jahre hatte ich Urlaub und konnte mich dem verhaßten Kirchendienst entziehen. Jetzt aber heißt es, sechstausend Mark Studiengelder zurückzahlen oder eintreten.»

«Und Sie traten ein, ohne Liebe, ohne Glauben?» fragte Helene entsetzt.

«Ja», antwortete er kalt. «Das Konsistorium wußte, daß ich nur die Moral des Christentums vertreten konnte, nicht seine Dogmen. Ich habe es ihnen offen gesagt. Sie stellten mich doch an. Es fehlte an Pfarrern.»

«Sie hätten Ihnen aber sicher nicht den Gerichtsvollzieher geschickt», sagte die Mutter milde.

«Vielleicht nicht. Aber unterdessen hatte ich erfahren, daß man auch als Redakteur nicht die Freiheit hatte, wahr zu sein. Daß ich dem Verlag und der Leserschaft gegenüber gerade so gebunden war an Parteiprogramme, bürgerliche Üblichkeiten und materielle Erwägungen wie der Gemeinde gegenüber an christliche Dogmen.»

«Schrecklich», flüsterte Helene.

«Der Schritt, den ich tat, söhnte mich zudem mit meinem Vater und der Familie aus; ich hatte den Kampf ums Dasein satt, der die besten Kräfte verzehrt, ohne die nichts Bleibendes geschaffen wird . . .» Er brach ab und fuhr sich mit der Hand über die Stirne, als wolle er etwas wegwischen, das ihn befleckte. «Es bleibt mir auch Zeit in meinem Beruf zu Denkarbeit, schriftstellerischen Äußerungen, zur Dichtung.»

Die Frauen schwiegen vor diesem enthüllten Mannesschicksal, das sie erschütterte. Die Mutter konnte ihn nicht verdammen, die Tochter ihn nicht bejahen. Aber es füllte ihre Gedanken mit fremden Vorstellungen, Nöten, Zweifeln, die ihr ganzes gläubiges Gemüt überschwemmten und ein großes Mitleiden hinterließen, als sie von sicherm Fels aus dies andere Leben durch ihr Herz gehen ließ.

* * *

Acht Tage blieb der Pfarrer als Gast im Hause, eigentlich hatte er nur drei geplant gehabt. Aber der geistig einsame Mensch, den es in der Kühle seines durchdringenden Verstandes oft selber fror, fühlte sich von dem jungen warmen, eindrucksfähigen Kind angezogen, das ihm so aufgeschlossen entgegenkam. Erbarmen bildete die Brücke, Ahnung der hohen Geistesgaben dieses Mannes die Anziehung; der Instinkt, selber einer Ergänzung zu bedürfen, lockte sie aus sich heraus dem andern entgegen, und das Wissen um eine beglückende Lebensaufgabe, wie sie sich sie gewünscht hatte, vollendete und reifte den Entschluß. Liebe keimte im Bereich des Seelischen, das Körperlichgebundene sollte seinerzeit sich vollenden. Jetzt war es noch ein leises Bangen, das man von sich wegschob. Man fühlte Schicksal und ergab sich.

Als Erdmann abgereist war, blieb Helene verwirrt zurück. Er war zu schüchtern gewesen, persönlich um ihre Liebe zu werben. Aber dem Meister des Ausdrucks entflogen Briefe an Mutter und Tochter, zart erdachte Geschenke, anmutige Verse, und als Weihnachten herankam, war Helene verlobt und Elisabeth Schwiegermutter. Der Vater hatte eine sehr passive, eher verzögernde Rolle gespielt. Es war doch seine einzige Tochter und noch nicht achtzehn Jahre alt. Und außerdem war das keine Partie für sein hübsches, begabtes Kind. Er fluchte auf Walloth, den er als den eigentlichen Urheber alles Unheils ansah.

Die Tanten Mimi und Anna mißbilligten die Wahl noch entschiedener. Landpfarrer und auf einem Nest im Schwarzwald war ihnen zu gering für die geliebte Nichte. Dazu war der Mann noch ungläubig, was sie bei einem Assessor nicht gestört hätte; und aus einfacher armer Familie, körperlich unansehnlich, nicht groß und stattlich, mit einem beginnenden Gehörleiden behaftet. Vielleicht wurde er gar später taub. Und dann viel zu alt, schon dreiunddreißig Jahre alt.

«Sie hat ihn halt lieb», verteidigte Elisabeth die Tochter, nachdem sie alle Vorzüge ins rechte Licht gestellt hatte.

«Du scheinst selbst in ihn verliebt zu sein», sagte Mimi ärgerlich, und ihr kluges Mausgesicht sah spöttisch drein.

Elisabeth fuhr empört auf.

«Jedenfalls imponiert er dir», schwächte die Schwägerin ihren Ausfall ab.

«Ja, das kann ich nicht leugnen», gab Elisabeth zu. «Aber ich habe Helene wahrhaftig nicht zugeredet. Sie muß da allein entscheiden. Ich fühle selbst, daß die Ehe mit einem solchen Mann nicht leicht sein wird.»

«Siehst du», fiel Anna ein, während Mimi die alte Tante Emilie durchs Hörrohr verständigte.

«Leicht oder schwer», sagte Tante Emilie mit der brüchigen Stimme der Tauben, «kommt nicht in Betracht, wenn die Bindung im Himmel geschlossen ist.»

«Wer will das beurteilen?» sagte Mimi, nicht ganz befriedigt vom Rat der alten weisen Tante.

«Das können nur die beiden, die es angeht», beschloß Elisabeth die Unterhaltung. Aber ein kleiner Stachel war in ihrer Freude zurückgeblieben, ein kleiner Zweifel nagte an ihrem Glauben.

Zwei fremde Welten berührten sich bei Helenes Hochzeit. Die Gäste aus Schwaben waren schon zwei Tage früher gekommen und im Hause untergekommen: Erdmann bei seinem Freund, sein Vater und die junge Stiefschwester bei den Tanten im Parterre, eine ältere Schwester mit ihrem Kind bei Anna und Mimi.

Elisabeth empfing die neuen Verwandten mit strahlender Herzlichkeit, vor deren Wärme ihre Fremdheit schmolz. Sie fanden alles so viel großartiger als daheim in dem kleinen Landstädtchen, daß sie etwas eingeschüchtert waren.

Am interessantesten war Elisabeth der Schwiegervater. Er war ein kleiner Mann mit sanften Zügen. Aber in den dunkeln großen Augen lag etwas Unerbittliches, gerade wie in denen seines Sohns. Man konnte begreifen, daß diese beiden schwer miteinander lebten, sobald sie nicht für die gleiche Sache glühten. Der Alte hatte schönes, volles, silberweißes Haar, das in Locken das gesund gebräunte Gesicht umgab; die Nase war schmal, leicht gebogen, der milde Mund war von einem Seemannsbart umgeben, der sich um das Kinn und die Wangen zog, aber die Oberlippe freiließ. Er war sehr ernsthaft, und die joviale Art Friedrichs lockte ihm nur ein spärliches Lächeln ab.

«Er sieht wie ein pietistischer Stundenbruder aus», raunte Fritz seiner Frau auf dem Korridor zu.

«Besser als ein Schieber», erwiderte sie.

«Aber ich finde ihn unbehaglich. Alles, was mich interessiert, ist ihm egal, und er verbirgt es nicht einmal. Mit einem heiligen Lächeln sagt er: ‚Für Naturwissenschaften interessiere ich mich nicht.'»

«Laß ihn von Afrika erzählen.»

«Hab' ich schon getan, aber da ist er in eine Bekehrungspredigt hineingeglitten.»

Elisabeth mußte lachen. «Erdmann hat mir gesagt, daß er die goldene Medaille von Paris für Kunst und Wissenschaft hat für seine Bibelübersetzung in die Tschi- und Gâ-Sprache.»

«Donnerwetter!» Respektvoll entfuhr es ihm. «Gut, versuchen wir es mit der Philologie.»

Und mit qualmender Pfeife trat er wieder zu seinen Gästen ins Wohnzimmer, während Elisabeth nach dem Abendessen sah und Hermann mit der reizenden schwarzgelockten Hanna, die in seinem Alter stand, in die Stadt gegangen war, um ihr Sehenswürdigkeiten zu zeigen.

Erdmanns ältere Schwester Martha war an einen Volksschullehrer verheiratet. Sie hatte ein liebes kleines Gesicht mit schönen, dunkeln, sanften Augen, glattgescheitelte schwarze Haare, fand alles herrlich und war bemüht, sich der fremden Welt der neuen Schwägerin anzugleichen.

Diese selbst fand ungeteilten Beifall. Zwar betete sie nicht bei Tisch; aber sie sah so unschuldig und fromm aus, daß der Mangel nicht so schwer empfunden wurde.

Der Schwiegervater sagte zu ihr: «Gott segne dich, meine Tochter!» und legte ihr dabei die Hand auf den Kopf. «Mögest du ein Werkzeug des Herrn sein, meinen Sohn zum wahren Glauben zu führen.»

«Ja», hauchte Helene, und Elisabeth war gerührt über soviel Zutrauen zu ihrem Kind.

Erdmann stand ein wenig unbehaglich dabei und wünschte glühend, daß die Hochzeit mit allem gesellschaftlichen und familienhaften Drum und Dran vorüber wäre, um seine junge Frau in den einsamen Schwarzwald zu führen, sie mit seiner unverbrauchten Liebe zu überschütten und sie in seine eigene geistige Atmosphäre einzuführen. Helene war ja so jung, weich und eindrucksfähig. Er zweifelte nicht daran, sie zu seinem eigenen Geschöpf heranbilden zu können. Sie würde an seiner Seite stehen gegen eine feindliche Welt, seinen Willen erfüllen, seinen Glauben teilen und die Einsamkeit des Geistes von ihm nehmen, die ihn oft frostig erschaudern machte. Auch Kinder wünschte er sich: Fleisch von seinem Fleisch, Geist von seinem Geist, in denen er weiterlebte, wenn der Tod ihn ereilte.

Als am Hochzeitstag Helene, von Vater und Mutter geführt, im weißen schimmernden Atlaskleid mit Schleppe und wallendem Schleier in die im Wohnzimmer versammelte Familie eingeführt wurde, waren alle ein wenig gerührt, denn sie sah gar lieblich aus.

«Laßt uns beten», sagte der Schwiegervater in die Stille hinein.

«Die Wagen warten schon», schnitt der Sohn ihm hastig das Wort ab. «Wir beten dann lieber in der Kirche.»

Mit dem Brautpaar fuhr ein Bruder Erdmanns, Paul, der ein Künstler war mit goldblondem Vollbart, liebreichem Wesen und etwas aufgelockertem Christentum. Zu ihm faßte die junge Braut sofort Zutrauen. Die Strenge des Missionars war ihr ein wenig unheimlich.

«Ich freue mich, daß du nun mein Bruder wirst», sagte sie herzlich. «Du mußt uns bald in Berneck besuchen.»

«Wenn ich eine Braut habe, werde ich sie euch bringen», versprach er mit herzhaftem Lachen.

«Dann mußt du dich aber beeilen», mahnte Erdmann, «denn bei Helene muß alles sofort geschehen und rasch gehen.»

«Das ist eine gute Ergänzung zu unserer langsamen, bedächtigen Schwabenart», meinte Paul freundlich.

«Wir werden einen goldenen Mittelweg finden», beschloß Erdmann.

Da hielt die Brautkutsche vor der Kapelle, in der Helene einst eingesegnet worden war, und der geliebte Konfirmandenlehrer trat ihr aus der Türe der Sakristei entgegen.

«Ich freue mich, daß ich auch an dieser Schwelle ins

neue Leben an deiner Seite stehen darf wie einst», sagte er liebevoll.

«Ja», flüsterte sie demütig und blickte ihn voll strahlender Dankbarkeit an.

* * *

Die Hochzeit war vorübergerauscht, das junge Paar in den Schwarzwald abgereist.

Müde und doch zu erregt, um zu schlafen, lag Elisabeth im Bett. Fritz las noch die Zeitung zu seiner Ablenkung.

«Das Essen im Kasino war vorzüglich», bemerkte die Gattin, «nur der Rehbraten war zu kalt.»

«Das kam von der Rede des Schwiegervaters, der scheint's glaubte, er müsse Ungläubigen das Evangelium predigen, ausgerechnet als die Kellner den Braten servieren wollten.»

«Aber daß sein Sohn ihn nach zehn Minuten am Rockschoß zupfte, um ihn zur Besinnung zu bringen, und der alte Mann sich dann mitten im Satz setzte, war doch peinlich», warf Elisabeth ein. «Er tat mir zu leid; er ist ein lieber, kindlicher Mensch.»

«Gustchens Mann hat dann ja mit taktvollen Worten die Lage gerettet. Der ist ein viel geistesgegenwärtigerer Redner als ich», bekannte Fritz, faltete die Zeitung zusammen und löschte die Lampe. Das Nachtlicht warf schwachen Schein über die Betten.

«Du, Fritzing!» Elisabeth schob sich dem Bett des Gatten zu und legte den Kopf an seine Schulter. «Tut dir auch dein Herz so weh?»

«Weil Helene nun fort ist?»

«Ja. Und mir ist plötzlich so angst. Sie ist so jung und kommt in eine so fremde Welt. Und eigentlich kennen wir ja den Mann gar nicht . . .»

«Was heißt kennen? Das Schwäbische Konsistorium schrieb auf meine Bitte um Auskunft: Wandel musterhaft solid. Mehr kann man nicht verlangen.»

«Schon», gab Elisabeth zu. «Aber Martha sprach mir von schweren Zerwürfnissen zwischen ihm und dem Vater . . .»

«Es sind halt beide Fanatiker.»

Elisabeth schwieg. Das Nachtlicht knisterte; man hatte vergessen, ihm frisches Öl zu geben im Trubel des Tages. Plötzlich spürte Fritz, daß heiße Tropfen ihm in den Hals rannen.

«Weinst du, Kind?»

Sie schluchzte fassungslos.

Er streichelte beruhigend ihren Kopf. «Aber das ist doch alles natürlich. Möchtest du, daß dein Kind unverheiratet bliebe?»

«Nein, aber sie ist noch so jung, und ich, ich bin dann so allein. Der Hermann kommt an Ostern auf die Universität, und dann habe ich keine Kinder mehr. Helene war mir wie eine Freundin.»

Er flüsterte an ihrem Ohr: «Dafür kommen dann Enkel, Großmütterchen.»

«Glaubst du? Und sie ist erst achtzehn Jahre! Wie wird sie sich zurechtfinden, alles so ganz anders als daheim!»

«Oh, da hab ich keine Sorge», sagte der Vater vertrauensvoll; «sie ist klug und ein lieber Kerl. Wer wollte ihr nicht gut sein?»

«Ich weiß, aber doch — das Herz ist mir schwer.»

«Schlaf jetzt! Morgen sieht alles anders aus. Und wir laden die kleine Hanna ein, vierzehn Tage hier zu bleiben, das lenkt dich ab. Hermann ist sowieso schon ein wenig verschossen in sie.»

«Meinst du?» Sie trocknete ihre Tränen, blieb aber liegen, wo sie war. Er legte den Arm um ihre Schultern und bettete sie bequemer. Da fühlte sie sich geborgen. Sie hörte noch das Nachtlicht prasseln, dessen Docht im Wasser gelandet war, sah, wie das Flämmchen rot wurde, aufzuckte und kämpfte. Dann verlosch es, der Docht rauchte noch ein Weilchen und stank, Fritz schlief, und Dunkel hüllte die Stube ein.

«Ach lieber Gott, laß mein Kind glücklich werden», betete sie kindlich. Dann schlief auch sie ein, indem sie auf die Atemzüge ihres Mannes lauschte, die sich in leises Schnarchen verwandelten.

* * *

Es war Mai, und die Natur feierte ihr Fest. An den Schwarzwaldtannen hingen weiche, hellgrüne Sprossen; Heidelbeeren und Preiselbeeren blühten; die Wiesen waren voll mit gelben Trollblumen, die wie Röschen aussahen, und am rasch dahinschießenden Köllbach blühten goldene Sumpfdotterblumen und tiefblaue Vergißmeinnicht. Die Farnkräuter schossen über Nacht in die Höhe und entrollten ihre Sprossen, die wie Bischofsstäbe aussahen, bis sie sich fiederten und die jungen Blätter ausbreiteten.

Das kleine Pfarrhaus lag oben auf dem Berg neben dem weißen Kirchlein mit dem stumpfen Turm. Eine steile Straße, die in eine hohe Treppe auslief, führte hinauf.

Elisabeth blieb stehen und schöpfte Atem; ein vierzehnjähriger Bauernbub trug ihr das Köfferchen und hielt neben ihr an. Er deutete den Abhang hinunter, wo mit Gemüse bepflanzte Terrassen sich zu einem kleinen Seelein hinunterzogen.

«Dees isch der Pfarrgarte, und do hunte isch d'Frau

Stadtpfarrer.» Er deutete mit schmutzigem Finger auf die unterste Terrasse. Ein rosa Hauskleid schimmerte durch Johannisbeerbüsche, die schon grüne Früchte angesetzt hatten.

Elisabeth klopfte das Herz; sie kam unerwartet. Helene hatte ihr einen Brief geschrieben mit einer beglükkenden Botschaft, an die sich drei Bogen mit Fragen schlossen. Fritz hatte eingesehen, daß diese nur persönlich zu beantworten waren, und hatte sich zum erstenmal in der Ehe von ihr getrennt. «Aber nicht länger als vierzehn Tage!» das mußte sie ihm geloben. Sie versprach alles, bestellte ihr Haus, erledigte noch eine große Wäsche und bepackte Christine mit hundert guten Ermahnungen.

Und nun war sie da, und ihr Leben weitete sich zu neuen Erfahrungen. Sie sah Gegenden, die sie noch nicht kannte, kam mit Menschen in Berührung, deren Sprache sie kaum verstand, atmete die Düfte des Tannenhochwalds, die prickelnde Luft der Höhe, kam sich jung und unternehmungslustig vor. Und vor allem — sie wurde gebraucht. Nichts hatte sie so nötig als gebraucht zu werden. Krankenbetten sahen ihre Glorie, und Pfleglinge gaben ihr tiefste Befriedigung. Nun tat ein neues Land der Seele sich ihr auf — das Großmutterland. Dabei fühlte sie sich jung und auf der Höhe ihrer Kraft. Wakkelig wollte sie erst als Urgroßmutter werden und womöglich auch dann nicht.

Eine Weile beobachtete sie die helle Gestalt im Garten, indes ihr Begleiter mit den nackten Zehen im Staub der Straße spielte.

«Helene!» rief sie hinunter. Die junge Frau hob den Kopf.

Ihre kurzsichtigen Augen sahen eine Dame in hellgrauem Kapotthütchen, die über das Mäuerchen guckte, aber die Stimme war ihr vertraut. Sie machte ein paar zögernde Schritte, plötzlich jauchzte sie auf: «Mama, bist du's wirklich?» und flog die ausgetretenen Steinstufen zum Gartenausgang hinauf.

«Bist du's auch wirklich, liebes, goldenes Mütterchen?» wiederholte sie. «Und nichts hast du verraten!»

Sie lag in den Armen der Mutter, die Schirm und Tasche einfach zu Boden geworfen hatte und ihr Kind ans Herz drückte.

«Nicht Ripple knacken», mahnte die Tochter, «ich spür die Liebe auch so.»

Sie stiegen zum Haus hinauf. Der verständige Junge hatte Schirm und Tasche aus dem Straßenstaub aufgelesen und trug sie den zwei Frauen nach, die sich umschlungen hielten. «Oh hei, der Frau Stadtpfarrer ihre Mutter isch komme!» schrie der Nachbar und gabelte Mist aus dem Stall. Bis Elisabeth im Studierzimmer des Schwiegersohnes gelandet war, wußte es das ganze obere Städtchen. Dreihundertsechzig Einwohner waren es im ganzen, aber der Ort hatte altes Stadtrecht, und es klang so pompös: Frau Stadtpfarrer.

Erdmann fuhr von seinem Buch hoch, als Elisabeth ihm die Hände auf die Schultern legte. Ein frohes Lächeln ging über sein Asketengesicht.

«Da wird sich aber die Kleine freuen!»

«Tut sie auch», bestätigte Helene hinter der Mutter Rücken.

«Hoffentlich du auch ein bißchen», meinte die Schwiegermutter in schnellerwachtem Mißtrauen.

«Zweifelst du daran?» fragte Erdmann erstaunt.

«Nein, eigentlich nicht.»

«Ich habe die dummen Schwiegermutterwitze immer verabscheut. Ich werde die Mutter meiner Frau in Ehren halten, wie wenn es meine eigene wäre.» Das war wie ein Sohn gesprochen.

Helene zeigte ihr stolz das Pfarrhaus: ein winziges Eßzimmer, in dem das Büfett wie eine große Burg stand, das Wohnzimmer mit dem zierlichen Schreibtischchen und dem Kameltaschensofa, das Schlafzimmer im oberen Stock, das so niedrig war, daß man mit der Hand die Decke berühren konnte. In der Küche ein schulentlassenes rothaariges Mägdlein, das etwas schmuddelig aussah; das Blumengärtchen zwischen Pfarrhaus, Schule und Kirche mit der hopfenumwachsenen Laube, das Gastzimmerchen, das leider direkt auf Nachbars Mist hinaussah.

Elisabeth nahm innerlich Besitz vom Reich der Tochter und fügte es in ihr eigenes ein. Helene war wieder das gehorsame Kind, dessen Freuden sie mitfeierte und dessen Leiden sie bekümmerte, der Schwiegersohn gehörte auch zu ihr, wie eine eroberte Provinz zum Stammland. Er imponierte ihr sichtlich, hier, wo er vom Glanz seines ehrwürdigen Amts umflossen war, inmitten seiner Bücher saß und überall respektvoll gegrüßt und beachtet wurde. Es war ganz anders als in Darmstadt, wo er als fremder Gast von seiner tragenden Umwelt verlassen und sein Geist der einzige Stab war, auf den er sich stützen konnte.

Elisabeth war immer bereit gewesen, geistige Überlegenheit des Mannes anzuerkennen, und sie tat es jetzt feurig und lebhaft. Das gefiel Erdmann, und er fand seine Schwiegermutter klug und liebenswürdig. Helene neigte in geistigen Dingen viel eher zum Widerspruch und war eine nicht zu verachtende Gegnerin, denn sie hatte eine im Gemüt verankerte Weltanschauung. Aber er war auch ein ehrlicher Kämpfer; in seiner unerbittlichen Logik sah er klar, wo sie recht hatte, und gab das sofort zu. Sie war so jung und unerfahren und wußte so viel weniger als er, daß sie leicht zu besiegen gewesen wäre. Aber er war ein Denker; es ging ihm um die Wahrheit und nicht um den Sieg. Wenigstens in den Dingen des reinen Geistes.

Die vierzehn Tage flogen nur so vorüber. Man machte Spaziergänge in die herrlichen Tannenwälder, man strickte Kinderjäckchen; Elisabeth ließ ihre Kochkunst glänzen, man las sich vor, spielte vierhändig auf dem braven, altgekauften Tafelklavier. Man ging zur Kirche. Sah Erdmann nicht wie ein frommer Heiliger aus mit den zarten Locken über den Ohren im schwarz herabwallenden Chorrock?

Man saß im Pfarrstuhl neben der Tochter, war das Ziel aller Blicke — von den gegenübersitzenden Schulbuben an zu den Männern auf der Empore und den Weibern im Rücken.

Man sprach auf der Gasse mit alten und jungen Weiblein, Kindern und Greisen. Man war Fürstin und Mutter, strahlte alle an, sprach lebhaft und rasch einen fremden, schwerverständlichen Dialekt, aber alle spürten Güte und Wohlmeinen, ein frohes Herz und — ein wenig Überlegenheit.

Als Elisabeth wieder nach Hause kam, war sie voll Zuversicht und erzählte so feurig, daß ihrem alternden Ehemann ein wenig Eifersucht aufstieg. Aber er gönnte ihr alles Erleben, und als im Herbst der Ruf nach der Mutter kam, weil das Enkelkind Einzug halten wollte, ließ er sie freundlich ziehen. «Zur Taufe komme ich dann nach», versprach er.

Natürlich hieß das süße kleine Mädchen nach ihr, Else. Der Name wurde von Helene dem jungen Vater abgetrotzt, der nur germanische Namen wollte. Bei den spätern Kindern Walter, Gertrud und Erika wurde ihm dann sein Wunsch erfüllt.

Nie vergaß Elisabeth den seligen Augenblick, als man

ihr das holde Kind in die Arme legte. Das Herz floß ihr über.

Ein neues herrliches und verantwortungsvolles Reich — das der Großmutter. Es wurde von Elisabeth regiert und betreut mit nimmermüder Sorge und Liebe vom ersten Tag der Geburt des Enkelkindes an.

Was hätte man angefangen ohne sie? Von den Jäckchen und Windeln bis zum Soxhlet und dem Kinderbrei, bei Krankheiten und Spielen war sie mit Rat und Tat der Tochter zur Seite. Bald in Briefen, bald in Paketen strömte ihre Fürsorge und am intensivsten, wenn sie zu Besuch weilte.

Walter wollte nicht gedeihen? Sie schickte die heilende Kindernahrung.

Helene wäre so gern mit ihrem Mann nach München zum Schriftstellertag gefahren? Sie erschien und behütete die Kinder.

Erika wollte nach sieben Monaten absolut keine künstliche Nahrung nehmen? Sie opferte wieder viele Stunden, wärmte das Fläschchen, trug das schreiende Kind herum, bis sie es endlich erzwungen hatte und die Tochter wieder zu Kräften kam. Kein Wochenbett, wo sie nicht pflegte, keine Ferien, die nicht mit allen Kindern in ihrem Haus gelebt wurden. Fritz wurde ein wenig Nebensache.

Elisabeths Schifflein war wieder flott. Es segelte in Sonne und Wind, mit süßer Last beladen, in neues Leben hinein, und sie vergaß, daß Alter und Schwäche vor der Türe lauerten. Aber noch war sie auf der Höhe der Kraft und freute sich der Jahre des Schaffens und Wirkens.

* * *

«Der Vater gefällt mir nicht», sagte Hermann, der nun Assistenzarzt in Worms war, zu seiner Mutter. «Sein Gesicht ist so gelb, er ißt viel zu wenig und magert sichtlich ab.»

«Er klagt aber über nichts», erwiderte die Mutter erschrocken. «Und ist das Magerwerden nicht gut für sein Herz?»

«In der Familie haben wir Leberleiden. Seine Mutter ist daran gestorben, und Tante Anna war schon dreimal zur Vorbeugung in Karlsbad!»

Fritz kam herein, mit einem Buch in der Hand, und unterbrach das Gespräch. Er sah müde und verfallen aus und wärmte sich den Rücken am weißen Kachelofen.

«Mich friert», sagte er und schauerte zusammen. «Brennt dein Ofen schlecht? Hast du das Nachlegen vergessen?»

«Nein, der glüht. Die Kälte kommt von innen heraus.»

Hermann griff nach des Vaters Puls. «Was liest du denn da?» fragte er ablenkend.

Fritz wurde lebhaft. «Das ist ein spiritistisches Buch von Professor Du Prel in München.»

Hermann rümpfte mitleidig die Nase. «Glaubst du den Humbug?»

«Humbug?» wiederholte der Vater heftig. «Über die Wirklichkeit der beobachteten Phänomene ist wohl kein Zweifel, sie sind wissenschaftlich bezeugt von guten Namen.»

«Es kommt nur darauf an, wie man sie deutet», warf der junge Arzt ein.

«Ja, ich weiß, ihr Materialisten habt lauter gewundene Erklärungen, weil euch die einfachste nicht genehm ist.»

«Die einfachste, wie du's nennst, daß Geister der Verstorbenen sich manifestieren und sich die hochtrabendsten Namen beilegen und dabei Blödsinn schwatzen, ist mir zu kindisch.»

Der Vater ließ den Kopf sinken. Sein Hals war abgemagert und faltig, der Kragen lag nur lose darum. Dann richtete er plötzlich die tief eingesunkenen Augen auf den Sohn und sagte leise: «Deuten will ich die Phänomene nicht; aber ich sehe aus ihnen, daß der Materialismus, dem wir verfallen sind, doch nicht das letzte Wort hat. Der Glaube an eine andere Welt wird mir das Sterben leichter machen. Ich werde hineingehen wie in ein Abenteuer.»

«Fühlst du dich schlecht, Papa, daß du vom Tode redest?» fragte Hermann. «Du bist doch erst sechsundsechzig Jahre alt. In der Familie Heyer wird man mindestens achtzig, neunzig alt; bitte, füge dich dieser Familiensitte!» Seine Heiterkeit klang gepreßt. «Tante Emilie wurde fünfundachtzig und Tante Fiekchen achtzig. Dein Vater starb im neunzigsten Jahr, deine Mutter war fünfundsiebzig. Mimi ist jetzt auch schon siebzig, und du hast doch immer gesund gelebt.»

«Außer dem Rauchen, dem Abendschoppen und der sitzenden Lebensweise», fiel Elisabeth ein und nahm seine abgemagerte Hand in die ihre. Sie war kalt und lag müde in ihren kräftigen warmen Händen.

«Wir wollen doch mal eine ärztliche Konsultation abhalten, Papa», meinte Hermann bittend. «Oder bin ich dir als Arzt noch zu unerfahren?» Er sah ernst aus und streichelte ihm in scheuer Zärtlichkeit über die vollen angegrauten Haare.

Der Vater lächelte wehmütig. «Wenn mir ein Arzt helfen soll, wirst du es so gut machen wie unser alter Doktor Kaufmann. Und was getragen werden muß, will ich tragen.»

* * *

Fünf Monate lebte Friedrich noch. Er wurde immer schwächer, mochte nichts essen, Wassersucht trat hinzu. Es war ein schweres Sterben.

Elisabeth war Tag und Nacht an seiner Seite, Hermann kam mit dem Rad an den Sonntagen von Worms herüber. Manchmal spielte er Sechsundsechzig mit dem Vater; er erzählte Lustiges aus der Krankenhauspraxis, er versuchte bald dieses, bald jenes Mittel, um es ihm zu erleichtern. Als die Auflösung nahe war, telegraphierte er an seine Schwester, die noch am gleichen Abend eintraf und sofort die Nachtwache übernahm, um der Mutter eine Ruhepause zu gönnen.

Wunderlich war es, in der stillen Nacht am Bett des Vaters zu sitzen, der in leichten Schlummer verfallen war. Hier und da tönte ein Rollen von Rädern über das Pflaster, die Dampfstraßenbahn pfiff einmal.

«Jetzt geht es auf die Reise», sagte der Kranke und machte Miene, aus dem Bett zu steigen.

«Ja, Papa, aber du darfst die Decke nicht wegtun, sonst bekommst du kalt.»

«Bist du's, Helene?»

«Ja, Papa, ich will Mama helfen, dich zu pflegen.»

«Das ist recht», stammelte er, «sie hat mir treu beigestanden. Ist jetzt müde. Ich bin auch müde.»

«Willst du ein bißchen schlafen? Soll ich das Licht löschen?»

«Nein, laß, daß ich dein liebes Gesicht sehe.»

Tränen traten in ihre Augen, und sie streichelte zärtlich über seine kalte Hand.

«Deine Mutter ist mir eine treue Gefährtin gewesen. Und jetzt in diesen letzten Monaten war ich wie ein Kind im Mutterarm. Alles hat sie getan, keine fremde Hand hat sie an mich gelassen. Sogar auf Mimi ist sie eifersüchtig geworden, wenn die sie ablösen wollte. Ja, die

Eifersucht — das war ihr einziger Fehler. Die hat's manchmal schwer gemacht.» Er sprach vor sich hin, wie wenn er keinen Zuhörer hätte. «Aber wer viel geliebt hat, dem wird auch viel vergeben.»

«Ja, Papa», flüsterte Helene.

«Und weißt du, ich gehe ganz getrost. Einen Pfarrer brauch' ich nicht, ich weiß:

Es kann mir nichts geschehen . . .»

Er suchte nach dem Fortgang des Verses. Helene half ein:

«Als was Gott ausersehen
und was mir nützlich ist.»

«Ja, Pärrnern», er lächelte sie innig an mit dem alten Necknamen und fuhr fort:

«Was ihm von mir beliebet,
das . . . das . . .»
«Das hab ich willig auch erkiest»,

fiel Helene ein.

«Weißt du, mit dem, dem Spiritismus, das hat mir doch geholfen.»

«Es ist aber nicht das Ende der Weisheit», sagte Helene sanft.

«Ja, ich weiß, es ist nur der Anfang; alles andere, das kommt noch. Aber spät . . .»

«Nie *zu* spät», tröstete die Tochter.

«Wir sehen uns einmal wieder. Da freue ich mich drauf. Und jetzt geh du schlafen und hol mir meine Frau . . . Die letzte Stunde gehört ihr. Und ihr sollt auch nicht traurig sein . . .»

«Ja, Papa, ich verspreche es dir.» — —

Das Begräbnis war vorüber. Der Pfarrer hatte tröstlich geredet, viele Menschen gingen mit zum Grab, ungezählte Kränze im Blumenflor des Hochsommers drängten sich um die Gruft. Es war nun Abend. Der Druck der Krankheit, des Leidens und des Sterbens war von den Hinterbliebenen genommen. Elisabeth und die Kinder saßen still beisammen, eingehüllt in friedliche Wehmut, aber im Gefühl des Erlöstseins.

Sie sprachen vom Vater, von seiner Güte, seiner Gerechtigkeit und Lauterkeit, seiner Sanftmut.

«Ich bin oft ungeduldig gewesen», bekannte Elisabeth, «er war mir immer ein wenig zu langsam. Aber mich reut jedes schroffe Wort, das mir entfahren.»

«Das trägt er dir nicht nach», tröstete Hermann. «Er nahm dich immer als ein Ganzes und hängte sich nicht an kleine Schönheitsfehler.»

«Meinst du?» fragte die Mutter und sah den Sohn trostheischend an mit Augen voll Tränen.

«Er nahm alles mit weltüberlegenem Humor, das war groß an ihm», bestätigte Hermann. «Auch seine eigene Bequemlichkeit, seine Liebhabereien und Schwächen. Was klein war, nahm er auch klein.»

«Ach, wißt ihr noch, wie es auf Reisen war?» fiel Helene ein. «Wir genierten uns manchmal wegen ihm. In Oberstdorf, an der Lorettokapelle, entdeckte er einen roten Käfer, der die heiß von der Sonne bestrahlte Kalkwand liebte, aber sehr flüchtig der greifenden Hand auswich. Papa schlich um das Kirchlein herum und machte von Zeit zu Zeit eine tiefe Verbeugung, um einen Käfer zu fangen. Der schwirrte davon, und er beugte sich zum nächsten. Ein Kurgast beobachtete eine Zeitlang das sonderbare Gehaben. ‚Jetzt, was isch denn dös, isch dös eine katholische Pönitenz?' rief er aus. Der Vater richtete sich auf, sah dem neugierigen Frager treuherzig ins Gesicht und sagte lakonisch: ‚Neuste Verordnung vom Papst. Alle Käfer, die an Kirchenwänden sitzen, sind heilig. Drum beuge ich mich in Verehrung. Sehen Sie, da sitzt wieder einer!', und er schoß nach dem roten Bock hin und erwischte ihn. ‚So so', sagte der Kurgast. ‚I bin halt net katholisch. Gottlob!'»

Elisabeth und Hermann lachten hell auf in der Erinnerung. «Bscht!» dämpfte die Mutter, «es ist doch ein so trauriger Tag.»

Aber das neu erwachende Lebensgefühl, die lang unterdrückte Freude wollten ihr Recht.

«Wißt ihr noch», begann Hermann nach einer Weile, «wie er in Berneck den Dengler Hannes, der die Kätt heiraten wollte, fragte, ob bald Hochzeit sei. Es war im Oktober, und man fuhr die letzten Rüben heim. Da antwortete der Bauer: ‚Jo, meinet Sie, i tät des Mensch de ganze Winter umsonscht futtere? I heirot erscht im März, wenn's Mistverrechle angoht.' — ‚Da sind Sie aber dumm', hat Vater gesagt, ‚die tät Ihnen doch den ganzen kalten Winter schön das Bett anwärmen.' Nachdenklich kratzte der Hannes sich hinterm Ohr. ‚I glaub, e Bettfläsch wäre billiger'!»

«Ja, der Hannes war ein Gemütsmensch», schaltete Helene lächelnd ein. «Ich weiß aber etwas, was ihr nicht wißt. Das Zwiegespräch schickte ich an den ‚Simplizissimus' und bekam dafür fünf Mark. Die gab ich dem Vater. Und was hat er damit gemacht?»

«Zigarren gekauft!», meinte Hermann. «Oder ein neues Werk über Käfer?»

«Nein, ich mußte eine schöne Kaffeedecke kaufen und sie der armen Kätt schenken, die der Hannes nicht umsonst füttern wollte.»

Wieder gab es ein schallendes Gelächter. Und nun fiel jedem etwas Schönes und Heiteres ein. Die Erinnerung strömte dahin wie ein übersonnter glitzernder Fluß. «Wißt ihr noch», «Denkt ihr dran . . .» «Und einmal ...» Dazwischen perlte Gelächter, und die drei hatten feuchte Augen.

Christine in der Küche dachte: Stadtleut haben doch gar kein Gefühl ...

Aber Friedrichs Geist war mitten unter ihnen; er blieb ihnen unverloren, das spürten sie, und sie waren, was sie immer gewesen — eine glückliche Familie.

* * *

Mit der einen Hand nimmt Gott, mit der andern gibt er. Nun war Elisabeth fünfzig Jahre alt und eine Witwe. Die tauben Tanten Emilie und Fiekchen und auch die Schwestern ihres Vaters waren gestorben. Sie zog zu Helene und band ihr Schifflein wie ein Rettungsboot an das stolze junge Schiff. Sie war nicht mehr Kapitän, das fühlte sie, aber sie war Erster Steuermann. Die Küche wählte sie sich zu ihrem Reich und herrschte darin über Küchenzettel, Vorräte und Kochtöpfe und über die Sofie, die mit blanken Augen und immer guter Laune ihr dort zur Hand ging. War die «Frau Rechtsanwalt» auch einmal aufgeregt und dabei aufbrausend und ungerecht, Sofie, die eine Waise war, nahm das nicht übel; sie spürte das Mutterherz, verteidigte sich so gut wie möglich, und nie ging die Sonne über irgendeinem Zorn unter.

Genommen war ihr der Gefährte ihres Lebens, mit dem sie achtundzwanzig Jahre lang gelebt hatte, aber gewonnen hatte sie vier heranwachsende Enkelkinder, von denen sie allerdings manchmal im Zorn behauptete, daß sie miserabel erzogen seien. Es fehlte ihnen nämlich die Dressur, und nur die kleine Erika, die die Sanftmut der Mutter geerbt hatte, wehrte sich nie gegen die energische Großmutter. Aber im Grund war diese doch mit ihrer blühenden Nachkommenschaft sehr zufrieden.

Else, ihr Patenkind, war hervorragend im Verstand und eine Philologin, der alle Sprachen leicht wurden. Sie ging gern ungestört ihre eigenen Wege, war aber von so makellosem Gerechtigkeitsempfinden, daß sie die Großmutter stets überzeugte und auch die anerkannte Richterin der Geschwisterschar war, deren Spruch sich alle willig unterordneten. «Laßt mal mich reden!» damit sprang sie mit beiden Füßen in jeden Streit.

Walter, der zweite, war ebenso klug, aber etwas langsamer und dafür sehr gründlich. Da Elisabeth auch eine Bubengroßmutter war, wie sie einst eine Bubenmutter gewesen war, respektierte sie schon in ihm den künftigen Mann, dem sie bereit war, sich einmal geistig unterzuordnen. Und Walter prägte auch den Kosenamen für die Großmutter: Bönne. Er war ihr eines Tages angeflogen wie eine Schneeflocke, die sich weich auf den Pelzkragen setzt. «Bönne» sagten die Enkel, Bönne sagte dann auch Helene, und nur der Vater blieb konventionell bei «Großmama».

Mit Trudel hatte das Bönne es am schwersten (Bönne war sächlichen Geschlechtes ebenso wie Enne, der Kosename der Mutter). Trudel glich Elisabeth wie keins der Kinder, sowohl äußerlich als auch im Charakter. Die Folge war, daß diese beiden sich manchmal bekriegten. «Du bist ungehorsam, wo dich das Hemd anrührt», konnte die kleine Widerspenstige angefaucht werden, die dann weinend und rot vor Zorn vom Bönne zum Enne lief, das den Frieden wieder herstellte und die Gemüter beruhigte.

Kleinchen aber, wie Erika manchmal von den Erwachsenen genannt wurde, war immer brav und pflichteifrig. Es vergaß nie, sein Bettchen aufzudecken, hing das Kleidchen schön auf, war eine gute Schülerin, widersprach nicht oder nur im innersten Herzen, was man an seinem verschlossenen Gesichtchen merkte, und tat gehorsam alles, was ihr von den Autoritäten und den ältern Geschwistern befohlen wurde.

Rettungsboot im wahrsten Sinne des Wortes aber wurde das Bönne, als schwere Schicksale über die Tochterfamilie hereinbrachen.

Erdmann wurde pensioniert; sein Gehörleiden hatte zugenommen. Aber das war nicht der wirkliche Grund. Er hatte einen Roman geschrieben, in dem er schonungslos alle Schäden der Kirche und alle Schwächen des Pfarrstands aufdeckte. Es war ein wahres Buch, aber eins, dem die Liebe fehlte, in der die höhere Wahrheit sich erst von der Wirklichkeit abhebt. Der Intellekt hatte es geschrieben und nicht das Herz. Deshalb empfand man es wie einen ungerechten Peitschenhieb, und es war es auch. Als Fanatiker der Wahrheit fühlte er das aber nicht; Fanatikern fehlt immer die Liebe.

Die Familie zog vom Schwarzwald an die Bergstraße, die Heimat Elisabeths und Helenes. Elisabeth hatte eine Rente aus gespartem und ererbtem Vermögen, Erdmann bekam eine kleine Pension. Helene fing an zu schreiben: erst Geschichten für Kinder, dann Novellen und Romane, in denen sie sich mit Problemen auseinandersetzte, die ihr Herz bedrängten. Der unerwartete Erfolg dieser Arbeiten sicherte die Existenz der Familie, führte aber zu Schwierigkeiten in der Ehe.

Elisabeth und die Kinder standen glühend auf der Mutter Seite, die in diesen Jahren zur Persönlichkeit reifte, an der die Ihren Halt hatten, während Erdmann vereinsamte und viel auf Reisen war. Neue Freunde und Freundinnen von geistiger Bedeutung fühlten sich vom Geist des Hauses angezogen, fröhlichen Wandervögeln wurde es zum Mittelpunkt, und es gab viel Musik.

Elisabeth genoß dies alles mit vollem Einsatz. Sie

hatte eine Arbeit, die sie freute; sie hatte ein Reich, wo sie wirken und herrschen konnte, und ihre kleine Wohnung im oberen Stock des Blauen Hauses war Zuflucht, wenn die Luft im Reich der Tochter und des Schwiegersohns gewittrig und schwül war. Immer konnte man zu ihr kommen, wenn etwas zu besprechen war, wenn man Kummer hatte. Aber es gab Dinge, die mußte man mit sich allein abmachen, da war selbst das Mutterherz als Zuschauer zu viel. Das konnte sie manchmal bei Helene kränken, die um so williger dann ihre Freuden mit ihr teilte. Da war sie auch zufrieden.

Auf der großen Veranda in Jugenheim saßen dann die Kinder und ihre Freunde. Sie hatten Gitarren, Mandolinen und Geigen, sie sangen im Chor und Soli; am schönsten aber war es, wenn die drei Mädchen alte Volkslieder dreistimmig sangen. Da waren die jungen Männer wie verzaubert, und Elisabeth saß dabei in einem alten Großvatersessel, lauschte und schaute und fühlte die Jugend des eigenen Bluts in den schönen Enkelkindern. Schlank und zierlich waren alle drei, zwei davon blondgelockt, Trude dunkel wie sie. Und alle drei von einer geistigen und beseelten Schönheit, vor der jeder plumpe männliche Übergriff haltmachte. Man ahnte die Liebesfähigkeit in den jungen Gestalten; aber man wußte, daß diese Liebe ein Preis war, nach dem nur die Besten streben durften.

Und die Besten blieben nicht aus. Sie kamen allein und zu zweien, sie tranken den Kaffee beim Bönne mit, spazierten mit den Mädchen durch die Wälder, suchten mit ihnen Blumen und Pilze oder saßen ernsthaft bei Helene und sprachen von ihren Zielen und Aussichten, von dem, was ihnen wert des Schweißes der Arbeit schien, und von dem, was bekämpft zu werden verdiente.

Helene knüpfte liebevoll und verstehend das Band

zwischen alter und neuer Generation, warf hier eine Warnung ein, hatte dort ein Wort des Ansporns und ließ den Faden der verstehenden Verbundenheit nicht abreißen.

Elisabeth aber lebte glühend mit dem Herzen die junge Liebe mit. So glühend, daß bei der Trauung der ältesten Enkelin die lebhafte Frau das «Ja» deutlich mitsprach, das der Pfarrer von der Braut verlangte. Immer wieder wurde sie geneckt, daß sie eigentlich dem Martin zur Linken angetraut worden sei.

Während Elisabeth so als Sechzigjährige wieder in der Jugend des Blauen Hauses aufging (so hieß das Haus in Jugenheim) hatte Hermann sich in Darmstadt als Arzt niedergelassen, eine schöne junge Frau geheiratet und drei Kinder bekommen. Noch einmal schlug das alte Erbübel von Elisabeths Charakter, die Eifersucht, ihre Wellen, aber es gelang der gereiften Frau, sie zu bezwingen, und zwar gab die Schwiegertochter selbst zu der Überwindung den Anstoß.

Hermann hatte als Kind einmal eine schwere Blinddarmentzündung gehabt und neigte seither leicht zu Darmreizungen, da man sich damals zur Operation nicht so rasch entschloß.

Eines Tages fuhr Elisabeth nach Darmstadt, um ihr Damenkränzchen der alten Freundinnen mitzumachen, und besuchte dabei vor dessen Beginn das junge Ehepaar, das nun in der Hügelstraße wohnte, wo einst das Heim von Hermanns Eltern gewesen war.

Als sie schellte, öffnete Hedy selbst. Sie trug eine große weiße Kleiderschürze und in der Hand eine dampfende Tasse mit Milch.

«Wie geht's?» fragte Elisabeth munter.

«Danke, ein wenig besser, wir haben wieder Hoffnung.»

«Hoffnung? Wieso? Ist jemand von den Tanten krank?» Hedy öffnete verlegen die Türe zum Empfangszimmer und lud die Schwiegermutter etwas förmlich zum Nähertreten ein. Dabei balancierte sie immer noch die volle Tasse.

«Hermann hat eine schwere Blinddarmentzündung.»

«Und ihr habt mich nicht zu Hilfe gerufen?» fragte Elisabeth mit stockender Stimme und wurde schneeweiß.

«Nein.» Die junge Frau hob trotzig den Kopf.

«Warum? Warum?»

«Als Hermann voriges Jahr die schwere Grippe hatte, hast du ihn allein gepflegt; ich durfte nichts an ihm tun, sollte schöngekleidet die Besuche empfangen, und du allein wolltest ihn pflegen. Alles nahmst du mir damals aus der Hand . . .»

«Und nicht einmal mitgeteilt hast du mir seine Krankheit?» Elisabeth war fassungslos.

«Nein, denn dann wärst du sofort gekommen.»

«Weiß Hermann?» Ihre Stimme klang streng.

«Ja, und er war einverstanden.»

«Kann ich ihn sehen?» Ihre Knie wankten.

«Ja», sagte Hedy zögernd, «aber nur eine Minute. Er ist sehr schwach und kann keine Szene vertragen.» Sie sah dunkel und eindringlich die Schwiegermutter an.

«Daß du so hart zu mir sein kannst!» klagte diese gebrochen.

«Es sollte nicht hart sein. Ich mußte mich nur wehren. Er ist doch mein Mann.»

Elisabeth verstummte. Und plötzlich kam es wie eine Woge auf sie zu. Alles, was sie gesündigt hatte in ihrem langen Leben durch Eifersucht, von Kind an, durch ihre Ehe hindurch bis in die letzte Zeit wurde lebendig vor ihr und bedrohte sie. Ihr stolzes Herz brach fast und wollte im Trotz erstarren. Aber da hob die Liebe, die das erste Gesetz in ihrem Herzen war, das Haupt und stellte sich zum Kampf. Und sie siegte. «Ich will nur hineingehen und ihm die Hand geben», sagte sie leise. Es dunkelte vor ihren Augen, und sie mußte sich ins Schlafzimmer tasten.

Da lag ihr Sohn in seinem Bett, hohläugig, mit eingefallenen Wangen, auf denen Fieberflecke brannten, mit zersprungenen Lippen und sah ihr ängstlich entgegen.

Sie wankte auf den Fußspitzen herein; er schloß ergeben die Augen. Als sie an seinem Bett stand, streichelte sie zärtlich über die abgezehrte Hand und flüsterte: «Gott behüte dich, mein liebes Kind.» Da blickte er auf und lächelte sie schüchtern an.

Ohne ein weiteres Wort verließ sie das Zimmer, stürmte zur Bahn, ohne an ihr Kaffeekränzchen zu denken. Sie mußte jetzt allein sein. Und dann würde Helene sie verstehen und trösten. Oder ob Helene auch manchmal unter ihr zu leiden hatte? Ob ihre Eifersucht störte? Oder ihr Bedürfnis zum Herrschen? Ob . . .

Der Zug donnerte in die Glashalle; sie stieg in ein leeres Abteil und blickte krampfhaft zum Fenster hinaus, um sich abzulenken von dem brennenden Schmerz ihres Herzens.

Es war ein früher Maitag, Apfelbäume standen in Blüte und sahen vor den dunkeln Kieferwäldern wie Rosensträuße aus; Elisabeth sah sie nicht; aber den dunklen Wald, den sie durchbrausten, empfand sie wie eine kühlende Beruhigung im Brand ihres Blutes.

Dann wich die schwarzgrüne Wand zurück, und der Blick öffnete sich auf die blauen Berge. Die Wiesen standen voll Blumen, die Buchen im jungen seidigen Laub ihrer Jugend, und in den Bauerngärten blühten rote Tulpen. Alles war so froh und heiter, voll Lebenslust und

Werdeeifer; nur sie kam sich plötzlich alt und verlassen vor wie eine abgesetzte Königin, die betteln gehen mußte.

Sie ballte die Fäuste. Nein, betteln, das würde sie nie tun, lieber wollte sie sterben.

Wie im Traum stieg sie in Jugenheim aus; Leute grüßten, sie übersah es. Von ferne winkte der blaue Turm zwischen Tannenwipfeln. Sie stürmte den ansteigenden Weg hinan, riß an der Glocke.

Als Helene ihr erstaunt im Garten entgegentrat, weil man sie erst am Abend erwartete, fiel sie der Tochter um den Hals und weinte bittere Tränen. So lange hatte sie sich zur Ruhe gezwungen, aber nun, wo sie Mitgefühl erwartete, sprengte der Schmerz ihre Selbstbeherrschung.

«Was ist denn, Mütterchen?» fragte Helene besorgt und nahm sie in den Arm.

«Hermann ist krank, und Hedy hat mir's verschwiegen, weil sie eifersüchtig ist», brach es aus ihr heraus.

«Hat er wieder Blinddarmentzündung?» Sie hatte nur die Nachricht von der Krankheit erfaßt.

«Ja, aber es geht besser.» Sie schluchzte heftiger.

«Da ist doch nichts zum Weinen?» fragte die Tochter erstaunt.

«Aber Hedy hat mir's doch verschwiegen, mir, der Mutter, damit ich sie nicht vom Krankenbett verdränge.»

Helene lächelte verwundert und dachte: womit man gesündigt hat, damit wird man gestraft. Aber sie legte den Arm zärtlich um die Weinende und ließ sie Liebe und Teilnahme fühlen, das tröstete die Mutter.

«Krieg ich noch einen Tee?» fragte sie und trocknete die letzten Tränen.

«Ja, wir haben auf der Veranda gedeckt, und ich lasse Streußelkuchen dir zum Trost und uns zur Freude holen. Da feiern wir Hermanns Genesung.» Helene war immer zum Festfeiern bereit. — —

Am Abend lag Elisabeth noch lange wach im Bett und überdachte das Geschehene. Ihr Geist glitt zurück in die Vergangenheit. Hellbeglänzt hoben sich Wellen aus dem Meere ihres Lebens. Mit unheimlicher Treue hatte ihr Gedächtnis Szenen und Empfindungen aufbewahrt, in denen sie durch Eifersucht und den Drang zu herrschen gelitten hatte oder andere leiden machte. Eigentlich ging beides immer zusammen, so daß im Grunde keine ungesühnte Schuld blieb.

Schließlich hafteten ihre Gedanken an dem Sohn. Wie oft hatte sie ihn als Kind gesund gepflegt! Da gehörte er ihr noch ganz. Sie schluchzte auf. Und Fritz lebte noch. Nie hätte sie gestattet, daß Schwiegermutter oder Schwägerinnen dem erkrankten Gatten Handreichung taten. Das war *ihre* Sache, ihre Pflicht und ihr Recht.

Und Hedy? Das Blut stieg ihr ins Gesicht vor Scham. Sie erinnerte sich gut der schüchternen Einwendungen der jungen Frau, damals bei Hermanns Grippeerkrankung. Sie hatte sie beiseite gedrängt im Sturm der Muttergefühle. Und was ihr jetzt geschehen war, hatte Gerechtigkeit in sich; sie durfte nicht dagegen kämpfen oder sich beleidigt zurückziehen. Vermehrte Liebe und bescheidenes Beiseitetreten, das sollte ihre Buße sein.

Durchs offene Fenster flutete balsamisch die Mainacht und der hingegebene Gesang einer Nachtigall.

«Ja, ja», sagte Elisabeth laut; es klang wie Gelöbnis und war Ergebung in ihr Mutterschicksal.

Da glätteten sich die Wogen ihres erregten Bluts, und sie schlief ein.

* * *

Wie viele Ereignisse ziehen in einem langen reichen Leben vorüber, traurige und fröhliche! Sie alle formen am innern Menschen. Elisabeth wurde davon zur Mutter geformt, zur dienenden und zur herrschenden Mutter. Dadurch fehlte ihrem Muttersein die Weichheit, und es konnte sogar den Bemutterten einmal unbequem werden. Je älter sie wurde, desto mehr schwand das Eigensüchtige, das in jedem Menschen lebt, während ihre Aktivität nur gelegentlich durch Kranksein gelähmt wurde. Große Temperamentsausbrüche im Lauf eines langen Lebens hatten ihr Herz etwas geschwächt; jeder Zornausbruch wurde im Alter zu einer Störung des körperlichen Wohlbefindens, und sie bekämpfte ihn deshalb.

Das Blaue Haus in Jugenheim, in dem sie jetzt lebte, war eine etwas phantastisch gebaute Villa mit einem Turm, blauen Läden und Veranden, lag in einem schönen Garten mit parkartigen Anlagen und dicht am Wald. Sie liebte ihre hübsche Wohnung, den Blick in die Ebene und ins Gebirge, die Nähe des Waldes, denn je älter sie wurde, um so mehr Freude hatte sie an der Natur und ihrer stillen Beglückung.

Else war verheiratet in Mannheim, Trudel verlobt; Walter studierte in München; Erika und Trudel besuchten in Bensheim die Malerschule und brachten viel Anregung damit ins Haus. Es waren in der Hauptsache Handwerker, die hier nach Lehrjahren ihrer Ausbildung die Krone aufsetzten. Die Mädchen standen sehr kameradschaftlich mit ihnen; die Großmutter aber stammte aus einer andern Zeit, der die Standesunterschiede viel eindrücklicher und unüberbrückbarer schienen, und all ihre menschliche Güte hatte nicht vermocht, diese Schranken niederzureißen. Die Enkelinnen aber stürmten dagegen an. Das Bönne verteidigte zwar seine Position, aber nicht mehr mit der Selbstverständlichkeit des guten Gewissens. Da sie das Leben der Ihren so intensiv mitlebte, gewöhnte sie sich ihre Vorurteile ab, ohne daß sie es selbst merkte. Auch im Wandervogel waren Söhne aus dem Volk, die gern gesehene Gäste im Blauen Haus waren. Man kannte dort keinen Hochmut, es kam nur auf Sauberkeit des Charakters an. Sauberkeit des äußern Menschen war damit als selbstverständlich verbunden.

Um die Weihnachtszeit führten die Wandervögel in Jugenheim ein Krippenspiel auf, bei dem auch Trudel und Erika beteiligt waren; sie hatten beide Engel darzustellen. Das Enne studierte die Sache ein. Eine leere Villa, die einen Saal besaß, war ihnen zur Verfügung gestellt worden.

Die Hauptprobe war vorüber, die Chöre hatten geklappt, die zwei musizierenden Engel waren nicht entgleist, und befriedigt stob die Spielschar durch den verschneiten Garten, um oben im Blauen Haus den wohlverdienten Kaffee zu trinken.

Als sie über die Straße gingen, kam das Bönne ihnen entgegengerast, mit offenem Mantel, fliegenden Hutbändern, und schrie laut über die Gasse: «Großmutter! Großmutter!»

«O Gott», dachte Helene erschrocken, «ist sie verrückt geworden?»

Aber es war nur die Freude. Ein Telegramm hatte die Nachricht von der Geburt ihres ersten Urenkels, Elschens Töchterchen, gebracht.

Hans, Trudels Verlobter, war sofort im Bilde. «Das muß gefeiert werden», schrie er und stürmte in die Konditorei und kam mit einer Riesentorte beladen zurück.

«Urgroßmutter!» sagte Helene glücklich, und Tränen der Freude standen ihr in den Augen.

«Das kleine Elschen!» sagte ein Wandervogel nachdenklich und gerührt, «gar nicht zu glauben! Schon ein Mütterchen!»

«Ui, Tante Erika, du kommst in Würden», neckte Teddy.

Und durch all dies Geschrei wurden die Jugenheimer von dem freudigen Ereignis verständigt, und Helene und Elisabeth konnten schon auf der Straße Händedrükken und Glückwünsche in Empfang nehmen.

In Urgroßmutters Wohnzimmer begab sich dann eine große Schlemmerei, Musik und Spiele. Auch der Vater kam herauf und feierte mit.

«Urchen», sagte Erika, «jetzt bist du kein Bönne mehr, sondern ein Urchen. Man redet die Leute immer mit dem höchsten Titel an.»

Walter konnte sich von seinem Kosenamen nicht trennen und sagte weiter Bönne.

Als Hermanns drittes Kind ein Jahr alt war, starb Hedy an einer Lungenentzündung, und Elisabeth eilte nach Darmstadt, um die verwaisten Kinder ein Jahr zu betreuen, bis sie eine zweite Mutter fanden, die Hermann ein viertes Kind schenkte.

* * *

Und dann kam das Jahr 1914. Elisabeth und Helene hatten sich mit Else und der kleinen, sieben Monate alten Hede zu einer gemeinsamen Sommerfrische im Odenwald verabredet, und das Urchen nahm noch das Söhnchen von Hermann, den vierjährigen Fritz mit. Helenes Töchter waren in der Schweiz und wollten dann nach Frankreich, wo sie bei Professor Sabatier eingeladen waren, und Walter ging auf Wanderfahrt nach Serbien.

Es war ein friedliches Zusammensein in dem Bauernhaus am Walde. Man saß im Garten am Tisch aus rotem Sandstein, einem alten, ausgedienten Mühlstein; man pflückte Beeren und Pilze im Wald, die treue Sofie kochte und hütete gelegentlich das Kind.

Manchmal brausten Gewitterstürme über das Gebirg

und tobten sich über dem weit auseinandergezogenen Dörflein aus. Dann saßen alle in der großen Wohnstube. Hede haschte nach den Blitzen, und Fritzchen kletterte auf Großmutters Schoß.

«Urahne, Großmutter, Mutter und Kind
in dumpfer Stube beisammen sind.»

zitierte die junge Mutter.

Da stand das Urchen auf, setzte den Fritz aufs Sofa, ging hinaus und kam nicht wieder. Erst als die letzten Donner vergrollten, erschien sie aufs neue im Familienkreis und streichelte ein wenig verlegen über die blonden Kinderköpfchen.

«Wo hast du denn gesteckt, Urchen?» fragte Helene.

«Ach, ich wollte das Gedicht nicht wahr machen:

Vier Leben endet ein Schlag.
Und morgen ist Feiertag. —

Dazu ist heute auch wirklich noch Samstag.»

Die zwei Frauen lachten, Urchens Vorsorge schien ihnen unnötig, und sie ahnten nicht, daß ein Blitzschlag bevorstand, der im deutschen Vaterland mehr als vier Leben enden sollte.

Die Zeitung brachte Nachrichten in das abgelegene Bauernhaus. Gewitterwolken zogen im Osten und Westen auf, die Gesichter wurden sorgenvoll, man sprach vom Krieg. Fritzchen mühte sich, zu verstehen, warum alle traurig waren.

«Was ist Krieg?» bedrängte er die Großmutter.

Seine Frage wurde nicht beantwortet, die Alten waren so in eigene Nöte versunken, daß sie die des Kindes nicht fühlten.

«Wenn nur Walter noch zur rechten Zeit aus Serbien heimkommt», sagte Helene sorgenvoll, «und die Mädchen nicht nach Frankreich gegangen sind!»

Das Urchen war optimistisch. «Ach, schließlich gibt es gar keinen Krieg, und alles war Zeitungsgewäsch. Voriges Jahr war es gerade so mit dem Balkan. Das ist ein unruhiges Volk dort im östlichen Wetterwinkel.»

Da kam plötzlich Elses Mann und holte seine Frau und sein Kind. «Es steht auf der Nadelspitze!» Mit fliegenden Händen wurde gepackt, halbtrockene Windeln von der Leine gerissen. Das Sonnenstrählchen krähte fröhlich auf der Wiese, als das Enne mit Tränen in den Augen das Kind reisefertig machte.

«Gehst du jetzt in den Krieg?» fragte das Fritzchen. «Nimmst du die Hede mit?»

«Ich muß Kanonen machen», sagte der Martin, «und die Hede bleibt bei der Mutter.»

«Bring mir doch mal so eine Kanone mit, eine ganz kleine», bat das Kind.

«Ja, das will ich gern tun», versprach der Martin, und das Urchen fiel ihm weinend um den Hals und küßte ihn zum Abschied.

«Urchen, warum weinste?» fragte das Fritzchen.

«Dein Vater geht auch in den Krieg», schluchzte die alte Frau.

«Schießt er da böse Leute tot?»

«Nein, er macht brave wieder gesund.»

Das schien dem Kind nicht so interessant. «Wenn ich mal in den Krieg gehe», prahlte er, «mache ich mit einer großen Kanone alle Bösen tot.»

An diesem Tag erlebten die beiden Frauen eine große Freude. Sie saßen beim Abendbrot und löffelten trübselig ihre saure Milch, da hörten sie Stimmen im Hof; lauschend hoben sie die Köpfe. Da knallte auch schon die Türe auf, und zwei braungebrannte junge Gestalten stürmten herein und fielen der Mutter um den Hals, küßten das Urchen, schüttelten dem Fritz die Hand.

«Warum weinste, Tante Helene?» fragte er das Enne.

«Vor Freude», schluchzte sie.

«Da lacht mer doch», meinte er und schüttelte das blonde Köpfchen. «Die Tante Helene ist komisch», wandte er sich an das Urchen.

«Morgen früh muß ich nach Darmstadt», sagte Trudel und biß hungrig in ihr Butterbrot. «Der Hans und ich, wir wollen heiraten, der muß doch in den Krieg.»

«Wird er da totgeschossen?» mischte sich Fritzchen sensationslüstern ein. «Schweig!» herrschte ihn Erika an. Fritzchen hatte wirklich kein Glück mit seinen Fragen.

Am andern Tag wurde die Mobilmachung verkündet, und die Familie reiste nach Darmstadt. Überfüllte Züge, verwirrte Menschen, übersteigerte Gesichter, weinende Mütter und Bräute. Spione wurden gejagt, Ausländer angepöbelt.

Urchen muß zum erstenmal im Leben Auto fahren und hatte sich doch geschworen, sich nie in solch ein stinkendes Ungetüm zu setzen.

Sie landen bei Tante Anna, die als letzte der Geschwister in der Hügelstraße lebte. Wer steht am Tor? Walter. Er ist in fliegender Eile aus Serbien zurückgekehrt. Schon sind die Wandervogellocken unter der Schere des Frisörs gefallen, schon hat er sich bei der Artillerie als Freiwilliger gemeldet.

In Helenes Herz kehrt Friede ein; die Privatsorgen sind zerstreut, nur die Sorge des Volkes lastet noch auf ihr. Aber die tragen alle mit.

Urchen ist gehoben durch die glücklich überstandene Autofahrt und liefert Fritzchen bei dem Sohn ab, der dabei ist, sein Köfferchen zu packen, wobei seine zwei kleinen Töchter zuschauen.

«Ich habe mich freiwillig gemeldet.»

Urchen nickt, und ihre Augen flammen.

Tante Anna ist in Hausfrauensorgen verstrickt. Wie soll sie gleich vier Gäste unterbringen? Die alte Magd hat den Kopf verloren und ringt die Hände.

«Morgen ist meine Hochzeit», sagt Trudel und strahlt.

«Ach Gott, ach Gott!» ruft das Tantchen. «Da muß Elise eine Ananastorte bestellen.»

«Was ziehst du denn an?» fragt das Urchen.

«Nichts», sagt die Neunzehnjährige gedankenlos.

«Du willst doch nicht mit diesem blauen Wanderkittel, den du aus Feindesland gerettet hast, zum Standesamt gehen?» ruft das Urchen entsetzt.

«Ich werde es müssen. Alle meine Sommerkleider sind nach Frankreich gefahren, meine Winterkleider sind in München und warten auf unsere Rückkehr in die Kunstgewerbeschule.»

Urchen sann nach. «Dein schwarzes Konfirmationskleid hängt noch in Jugenheim im Schrank.»

«Das ist hübsch», jubelt Erika, «das ist ein würdiges Hochzeitsgewand.»

«Zu kurz und zu eng», meint die Mutter.

«Ach was, wir stecken es zu, und kurz ist modern. Ich fahre hinüber und hole es.»

«Fahren? Es geht kein Zug.»

«Dann gehe ich drei Stunden, und Walter kommt mit. Sein Dienst beginnt erst morgen.»

Da waren alle einverstanden, und Trudel ging in die Stadt, um ihren Hans in seiner Studentenbude aufzusuchen und alle Angst um seine in Frankreich verschollene Braut ihm vom Herzen zu nehmen.

* * *

Die schmucklose Hochzeit war vorüber und zu Tante Annas Kummer ohne Ananastorte. Helene hatte sich ins Heer der helfenden Frauen eingereiht; Hans und Walter liefen im Rekrutendrillich, lernten durch Scherenfernrohre sehen, Schußlinien berechnen, Pferde versorgen; das letzte, samt dem Reiten, machte Walter am meisten Spaß. Er wurde ein vorzüglicher Reiter und erwarb sich später in Rußland als Meldereiter das Eiserne Kreuz.

Die Wochen gingen hin; spärlich kam Nachricht von Hermann. Eines Nachts blieb die große Kastenuhr stehen. Sie war nicht abgelaufen. «Gerade wie wenn sie jemand angehalten hätte», sagte seine junge Frau mit bangen Augen.

Elisabeth tröstete, aber auch sie war blaß geworden.

«Glaubst du, daß ein Toter sich auf diese Weise meldet?» fragte Tilly dringlich.

Die Schwiegermutter zuckte die Achseln. «Gott behüte ihn», sagte sie inbrünstig.

«Wenn er ihn aber nicht behütet?» Tilly beugte sich über das Bett ihres Bübchens, und eine Träne fiel auf des Kindes Hand.

Elisabeth flüsterte: «Er ist mein einziger Sohn und mein Stolz.»

«Und mein Mann! Der Vater von vier Kindern! Was wird aus uns?» schrie die junge Frau verzweifelt auf. — —

Um Tag und Stunde, da die Uhr stehengeblieben, war Hermann gestorben. Sein treuer Bursche brachte Säbel und Pistole in die Heimat.

Es war unglaublich, was Hermann in dieser schweren Zeit geleistet hatte. Er hätte es sich selbst mit seinen einundvierzig Jahren nicht mehr zugetraut. Und doch war er freiwillig als Stabsarzt mitgezogen in den

Krieg, weg von der jungen Frau und den vier kleinen Kindern. Und er ging so froh hinaus; er führte die Waffe nicht zur Vernichtung des Feindes, er führte sie nur zum Heil seines Volkes und konnte so mehr mit seiner Kunst nützen als Tausende, die das Schwert schwangen, denn er war ein geschickter Chirurg.

Sein Lazarett schlug er hinter der Front auf. Manches Mal war es ihm von den feindlichen Granaten in Brand geschossen worden, seine Mütze war von Feuerfunken durchlöchert. Sein Tagewerk währte lang: vier Stunden Schlaf waren schon ein Luxus. Sonst den ganzen Tag, die halbe Nacht im gelben Wachstuchmantel des Chirurgen, blutbespritzt, viele Wochen nicht aus den Stiefeln. Sein Bart wuchs und wurde lang und ruppig; die Augen sanken immer tiefer in die Höhlen, und es brannte das Fieber der Schlaflosigkeit in ihnen.

Aber immer war er guten Mutes, voll Humor und Güte, mit sicherm Blick und nie fehlender geschickter Hand, obgleich er bis zum Zerreißen der Nerven überarbeitet war. Was schadet es? Siegreich drang man vorwärts in großen Eilmärschen; er, der Stabsarzt, auf seinem geliebten Schimmel, einem wohlgenährten, frommen Tier. Einmal vierundzwanzig Stunden im Sattel, und dann statt Rast eine halbe Nacht Arbeit. Seinem Unterarzt war der Schenkel von einer Granate zerschmettert worden, als er Verwundete in der Schlacht verband. Er mußte ihm das Bein abnehmen. Das war ihm ein schmerzliches Memento mori.

In seinem Leben war ein Gespenst und ging um: die Blinddarmentzündung. Dreimal hatte sie ihn schon gepackt und geschüttelt, und in Zeiten großer Anstrengung drohte sie immer heimlich mit der Knochenfaust. Eines Tages meldete sie sich; ein Wunder, daß es nicht früher geschehen.

«Ich werd' mir den Magen verdorben haben», tröstete er den verstörten Burschen, der ihn in seinen Schmerzen überrascht hatte. Noch zwölf Stunden tat er seine Arbeit mit fliegender Hand und keuchender Brust, dann ließ er sich mit zusammengebissenen Zähnen im Auto zum Lazarett des Oberstabsarztes fahren.

Der untersuchte gründlich, und seine Stirne furchte sich. «Es ist sofortige Operation nötig; bleiben Sie gleich da, Kollege. Das werden wir schon machen.» Er war ein berühmter Universitätsprofessor.

«Na, Ihnen vertrau ich gern meinen Bauch an, wenn's doch einmal sein muß», lachte der Kranke in seinem unzerstörbaren Humor. «Wenn ich nur endlich das Biest, den Blinddarm, los bin, der mir die schönsten Kartoffelsalate vergällt hat.»

«Also in zehn Minuten, Herr Kollege.»

«Nur noch eine Karte an meine Frau, an meine Mutter, einen Gruß an die Kinderchen.»

Der Professor nickte.

Sie waren in einem Schloß, das in einem prächtigen Park lag. Aber die schönen Bäume waren zerschossen und streckten die zerrissenen und entlaubten Äste zum Himmel; in den grünen Samtrasen hatte eine Granate ein schwarzes Loch gewühlt, das wie ein Trichter der Hölle aussah. Dazwischen blühten rote Herbstrosen, unbekümmert und in leuchtender Fülle.

Der Donner der Kanonen rollte ununterbrochen, dazwischen pochten die Maschinengewehre und warfen den Tod mit vollen Händen unter die Feinde.

Hermann hörte nicht darauf. Ehe die Granaten und Schrapnells so nahe platzten, daß sie ihn mit Erde bewarfen, sah er sich nach ihnen nicht um. Er schrieb, und über sein schmerzdurchfurchtes Gesicht zog ein weicher Schein und glättete für einen Augenblick die Falten.

«Peter!»

«Herr Doktor!»

«Diese Karte mit nächster Post. Sie ist mir sehr wichtig. Und dann —», er stockte. Peter ließ die tiefliegenden grauen Augen mit einem fast mütterlichen Blick des Erbarmens auf dem blassen Gesicht seines Herrn ruhen.

«Ich gehe jetzt zur Operation; sobald ich transportfähig bin, will ich heim. Du bringst mich heim, gelt, Peter, heim, nach Darmstadt zu meiner Frau, zu meinen Kinderchen, zu meiner Mutter. Ah, die können pflegen.»

«Zu Befehl, Herr Doktor!» Dem Burschen, der selbst Weib und Kind hatte, zuckte es um die Mundwinkel.

«Also sorge fürs Gepäck, und mach alles bereit. In ein paar Tagen geht's heim.» Er sprach immer wieder das Wort «heim», mit einem Klang, der von Sehnsucht zitterte, als ob er sich nicht satt dran hören könnte.

Über Peters Gesicht ging ein Leuchten. «Mir ist's auch recht, Herr Doktor», gestand er, «mit meinem Magen bin ich auch gar nicht in Ordnung; ich hab doch schon einmal Magengeschwüre gehabt.»

Ein furchtbares Krachen erschütterte die Luft. «Was ist denn das für eine verdammte Schießerei heute?» fragte der Arzt unruhig.

Der Bursche blickte bedenklich. Eine Krankenschwester trat ein. «Wenn's jetzt gefällig wäre, Herr Doktor!»

«Sofort.» Mühsam erhob sich der Kranke, er ging gekrümmt in seinen Schmerzen. Als der Bursche ihn stützen wollte, wehrte er ab. Aber die Hand reichte er ihm noch einmal hin und drückte sie fest. Der Händedruck sprach viele Worte, und der Bursche verstand sie.

«'s wird ja mit Gottes Hilfe alles gut gehen», tröstete er seinen Herrn und sich selbst, «und in acht bis vierzehn Tagen, herrjeh, da fahren wir die Rheinstraße zusammen hinauf im Chaisewagen.»

Der Arzt lächelte mit blassen Lippen.

«Wie mager er geworden ist», dachte der Bursche.

Die Türe des Operationszimmers, das ehemalige Arbeitsgemach des Grafen, schloß sich hinter dem Kranken und der Pflegerin. Die Kanonen donnerten ...

Es war eine halbe Stunde später. Schweigsam hantierten Ärzte und Schwester. Draußen brüllten die feindlichen Haubitzen immer heftiger. Getrappel von vielen Pferden, Fahren von Geschützen und Munitionswagen tönte durch die geschlossenen hohen Fenster.

Es klopfte, und eine Stimme draußen sprach aufgeregte Sätze: «Herr Oberstabsarzt, das Lazarett muß sofort aufgehoben werden, eine rückläufige Bewegung unserer Armee von der Marne nach Varennes zu ist im Gang. Wir geraten in die Gefahr der Gefangenschaft.»

Des Professors Augen wurden stählern. «Besorgen Sie das Nötige.» Der Unterarzt eilte beflügelt hinaus.

Ohne daß seine Hand zitterte, legte der Chirurg die Nadeln in die Wundränder ein.

Ein furchtbarer Schlag, ein Dröhnen — die Fensterscheibe klirrte und stürzte splitternd ins Zimmer!

«Watte», befahl der Professor ruhig, ohne aufzublicken.

Mit bleichem Gesicht reichte die junge Schwester zu.

Es pfiff und heulte in der Luft, im Hause gab's eine große Unruhe; über die Treppe gingen Männerschritte mit schweren Lasten, dazwischen huschten Frauenkleider, treppauf, treppab. Feuerschein flackerte durch die Büsche, und es roch nach Brand.

«Binden», sagte der Professor, und sein Auge zuckte flüchtig nach den Fenstern.

«Er erwacht», antwortete die Schwester.

Benommen blickte der Kranke um sich. Der Arzt befestigte die letzte Sicherheitsnadel um den Verband und sagte ermunternd: «Na, ich gratuliere, Herr Kollege, den schuftigen Kerl sind Sie los. Es war aber höchste Zeit, alles vereitert.»

«Gut gelungen?»

«Tadellos.»

«Gott sei Dank!» Verwirrt und noch halbbetäubt schloß er wieder die Augen. Der Professor legte den gelben Wachstuchmantel ab und wusch sich gewohnheitsmäßig die Hände. Er winkte der Schwester. «Kleiden Sie ihn schnell an. Ein Jammer, daß er jetzt fort muß», murmelte er. «Acht Tage Ruhe, und er wäre gerettet, aber so — na, hoffen wir das Beste!»

Ein neues Dröhnen. Mauerwerk polterte in nächster Nähe zusammen. Ein vielstimmiger Schrei.

Zitternd riß die Schwester die Türe auf; Peter stand stramm davor, er hatte ein Köfferchen in der Hand und den Mantel und Säbel seines Herrn über dem Arm und wartete.

«Es brennt!» schrie eine Frau aus dem obern Stockwerk; dazwischen männliche Hilferufe, ein unglaublicher Tumult.

«Was ist?» fragte unruhig der Kranke und bemühte sich, den Nebel der Chloroformbetäubung zu durchdringen.

«Wir müssen zurück, regen Sie sich gar nicht auf, Herr Kollege, wir lassen Sie nicht in den Händen des Feindes. Da ist schon Ihr Bursche.»

Peter stürzte vor, mit ihm noch ein Sanitäter; eilig und stolpernd trugen sie den nur mit Hemd und Unterhose bekleideten Kranken hinunter. Ein leerer Steinwagen mit einer Matratze stand da, und ein unruhiges, erschrecktes junges Pferd scharrte den Boden. Sie legten ihn nieder und deckten ihn mit seinem Mantel zu. Peter ergriff die Zügel.

«Die andern sind schon alle fort», sagte der Sanitäter, «nur der Chef packt noch mit der Schwester seine Instrumente; dort steht noch sein Auto.»

Der Dachstuhl des Schlosses stand in Flammen. Dicke schwarze Rauchwolken legten sich beklemmend auf die Brust, rote Flammenzungen schossen auf, dazwischen heulten immer neue Granaten, daß das Pferd aufbäumte. Durch den Tumult hörten sie andauernd eine ferne Männerstimme rufen.

Peter trieb das Pferd an und schnalzte aufmunternd mit der Zunge.

«Dort oben ruft noch jemand, Peter, seht nach; am Ende hat man jemand vergessen», mahnte der Arzt.

Einen kurzen Augenblick zögerten die beiden, dann gaben sie dem Kranken die Zügel des unruhigen Pferdes zu halten und eilten noch einmal in das brennende Gebäude. —

«Gott sei Dank, daß Sie mich holen ließen, Kamerad», stöhnte der Oberleutnant, als man ihn mit fliegender Eile neben den Arzt auf die Matratze bettete.

«Vorwärts!» schrie Peter. Der Sanitäter sprang auf den Bock, das Pferd zog an und galoppierte in erschreckten Sprüngen durch den Park auf die Landstraße.

«Heim», sagte der Arzt und schloß erschöpft die Augen, während eine tiefe Schwäche ihm die Glieder lähmte. — —

Der Weg nach Varennes. Eine dichte Kolonne von Wagen, Geschützen, Infanterie bewegte sich auf der Landstraße. Oft gab es eine Stockung, und sie kamen nicht vorwärts. Ferner dröhnten die Geschütze, pochten die Maschinengewehre. Kavallerie galoppierte über flaches Feld und verschmähte die überfüllte Straße.

Es war kühl, und ein stürmischer Westwind pfiff. Die langgestreckten Berge des Argonnerwalds rückten immer näher; sie sahen blauschwarz aus in dem föhnigen Wetter und wie wenn sie ein Unheil in ihren Wäldern hegten.

Der zuletzt gerettete Oberleutnant hatte einen Bauchschuß und durfte sich weder rühren noch essen; manchmal netzte der treue Peter den beiden die Lippen mit kaltem Tee. Mit seltsam schwacher Stimme gab der Arzt dem Stöhnenden noch heilsame Ratschläge. Schließlich mußte Peter noch in seinem Koffer nach dem Opium suchen, das dem Verwundeten Schlaf und Schmerzlosigkeit brachte.

Er selber, der Arzt, schlief nicht. Seine Augen hingen an den östlichen Bergen. Dort drüben war Deutschland, war daheim, war weiches Bett, wo der wunde Leib rasten konnte, waren Frauenhände zu jedem Liebesdienst bereit. Heim!

Der Sturm heulte und wirbelte die gelben Ahorn- und Kastanienblätter auf den Wagen, daß sie wie unter einer goldenen Decke lagen. Äste krachten und sperrten den Weg, dazwischen jagte ein Regenschauer aus den schnellziehenden Wolken und durchnäßte die Kranken.

Drei Tage ging die Fahrt. Nächtlich kurze Rast; in Varennes zwölfhundert geflüchtete Verwundete. In der Nacht wieder aufgescheucht durch den nachdrängenden Feind, immer weiter. Schmerzen und Angst, Erschöpfung und Schwäche. Am letzten Tag nahm das Auto des kronprinzlichen Leibarztes, der vorbeikam, die beiden Offiziere auf, die das Rütteln des federlosen Karrens nicht mehr vertrugen.

«Leb wohl, Peter!» Der Kranke winkte ihm mit der schwachen Hand. Sein Gesicht war erschreckend mager geworden in diesen drei Tagen, ganz klein sah es aus.

«Adje, Herr Doktor, und gute Besserung!»

«Such mich in Stenay im Lazarett, Peter, wir fahren dann mit dem nächsten Zug von Montmédy heim.» Ein hoffnungsvolles Lächeln geisterte über seine blutlosen Lippen.

Um den ernsten Mund des Leibarztes zuckte ein Wort, aber er schwieg. Die Hupe heulte, tränenden Auges sah Peter seinen geliebten Herrn entgleiten.

Wenige Tage später zogen der Bursche und sein Herr in Darmstadt die Rheinstraße herauf, wie es verheißen war. Aber Peter ging zu Fuß, und der Arzt lag im schwarzen Totenwagen, an dem weiße Engel Wache hielten.

Er war daheim, wie er es so heiß ersehnt hatte.

Das war Elisabeths Sohn Hermann, der vielen Menschen Retter und Tröster gewesen ist — im Frieden und im Krieg. Er starb auf dem Feld der Ehre. Die Seinen weinten und sind stolz auf ihn. —

Urchen bekam im Februar einen Brief von Walter aus Rußland, der sehr ihr Herz rührte.

«Liebes Bönne!

Ich will Dir doch einmal einen Extrabrief schreiben. Hier, von dieser Unwohnlichkeit aus, von diesem Zerrissensein und Sich-behelfen-Müssen, denkt man gern an andere Zeiten, an Gemütlichkeit, die hoffentlich bald wieder sein wird; und da kann man eben nicht anders, als auch an die Großmutter denken, die so eigentlich das Herz aller Häuslichkeit und der deutschen Heimat ist. Wie werden wir all das wieder schätzen, was uns früher Selbstverständlichkeit und Alltäglichkeit war!

Ich möchte Dir ein wenig von den Soldaten erzählen, das interessiert Dich sicher besonders. Zu unserer Brigade gehören vor allem Landsturm, Infanterie, Sachsen, Aachener, Koblenzer und viele Polen. Dann Spandauer Gardefußartillerie, unser Stolz. Die Sachsen sind fast lauter verheiratete Leute, auch viele Gebildete darunter; ihre Verpflegung ist schlechter als die unsere, selbst jetzt noch, wo unsere im allgemeinen durch Selbsthilfe und viel Feldpost recht gut ist. Es ist dann rührend, wenn so ein bärtiger Mann um ein Stück Brot oder einen Becher Kaffee bittet. Sie dauern mich oft, wie sie ihre müden Füße pflegen, ihren schweren Tornister auf dem krummen Buckel tragen. Sie haben schwer gelitten, es ist wohl kaum noch der zehnte Teil der anfänglichen Stärke da.

Die Rheinländer sind viel zurückhaltender, stolzer. Die Polen sind meist sehr munter, schimpfen und streiten sich viel, ihre Verpflegung scheint besonders gut zu sein; es sind auch ganz gute Kameraden unter ihnen, oberschlesische Grubenarbeiter zum Beispiel.

Wir sagen alle du zueinander: Kamerad, gib mir das; Kamerad, willst du mir helfen? So stehen Alte und Junge nebeneinander; wohl sonst nie derart gewesen. Am Feuer und im Quartier erzählt man sich gegenseitig: von der Familie, von der Arbeit zu Hause oder von den Erlebnissen unterwegs, von Hoffnungen und Aussichten, vom Ende dieser Zeit. Mit einem Münchener, einem großen oberbayrischen Bauer, schwätzte ich über die Berge und über Meran. Da fing er an, still vor sich hinzujodeln, dann lief er plötzlich weg; das Heimweh hatte ihn gepackt.

Ach, es gibt unendlich viel zu erzählen von solchen

Kleinigkeiten. Aber schwerer als wir haben's doch die Bewohner dieses Landes, die schon seit Wochen im Walde wohnen, zusehen müssen, wie ihre Häuser zerstört werden, ihre Einrichtungen zerschlagen, Vorräte verbraucht werden, Vieh abgeschlachtet wird. Tagsüber kommen sie frierend und zerlumpt, holen sich Kartoffeln und Wasser und betteln um ein Stück Brot. Über allem liegt ein so schwerer Druck, die Erwartung des Endes.

Ich höre ein polnisches Volkslied singen, von einem jungen, schönen Polen; es wird bei Hochzeiten gesungen und handelt von einem Mädchen, das von seinem Geliebten vergiftet wurde. Die Melodie hat nur wenige Töne, und der gleiche Satz kehrt ständig wieder. Und doch, ein Ton, der stärker und höher als alle ist, formt und steigert die Töne zur herzzerreißenden Ballade. Immer wiederholt sich dieser selbe Schmerz im Liede; man glaubt den Boden zu verlieren, in Jahrhunderte zu versinken, in einem ganzen Volke zu ertrinken. Das Fremde, das uns so deutlich, so zusammengehörig erscheint, daß wir das Lied für das Volk setzen könnten, peitscht uns auf, wir könnten wahnsinnig werden, wollen alles in uns aufnehmen, erfassen, beherrschen — und sind doch so ein begrenztes Wesen, können nicht anders sein, als nur unser eigenes Volk ist.

Mich erfüllt das Zusammensein mit Ausländern mit unsäglichem Leid: sie nie ganz verstehen zu können, treibt mich, weiterzuarbeiten, weiterzudenken, um all das Unfaßbare fassen zu können. Man fühlt in sich eine Sehnsucht nach Erweiterung, nach etwas Höherem, in dem sich dies Unvereinbare, Unverständliche dennoch vereint.

Glückliches Österreich-Ungarn! Sein Ausdruck ist Schmerz und Sehnsucht; diese Vereinigung von einander Fremdem, sich oft Feindlichem, ist Schmerz. Aber für den Kurzsichtigen nur. Darüber schwebt Sehnsucht und ein Glanz von Einheit.

Ich will schließen. So ein Brief kann nur in Absätzen geschrieben werden, dauert oft tagelang. Man hat so wenig Muße und dann oft keine Stimmung. An Feldpost bekomme ich eben reichlich, fast jeden Abend einige Sachen. Es macht mir alles so viel Freude, es ist immer der Höhepunkt des Tages, wenn sie abends ausgeteilt, ausgepackt wird und dann gleich mit den Kameraden zusammen gegessen wird.

An alle viele Grüße, besonders an Dich.

Walter.»

* * *

Als der Krieg vorbei war, wurde Helene von Lesern ihrer Bücher auf vier Monate nach Schweden eingeladen. Erika studierte weiter in München auf der Kunstgewerbeschule, und Elisabeth zog so lange zu ihrer Schwester. Gustchen war auch vor Jahren schon Witwe geworden, und Elisabeth freute sich auf das Leben in der Stadt und auf die neue Selbständigkeit der jüngern Schwester gegenüber. Denn ein klein wenig wurde sie manchmal von dem Gedanken heimgesucht: «Wo ich nicht bin, da ist das Glück.»

Aber dann brach wie ein gefräßiges Ungeheuer die Inflation herein, der die beiden alten Frauen fassungslos gegenüberstanden.

Elisabeth hatte nun ihr siebzigstes Jahr vollendet; eine schöne alte Frau mit weißem Haar, gefurchtem Gesicht, aber keine Greisin. Ihre Schritte waren elastisch, ihre Lebhaftigkeit ungehemmt. Ihre Augen blitzten wie schwarze Kohlen, und die Schönheit ihrer Züge trat bei der Abmagerung durch die Kriegskost stärker hervor. Ein malerisches schwarzes Spitzentuch deckte den dünn gewordenen Scheitel; die schwarzen Kleider, die sie seit dem Tod ihres Mannes nicht ablegte, waren sauber, aber abgetragen.

Was konnte man auch kaufen? Ein Pfund Margarine kostete plötzlich ein Vermögen. Zum Glück hatte Gustchen eine Staatspension, die sich einigermaßen der Geldentwertung anglich. Aber Elisabeth getraute sich nicht, etwas zu essen, da sie von ihren Zinsen lebte.

Erika hatte eine Stelle als Zeichenlehrerin an einem Landerziehungsheim angenommen. Walter hatte auch, etwas überstürzt, nach dem Krieg geheiratet und arbeitete in Berlin in einer Siedlungsgesellschaft. Er mußte Geld verdienen und konnte sein Studium nicht vollenden.

Das Leben überschlug sich in rasender Eile. Man hatte keine Haushilfe mehr und putzte selber mühsam die Treppen und Fußböden; man wusch sich die alten, magern Hände auf mit toniger Seife an den vielgeflickten, alten weißen Baumwollstrümpfen. Man zog mit einem Wägelchen durch die Straßen der Stadt, um Schlange zu stehen für Kartoffeln und Kohlen, denn tragen konnten die müden Arme das nicht.

Sollte man die silbernen Eßlöffel verkaufen? Aber nein, die sollten doch Helene erben und die Enkel.

Da kam Helene aus Schweden heim und nahm mit starker Hand die Führung an sich. Elisabeth war beglückt und entlastet; wie ein Kind hing sie der Tochter schwer am Arm und erzählte, wie alles so unerschwinglich teuer sei und wie sie sich gar nicht mehr zurechtfinden könne in dieser schrecklichen Zeit. Ach, sie wußte nicht, daß dies erst der Anfang der Schrecken war, aber von nun ab war sie geborgen und in sicherer Hut. Sie brauchte sich nicht mehr um Kohlen und Preise zu sorgen, das lag jetzt auf stärkern und jüngern Schultern.

Aber man war arm. Das Haus in Jugenheim konnte man zwar halten, aber ein Dienstmädchen war nicht mehr möglich. Zum Glück hatte Helene viele treue Leser in der Schweiz, die plötzlich mobil wurden, Fünffrankennötli und höhere vertrauend in Briefen der Post übergaben und mit dem Schweizer Verleger die Familie über Wasser hielten. Denn Bücher konnte ein Schweizer Verleger in diesen Jahren nicht in Deutschland verkaufen. Von einem solchen Nötli wurden die Ausgaben um Walters erstes Kind bezahlt, davon lebte man und stattete Erika aus, die in dieser Zeit heiratete, dürftig zwar, aber immerhin. Tante Anna starb, ehe sie die Lage begriffen hatte. Helene hatte sie mit nach Jugenheim nehmen wollen, aber die Zweiundachtzigjährige wehrte sich dagegen. Sie konnte die Zeit nicht mehr erfassen, ihr Geist war schwach geworden und verängstigt von Unbegreiflichkeiten. Auch Erdmann starb, auf der Reise bei seinem Bruder durch einen Unglücksfall, und Mutter und Tochter richteten sich enge und bescheiden in Jugenheim im Blauen Haus ein.

Alle waren nun aus dem Haus, und die Urenkel um Elisabeth mehrten sich.

Helene grub den Garten um; die vornehmen Parkrasen verschwanden, Bäume mußten gefällt werden. Sie pflanzte Kartoffeln und Gemüse; sie hielt Hühner, die mit mäßiger Bräve Eier legten, eine Ziege, die Milch gab.

Im Sommer kamen die Enkel und Urenkel viele Monate lang, und es gab ein fröhliches Arbeiten und Spielen. Das Urchen wirkte in der Küche, das Enne im Garten und am Schreibtisch. Die jungen Frauen sorgten für die Wickelkinder, wuschen ihre Wäsche und räumten ihre Zimmer auf. Die Laufkinder trieben sich beim Enne herum im Garten, oder wenn es regnete auf der großen Veranda, und nachmittags machte Urchen mit ihnen einen Spaziergang. Da sah man wunderliche Kleidchen und Höschen, zu denen die Stoffknappheit trieb. Aus Tante Annas steifen grünen Ripsvorhängen entstanden Kindermäntelchen, aus roten Möbelplüschresten Bubenhosen, aus einem alten Frack ein Bolerojäckchen für eine der jungen Mütter. Ein grauer Barchentschlafsack aus der Wandervogelzeit ergab ein Sommerkleid; es war mit bunten Wollresten behäkelt, gefiel allen, und Trudels junge Frauenschönheit blühte daraus ungekränkt durch Armut und Schäbigkeit hervor. Aus den vielen weißen Baumwollstrümpfen der Tantenerbschaften gab es Kinderjäckchen und Unterhöschen, und überall übergoß Erfindungsgabe und künstlerische Begabung die armseligen Behelfssachen mit einem Abglanz von Schönheit.

Allerdings schmückten die gelockten schönen Urenkelchen die Kleider mehr, als daß sie von ihnen geschmückt wurden. Jedenfalls war Urchen restlos von seiner Nachkommenschaft begeistert, und diese vom Urchen. Das hatte immer Zeit für sie, durfte in jedem Augenblick gestört werden, ob es nun Zwetschgenkuchen buk oder Strümpfe stopfte, aus alten Handtüchern Topflappen nähte oder seine Blumen goß.

Bei dem Enne war es schwieriger. Das mußte «dichten», wie die Mütter sagten, während sie die Kleinen an den Händchen von der geheiligten Schwelle des Arbeitszimmers wegzogen, über die sie hineinstrebten. Eine geheimnisvolle Tätigkeit — dieses Dichten. Man sah nicht, was dabei herauskam, wie beim Kochen und der Gartenarbeit. Aber die Mütter sprachen das Wort so respektvoll aus, daß man scheu nach der schreibenden Großmutter blickte, die schrecklich ernst aussah und die Stirne runzelte.

Urchen saß unten in der großen Souterrainküche und schälte Äpfel. Das vergitterte Fenster verdunkelte sich plötzlich, und Urchen blickte auf. Sein runzeliges Gesicht leuchtete auf. Da drängten sich in zwei Etagen Kinderköpfchen übereinander, glatte und gelockte, blonde und braune.

«Urle, was tuste?» fragte der Tobias, dessen Kopf von aschblonden Lämmerlöckchen umstanden war, durch die die Morgensonne schien. Er sah wie ein Christkindchen mit einem Heiligenschein aus, dünkte es die verliebte Urgroßmutter.

«Ich schäle Äpfel», antwortete sie ihrem Liebling.

«Warum schälste Äpfel?» fragte er wißbegierig weiter.

«Weil ich Apfelstrudel backen will.»

«Ah!» kam es vielstimmig vom Küchenfenster herunter.

Das Urchen knipste das neugelegte elektrische Licht an, da sie die holdselige Verdunkelung des Fensters nicht verscheuchen wollte.

«Weißte, Urchen», meinte der dunkelhaarige Micha und streckte sein schmales, glattes Köpfchen durch die Eisenstäbe, «du könntest mir einen von den vielen Apfelschnitzen geben!»

«Mir auch!» sekundierte der Chor, und wer Platz hatte, zwängte sich auch zwischen die Stäbe.

«Wenn ihr fangen könnt?» ließ Urchen sich erbitten.

Viele Kinderhände streckten sich durch das Gitter; die Schnitze flogen. Einer fiel auf den Spülstein, einer, von Urchen schlecht gezielt, über die Köpfe weg in den Garten. Man war nicht heikel. Ein Wasserstrahl aus der Gartenröhre machte allen Schaden wieder gut.

Nun war es eine Weile still, nur die Zähnchen knarfelten im Apfelfleisch.

«Urle», ließ Ulrike sich mit kläglicher Stimme hören, «ich hab noch sooo Hunger.»

«Noch sooo Hunger», echoten die Brüder und Vettern.

Aber Urchen hörte nicht, sie war an der kniffligen Arbeit des Teigausziehens, hatte die Zungenspitze zwischen den Lippen, was ihr einen Ausdruck völliger Versunkenheit gab, und ließ ihre Urenkel hungern.

Plötzlich entdeckte sie, daß die Rosinen ausgegangen waren. «Wer holt mir schnell beim Loos Rosinen?»

«Ich!» schrien sieben Stimmlein. Das verdunkelte Fenster ließ die Sonne wieder ein; Urchen knipste sparsam das Licht aus, das Gartentor fuhr klirrend ins Schloß, ehe sie näher ihren Auftrag erläutern konnte, vierzehn Füßchen trappelten den Berg hinunter. Sieben Kinder standen am Ladentisch.

«Was wollt ihr, Liewescher?» fragte Herr Loos leutselig.

«Rosinen», sagte Ulrike verständig.

«Wieviel?» fragte er geschäftsmäßig.

Ulrike stockte unsicher.

«Viel!» schrie der Andreas.

«Furchtbar viel!» riefen sie alle durcheinander.

Da wog er drei Pfund ab mit einem pfiffigen Lächeln und überreichte sie der Ältesten.

«Wollt ihr ein Gutsle?»

«Ja», antworteten sie einstimmig. «Danke», sagte der Tobias und machte mit seinen vier Jahren eine weltmännische Verbeugung. Da bekam er noch einen zweiten Drops, wegen der Verbeugung und den hübschen blonden Lämmerlöckchen.

«Danke!» schrien alle mit dem Drops im Munde und stürzten wie eine wilde Horde aus dem Laden auf die Straße, Ule gesittet und eingedenk ihrer Verantwortung mit der schweren Tüte hintendrein.

«Reichen die, Urle?» fragte sie und streckte die Tüte durchs Fenster. Urchen lächelte und streute mit vollen Händen die schwarzen Kügelchen über den Teig mit den Äpfeln.

Wieder verdunkelte sich das Fenster, schmatzend lutschte man an den Süßigkeiten; geduldig knipste Urchen wieder ihr Licht an.

Da bekam Silly, der Weißkopf, eine Anwandlung von Ritterlichkeit. Er fischte den grünen Drops aus dem geräumigen Mund, hielt ihn im klebrigen, schmutzigen Fäustchen dem Urchen hin und sagte gönnerhaft: «Willste auch mal, Urle?»

* * *

Ein großer Kummer kam im Frühling über die Familie des Blauen Hauses. Trudel war innerhalb einer Woche am Typhus gestorben. Sie hatte sich auf der Reise nach Berlin angesteckt, als sie zur Beerdigung ihrer Schwiegermutter fuhr.

«Unser schönes, stolzes, gesundes Kind», klagte Helene der Mutter, und Elisabeth hatte kein Wort des Trostes, denn sie war selber tief getroffen. Die mutterlosen Kinder kamen für den Sommer ins Blaue Haus; sie lernten das Grab der Mutter im Garten als «Mutters Gärtchen» pflegen und schmücken. Das Enne mußte von der Mutter erzählen; sie war unsichtbar immer unter ihnen. Sie erschien in Träumen, und wenn beim Frühstückstisch eins wichtig sagte: Heut nacht hab ich von der Mutter geträumt, dann wurde es der Mittelpunkt der Familie und mußte erzählen. Traum, Erinnerung und gestaltende Phantasie gingen da durcheinander, und niemand versuchte, die Bestandteile der Erzählung auseinanderzuwirren. Das Enne träumte von einer wundervollen ansteigenden Wiese, auf der ihr Kind unbekannte himmlische Blumen pflückte; die Ulla sah sie auf der Steinbank ihres Grabes sitzen und den spielenden Kindern zusehen, dem Andreas hatte sie im Traum ein weißes Häschen geschenkt, das immer fortlief, und der kleine Micha, der nichts geträumt hatte, mühte sich, einen phantastischen Traum zu erdichten. Ihm war schon das holde Bild der Mutter verblaßt, und er rief es sich vergeblich zurück.

Auch dieses Jahr der Trauer ging vorüber. Elisabeth stand der Tochter zur Seite mit Liebeskräften und mit Arbeitsfreudigkeit. Sooft das Blaue Haus seine Tore öffnete, sei es für ein hungerndes Kriegskind, eine erholungsbedürftige, mittellose Fremde, um eine in Not geratene Familie des eignen Blutes, immer war die alte Frau auf ihrem Posten und nahm vermehrte Arbeit so willig auf sich wie ihre Tochter die Geldausgabe. Die Hälfte der Wohnung bestand aus Gastzimmern; selten standen sie leer, und im Sommer waren sie alle doppelt besetzt.

Und dann kam eine fast sorgenlose Zeit. Helenes Bücher fanden viele Freunde und Leser, die Armut wich einem bescheidenen Wohlstand. Ein Dienstmädchen hielt Einzug. Die treue Sofie, die vierzehn Jahre im Haus gewesen war, hatte gleich nach dem Krieg geheiratet. Nun konnte Elisabeth wieder fröhlich regieren und hatte in der Notzeit manches gelernt, was ihr als wohlbehüteter und umsorgter Frau sonst fremd geblieben war.

Auch Helene regte die Schwingen. Großzügiger wurde ihr Geben, und die verarmte Mutter, die ihr ganzes Vermögen verloren hatte, spürte keine Not.

Wunderlich war das für sie, ohne Sorge schalten zu dürfen im Haus: kein Ehemann, der über zu Ende gegangenes Haushaltsgeld brummte, keine unbezahlte Rechnung, die drückte, keine Hausreparatur, die ängstigte; keine Bitte von Notleidenden, die abgeschlagen werden mußte, kein Bettler, dem man nicht gab.

Und noch etwas anderes genoß Elisabeth in ihrem Alter: die Freude am Werk ihrer Tochter. Sie war Helenes begeistertste Leserin; immer wieder holte sie längst Gekanntes heraus, um es wieder und wieder zu lesen. Sie sagte nicht viel darüber, aber oft klappte sie das fertiggelesene Buch zu, küßte die Tochter gerührt auf die Stirne und flüsterte: «Gott segne dich, mein Kind!» Und in das Wort «Mein Kind» floß geheimer Stolz: Blut von meinem Blut, Geist von meinem Geist. Ich bin es, die dich getragen, geboren, aufgezogen hat.

Wenn dann am Gartentor sich Frauen eines Vereins sammelten, um der Tochter ein Lied zu singen und zu danken, oder eine Schulklasse mit dem Lehrer, dann stand sie strahlenden Angesichts auf dem Balkon wie eine Fürstin, der man huldigt, und beobachtete die Tochter, wie sie den Sängerinnen die Hand drückte, mit ihnen sprach, Blumen empfing und ein wenig verlegen vor so viel Liebe und Ehre stand.

War aber Helene nicht zu Hause, so empfing sie selber die Besuche, zeigte ihnen Helenes Arbeitszimmer, den mit Liebe von ihr betreuten Garten, die Bilder der dreizehn Enkelkinder.

Sie selber hatte jetzt schon siebzehn Urenkel, denn auch die Kinder des Sohnes waren verheiratet und in aller Welt zerstreut. Sie war stolz auf so viel Reichtum. Keine ihrer alten Freundinnen, keine ihrer Schwestern konnte sich eines solchen jungen Heeres rühmen.

Vor Weihnachten hatte sie immer ein wenig Kummer. Wie sollte sie ihre Lieben beschenken? Sie hatte doch kein Geld mehr. Wohl konnte man herrliche alte Damastgedecke aus dem Wäscheschrank nehmen und wertvolle, antike Tassen, silberne Löffel aus dem Kasten, Tortenschaufeln und Buttermesser, ein rosa Kristallservice von den Urgroßeltern, gemalte Obstteller. Aber was gab man den Kindern? Die hatten noch keinen Sinn für Familienheiligtümer oder wertvolle Erbstücke. Man strickte ihnen freilich Söckchen und Halstücher, aber das lockte noch kein Jauchzen von Kinderlippen.

Dann fand sie eines Morgens beim Frühstück einen Briefumschlag unter der Serviette, da war ein Fünfzigmarkschein drin, und obendrauf stand: «Vom Christkind eine Adventsgabe fürs Urchen.»

Und nun waren die Sorgenfalten verschwunden. Überall lagen Zettel mit Verzeichnissen. Andreas: Farbenkasten fingen sie an, und mit: Georg: Bärchen endeten sie, und jeder lautete anders. Bis dann das Einkaufen in Darmstadt kam; Helene half die Pakete tragen, die prallgestopften Netze, den Roller. Urchen glühte vor Eifer und war zwanzig Jahre jünger geworden; sie sprudelte vor Lebhaftigkeit, entzückte die Verkäuferinnen und kam am Abend ein Häufchen grauer Müdigkeit, aber beglückt, in Jugenheim wieder an.

* * *

Nun kam das Jahr 1930, das Urchen als die glücklichste Zeit ihres Lebens bezeichnete, und doch war sie schon neunundsiebzig Jahre alt.

Helene war in den letzten Jahren zweimal in Italien gewesen und hatte sich in den Lago Maggiore verliebt. So sehr, daß sie sich eine Wohnung dort einrichtete mit schlichtem Hausgerät. Es waren drei Zimmer und eine Küche; dazu eine wundervolle Terrasse mit Aussicht auf den See.

Urchen war ein wenig betrübt, daß sie allein zurückbleiben sollte, obgleich sie wohl versorgt war mit einem tüchtigen Mädchen. Sie saß an ihrem Nähtischchen, und ihre dunklen Augen glühkohlten, während ihre Lippen ein wenig zitterten. «Ich war nie in Italien», sagte sie traurig.

«Hättest du den Mut zu der weiten Reise in deinem Alter?» fragte die Tochter unsicher.

«Unbedingt!» fuhr Urchen auf. «Ich bin ja nicht krank, ich kann noch spazierengehen, auch das Essen schmeckt mir. Ach — aber ich habe kein Geld!» Sie senkte den Kopf. «Und alte Leute sind sowieso eine Last.»

Helene neigte sich zu ihrem Ohr. «Soll ich dich mitnehmen?» flüsterte sie.

Urchen fuhr hoch. «Ach! ach! Aber das geht doch nicht. Ich belaste dich ja schon genug; kann die Sprache nicht.» Sie blickte Helene brennend an; in ihren Augen malten sich Zweifel, Bitte, Angst und Lust und kämpften miteinander.

Langsam und nachdenklich sagte Helene: «Wenn du willst, so mache ich dir gerne die Freude.»

«Italien!» sagte das Urchen verklärt, und Tränen der Freude stürzten aus ihren Augen.

Mitte Dezember reisten sie ab. Ein Schneesturm raste über das Land, als sie sich durch das Unwetter im Morgengrauen zum Bahnhof kämpften.

Helene wurde es bang; die Reise fing böse an für die alte Frau. Es war Lungenentzündungwetter. Aber das Blut rollte so heiß durch die alten Adern; die Freude war so beschwingend, daß weder Winterkälte noch der Kampf mit den Elementen ihr etwas anhaben konnten.

In Basel blieb man bei Helenes Verleger über Nacht. Dort entzückte Urchen alles mit ihrer sprudelnden Lebhaftigkeit und strahlenden Liebenswürdigkeit.

Am andern Tag ging es durch die Schweiz. Es schneite. Hie und da zerriß der Wind die Wolken und ließ ein eisiges Berghaupt durchblicken. Der Vierwaldstätter See lag grau zwischen felsigem Ufer; wenn der Zug hielt, konnte man sein Wasser rauschen hören.

Es ging durch Tunnel aufwärts. Vereiste Bäche gurgelten im Grunde.

Die alte Frau stand am Fenster und preßte das faltige Gesicht an die Scheiben. Als sie jung war, hatte sie das Hochgebirge einmal im Glanz des Sommers gesehen; aber jetzt war alles tot, drohend, kalt. Es wollte ihr ein wenig bang werden, und sie dachte mit leisem Heimweh an das warme Haus zurück. Nun schluckte der Gotthardtunnel den Zug.

«Setze dich, Mütterchen», sagte Helene besorgt, «du bist müde und blaß. Jetzt gibt es nichts zu sehen.»

Sie ließ sich auf das Polster niederziehen. Der Zug hatte die Mitte des Tunnels erreicht und rollte abwärts.

«Wie komisch», sagte sie, «meine Ohren sind zugefahren.» Sie zupfte energisch am Ohrläppchen. «Ich höre kein Räderrollen mehr; es ist, wie wenn wir auf Butter führen, und deine Stimme kommt aus weiter Ferne.» Sie sah ängstlich auf die Tochter.

«Das ist der veränderte Luftdruck», tröstete Helene, «weil wir so hoch sind.»

«Geht es wieder weg?» fragte sie kläglich.

«Bis wir in Bellinzona sind, hat es sich ausgeglichen.»

«So ein Tunnel ist doch unheimlich», sagte das alte Frauchen mit kleiner Stimme. «Was die Männer alles zuwege gebracht haben!»

Jetzt kam todsicher ein Angriff Urchens auf die Frauenbewegung, Helene kannte das schon, weil die Frau sich nicht mit dem Mann messen sollte; aber sie lenkte ihn ab.

«Es kommt hell, gleich sind wir im sonnigen Süden.»

Die scharfen Augen Elisabeths bohrten sich ins Dunkel. Wasser rieselte von Felswänden, die Lichter des Zugs zuckten darüber, und nun rollten sie in goldenen Sonnenschein hinaus. Blauer Himmel, weiße Häuser mit flachen Dächern wie Würfel und dahinter das schneebedeckte Haupt des Gotthards mit seiner schwarzen Tunnelhöhle.

Airolo! Viel Geschrei auf dem Bahnhof, schwarzgelockte Männer, Frauen mit Rückentragkörben. Eine fremde Sprache.

«Per le donne», buchstabierte Urchen selbstvergessen an einem kleinen Häuschen. Helene lachte.

«Was heißt es?» fragte die Mutter begierig.

«Für Frauen», übersetzte Helene schmunzelnd. «Keine Sehenswürdigkeit.»

«Ach so —» Die Mutter wurde rot und schaute sich um. Hatte niemand gehört? Nein. Ein Reisender war in eine Zeitung vertieft, eine Dame aß mit Hingabe ein Schinkenbrot.

«Ich muß unbedingt Italienisch lernen», beschloß Urchen.

«Du sprichst mit den Händen und den Augen, da versteht man dich.»

«Meinst du?» zweifelte die Mutter.

Nun rollte der Zug abwärts. Beschneite Felsriesen stachen in den blauen Himmel, Wasserfälle klatschten rauschend ihre weißen Schleier an den grauen Stein. Es wurde warm im Abteil. Die Sonne lag golden an den Scheiben und streichelte das alte Gesicht.

«Palmen», sagte Elisabeth andächtig. «Und hier im Garten blühen ja noch gelbe Rosen! Wie kann denn das sein?»

«Das ist der Süden», sagte Helene beglückt. «Jetzt kommt Bellinzona.»

«Daß ich das noch erleb'! Mein gutes Kind!»

Weiter ging die Fahrt. Und dann kam der See. Blauschimmernd dehnte er sich zwischen steil abfallendem Felsgebirg. Weiße Häuschen nisteten im Gestein, einsame Zypressen ragten in den Himmel.

Der Zug glitt am Ufer hin; Palmen standen in immergrünen Gärten; Bambusgebüsch hob sich hell von dunklem Taxus; ein Eselchen mit einem zweiräderigen Karren trabte die Straße entlang und versuchte vom Bambus zu fressen, der über die Mauer hing.

Und dann Luino. Zollrevision, kurze Autofahrt zur Schifflände. Das Dampfboot wartete schon; eine schmutzige italienische Fahne flatterte vom Heck im Abendwind.

Urchen sah und hörte nichts mehr als nur den See und überließ Helene Gepäck, Billette und die Ablohnung der Träger. Mit verklärtem Angesicht stand sie bei der Fahne, achtete nicht der stinkenden Auspuffgase und daß sie Lastträgern im Weg war.

Die Sonne war hinter einer Felsspitze gesunken, aber die Gipfel der Berge waren noch rot besonnt. Der blaue

See schimmerte, mit den Rosenfarben des Gestirns vermählt, wie ein köstlicher Opal. Beschneites Felsgebirg faßte den Edelstein mit einem zarten Silberreif ein.

Das Schiff setzte sich in Bewegung. Elisabeth stand wie gebannt. Leise trat Helene hinter sie und umfaßte sie:

«Trinkt, o Augen, was die Wimper hält,
von dem goldnen Überfluß der Welt!»

Die alte Frau schaute sich nicht um. «Ja», seufzte sie aus tiefster Brust, «mir ist grad', als müßt' ich beten.»

Stumm stand die Tochter bei ihr. Die Berge wurden zu blauen Silhouetten, der Rosenschein verblaßte. Weißer Schaum umrauschte das Schiff. Es ging quer über den See hinüber. Die Berge wurden grau wie gespenstige Schemen, das Ufer rückte näher; Palmen und Magnolien säumten den Strandweg. Die Schiffsglocke läutete. «Cannero!» schrie ein Matrose in die Kajüte hinunter.

Da flammten mit einem Schlag alle Straßenlaternen auf und grüßten die Ankommenden.

Wie Elisabeth am Abend ins Bett gekommen war, wußte sie nicht mehr; die Müdigkeit hatte sie ganz plötzlich überfallen, kaum daß sie einen Teller Suppe essen konnte, den die treue alte Magd Brigida für die Ankommenden heißgestellt hatte.

In ihrem Schlafzimmer brannte ein helles Feuer im Kamin, knallte funkensprühend und verwandelte die bescheidenen roten Steppdecken in purpurne königliche Seidendecken.

Elisabeth sank auf einen Rohrsessel nieder. Helene löste die Schuhbänder und zog ihr die weißen Baumwollstrümpfe aus.

«Ich habe mich müde gefreut», bekannte die Mutter beschämt.

Helene sah sie besorgt an, bestand auf einem Gläschen Glühwein, den sie ihr bereitet hatte, schob einen kupfernen Wärmekrug an die kalten Füße und deckte die Erschöpfte bis zum Halse zu.

«Morgen bin ich wieder lebendig», stammelte die Mutter. «Und ich bin so glücklich, und ich danke dir.» Da fielen auch schon schwer die Lider über die Augen, die eine ganz neue Welt in sich aufgenommen hatten; Helene knipste das Licht aus und verließ leise das Zimmer.

Am andern Morgen wachte Elisabeth früh auf, es dämmerte schon. Zuerst wußte sie nicht, wo sie war. Dann fiel ihr Blick durch eine Glastüre auf eine Terrasse und auf die steifen Wipfel einer Allee von Fächerpalmen.

Italien! fuhr es ihr wie ein Freudenblitz durchs Herz, und sie sprang mit beiden Füßen aus dem aufstöhnenden Bett, zog auch nicht erst Pantoffeln an, das ließ ihr Temperament nicht zu. Nun öffnete sie die Türe und lugte hinaus. Ein leuchtender Stern stand im Westen über einer schroffen Felsennase; um den See nisteten Lichterschwärme, über dem Generoso stand der Himmel in Flammen.

«Ach, ach», seufzte Urchen und drückte die Hände aufs Herz. «So schön! Das ist ja wie im Himmel.»

Duft eines blühenden Calicanthusstrauchs im Garten traf ihre Nase, süß, fremdartig, ein klein wenig unheimlich.

Drüben in Luino heulte die Sirene der Seidenspinnerei, vom See wehte es kühl.

Elisabeth öffnete die Läden und Fenster und kletterte ins Bett zurück, denn das war komisch hoch. In tiefem Glück sah sie den Morgen herankommen. Der Himmel war von rosa Lämmerwölkchen bedeckt; feurige Pfeile stachen aus einer grauen Wolkenmütze, die Sonne stieg auf und warf eine goldne Bahn über das Wasser.

Im Dorf wurde es lebendig. Bimmelige Kirchenglokken verkündeten das Ende der Messe; das Morgenschiff heulte, eine singende Männerstimme bot in der Nacht gefangene Fische aus: «Pesci, pesciolini!»

Leise ging die Türe auf, und die Tochter trat ein. «Gut geschlafen, Mütterchen?»

Da breitete Elisabeth beide Arme nach ihr aus und preßte die Tochter mit der ungeschwächten Kraft ihrer Liebe ans dankbare Herz. «Ich bin noch nie im Leben so glücklich gewesen!» rief sie stürmisch.

Helene lächelte froh und kam sich als die Spenderin solchen Glücks reich und gesegnet vor. «Soll ich dir das Frühstück bringen?»

«Was denkst du? Ich stehe auf. Ich bin doch kein altes Weib.»

«Freilich, du bist jung und stark und höchstens zwanzig Jahre alt», neckte Helene und sah das strahlende, verrunzelte Gesichtchen liebevoll an.

«Aufs Herz kommt's an», meinte Elisabeth weise.

«Im Bad habe ich den elektrischen Ofen angedreht, da ist's warm. Ich mache unterdessen den Kaffee und decke den Tisch.»

«Morgen mache *ich* das», begehrte die Mutter stürmisch.

«Im Gegenteil», sagte Helene gelassen. «Ich bereite Frühstück und Abendbrot, und du machst das Mittagessen. Denn erstens kochst du besser als ich, und zweitens ist der Vormittag bei mir beruflich ausgefüllt.»

Da war Elisabeth zufrieden. Die Tochter brauchte sie noch. Was würde sie heute kochen? Schinkennudeln? Die aß Helene gern. O Lust des tätigen Lebens!

Sie saßen beim Frühstück. Breit fiel die Sonne durch die zwei Glastüren, die nach der großen Terrasse hinausgingen. Der Nespolabaum im Garten hatte über Nacht Blüten geöffnet und überduftete Kaffee und Honigbrote. Elisabeth saß ganz in Sonne gebadet, schnupperte nach den fremden Gerüchen, schleckte prüfend vom dunkeln Orangen- und Kastanienblütenhonig.

«Und so hübsch ist die Wohnung und die Möbel», lobte sie begeistert.

«Die Wohnung ja, das Büffet aber ist übersteigerter italienischer Geschmack; die Kredenz geht an, der Nähtisch hat einen Sprung, und mein Schreibtisch ist ein simpler Tannenholztisch ohne ästhetische Verdienste. Das Schlafsofa ist plump, aber bequem. Doch die Sonne übergoldet alles, und der eiserne Ofen ist gutes deutsches Fabrikat.»

Es klopfte draußen. Eine Männerstimme rief: «Permesso?»

«Das ist Herr Clerici, ein alter italienischer Freund», erklärte die Tochter.

«Herein!» rief Helene und erhob sich, den Eintretenden zu begrüßen.

Die Türe sprang auf: ein großer dunkelhaariger Mann trat ein, mit tiefliegenden schwarzen Augen und hochgezogenen Brauen. Er hatte schöne Züge, war aber unrasiert und in eine verschabte braune Samtjacke gekleidet. Er verschwand fast unter zwei riesigen Blumensträußen. Der eine bestand aus weißen und roten Rosen, der andere aus goldgelben Mimosen.

«Willkommen in Cannero», sprudelte er heraus. «Und das is die Frau Mama? Gute Tag, gnädig Frau. Hat sie gute Reise gehabt?» Er überreichte ihr die Mimosen. «Ist eine südliche Blum; diese Sorte blüht der ganze Jahr.»

Dann bekam Helene die Rosen. «Ich freue mich so, daß Sie wieder da sind», sagte er warm. «Die Brigida hat mich gesagt, daß Sie kommen. Und draußen stehen auch Trauben.»

«Gibt's die noch im Dezember?» fragte Urchen erstaunt.

«Was denk Sie!» antwortete er entrüstet. «Ich Trauben esse bis Ostern.» Er lachte laut und schallend, daß man alle seine Zähne sah. «Cannero is ein Paradies.»

«Ja wahrlich», sagte Helene und deutete auf ein braunes Eidechslein, das auf der Schwelle saß und sich in der Sonne wärmte. Als aber eine große braune Heuschrecke mit einem Satz sich zu ihm gesellte, huschte es davon.

Der Italiener wollte das Tier scheuchen, Helene stellte sich schützend davor.

«Sie mach wie der Heilige Franz, fütter die Vögel mit Brot und die Muli mit Zucker und beschütz alle böse und dumme Tier.»

«Nur die Fliegen nicht», wandte Helene ein.

«Gibt es jetz nicht, erst im März», tröstete Clerici.

Er trank eine Tasse Kaffee mit, wollte aber nichts essen. «Wir Italiener eß nie am Morgen.»

«Kriegen Sie da nicht Hunger?» fragte Urchen mitleidig.

«Nein, nie», sagte er rasch. «Aber jetz ich muß heim, die Milchfrau kommt. Un ich muß mir rasieren, sonst zank Ihre Tochter. Guckt mir schon ganz disapprovando an.» Er lachte wieder schallend.

«Das sieht nur Ihr schlechtes Gewissen», wehrte Helene, «obwohl . . .»

Er empfahl sich mit einer Verbeugung, schüttelte den Haarschopf aus der Stirne und entschwand.

«Ist das der, von dem du erzählt hast, der dir geholfen hat beim Kauf und so?»

Helene nickte.

«Fabelhaft interessant! Ist er — ist er — gebildet?»

«O ja, einigermaßen! Er spricht drei fremde Sprachen, ist viel gereist und ist klug. Liebt Theater und die Oper; aber der Umkreis, in dem sich unsere Interessen berühren, ist nur klein.»

«Was ist er denn?»

«Er besitzt acht Häuser, verwaltet sie und besteht Kämpfe mit Mietern und Steuerbehörden. Außerdem ist er Bienenvater; dieser Honig ist von ihm.»

Elisabeth holte sich ein volles Löffelchen aus der Glasschale und leckte es andächtig aus.

«Ich mag ihn», erklärte sie dann bestimmt.

«Den Mann oder seinen Honig?»

«Beide», sagte Elisabeth mit vor Vergnügen glitzernden Augen.

* * *

Wenn Elisabeth im Laden einkaufen ging, so war das ein Volksfest. Wohl hatte sie sich daheim alles Einzuholende aus dem Wörterbuch abgeschrieben; aber wenn sie dann in dem dunkeln ebenerdigen Raum stand, wo es nach Käse und Wein roch, die Verkäuferin hinter dem Tisch stand, während im Laden Männer und Frauen herumlungerten und schwatzten, dann hatte sie die Hälfte der Wörter vergessen. Es gab so viel zu sehen. Von der Decke hingen riesige verschimmelte Salamiwürste; in einem Fäßchen standen kleine silberne Fische, die mit Salz überstreut waren, in einem hohen Glas bunte Früchte, die in Senf und Zucker eingemacht waren. Da gab es große rosa Fischstücke in Olivenöl, Makkaroni und Nudeln in zwanzig verschiedenen Sorten. Da lag brauner Zichoriensalat und die weißen Knollen des Fenchels, rote und grüne Peperoni und Selleriestengel, bunte Bohnen und Bündelchen von Knoblauch.

Am liebsten hätte Elisabeth von allem gekauft, alles probiert. Sie sprach im Eifer Deutsch, half mit Französisch nach, warf italienische Worte dazwischen, deutete, lachte, und alles lachte mit der Nonna, der Großmutter, wie man sie überall hieß.

Manchmal konnte die Frau des Ladens nichts verstehen, dann mischten sich alle Anwesenden ein, sprachen auf das Urchen los; ein gewesener deutscher Kriegsgefangener brüstete sich mit Sprachkenntnissen, alles lachte und schrie durcheinander, bis endlich Urchen mit seinen Waren abzog. Und immer war etwas Unbekanntes dabei, was durchaus versucht werden mußte und das die Neugierde reizte.

Einmal schenkte ihr ein Mann einen Granatapfel. Er war vor Reife geplatzt und ließ durch den Spalt eine Masse rosa Kerne sehen. Sie roch daran — der Geruch war belanglos.

«Mangiare, mangiare», schrie der Chor der Versammelten. Vorsichtig pickte Urchen einen Kern aus und nahm ihn in den Mund. Er schmeckte säuerlich, nach Zitronen. Aber er war so hart, daß sie ihn ihren alten Zähnen nicht zumuten wollte. Sollte sie ihn schlucken?

«Sputare, sputare», schrien die Männer und spuckten aus, um deutlich zu sein.

Da spuckte sie den Kern aus und sagte dazu strafend mit erhobenem Finger: «Non sputare!» Denn das stand an allen öffentlichen Orten, in Wirtshäusern und in Bahnhöfen.

Da lachten alle zusammen über den bescheidenen Witz, und Urchen trug ihren Granatapfel, das Symbol der Fruchtbarkeit, heim. So sahen also die Früchte der schönen roten Blüten aus, die in Auerbach in Tante Elises Garten in Kübeln geblüht hatten. Nie hätte sie damals gedacht, daß sie noch von ihren Früchten kosten würde. Wie lange war das her? Fünfzig Jahre sicher. Einmal hatte Fritz ihr heimlich eine solche Blüte gebrochen und sie ihr in die Haare gesteckt. Verliebt war er gewesen, denn Granatblüten im Garten der Tante zu stehlen, war ein Verbrechen. Aber ihr hatte es gefallen. Ach — Fritz — wenn er das alles erleben könnte, was sie hier in glühender Lebensfreude genoß! Sicher hätte er auch seltene Käfer gefunden und sich dran gefreut.

War sie wirklich fast achtzig Jahre alt? Sie lächelte verschmitzt vor sich hin und klaubte einen rosa Kern aus der Frucht, der mit einer säuerlichen Gelee umgeben war.

Jedenfalls war das Leben noch schön und voll Sonne und kein bißchen langweilig. Und heute kochte sie Fenchelwurzeln. Sie hatte zwar keine Ahnung, wie man es machte; vielleicht wußte es Helene. Aber man würde sie essen können, und sie würden sicher merkwürdig schmecken; sie rochen so nach Kindertee. Und ein alter Mann im Laden hatte sich auf den Bauch geklopft und «buono, buono» dazu gesagt. Das sollte doch sicher heißen, daß sie gut schmecken.

* * *

Ein ganzer Winter und ein Frühjahr eindrucksvollsten Erlebens gingen für Urchen dahin. Sie besuchte an Weihnachten die Mitternachtsmesse in der stattlichen Kirche und küßte dem wächsernen Jesuskind das Händchen, wie die Bauersfrauen es ihr mütterlichfromm vormachten. Sie betrachtete von der Terrasse aus den bescheidenen Karnevalszug, wo in Weiberkleidern steckende Burschen jungen Mädchen nachsetzten, um ihre Gesichter mit Ruß zu schwärzen. Das war die giornata delle pandelle. Denn den Ruß kratzte man von den Pfannen ab.

Sie erlebte die Ankunft des Bischofs und den Prunk der Firmung. Sie fuhr mit dem Auto in die Berge, die sie immer sehnsuchtsvoll von unten betrachtet hatte, und stand auf dem gefährlichen Weg Todesängste aus.

Sie pflückte im Januar gelbe Primeln, blaues Immergrün und weiße Veilchen und im Februar Krokus und Märzbecher. Im März schwamm sie mit den Bienen um die Wette in der gelben Pracht der Mimosen. Auf der Isola Bella erlebte sie rote und weiße Kamelien, lila Azaleen, purpurne Rhododendren und weiße Pfauen, die ihr Gefieder wie eine Schleppe aus kostbaren Spitzen hinter sich herzogen.

Sie machte stundenlange Fahrten auf dem blauen übergoldeten See. Sie stürzte auf dem Markt von Luino in die Budenpracht des Südens und kaufte bescheidene Geschenklein zum Mitbringen. Sie trank in Pallanza Kaffee am Strand und saß in ihrem altmodischen Kapotthütchen, das sie sich nicht absprechen ließ, und in ihrem zerdrückten Plüschmantel wie eine Königin da, der das Volk huldigt.

Sie war ganz los von sich selbst und der Welt und der Fremde hingegeben. Vielleicht war sie deshalb so glücklich, weil sie in andern lebte und an sich nicht dachte.

Als es scheiden hieß, tat sie es mit tränenden Augen. Die alte Brigida umarmte sie und vergoß mit ihr Tränen. Herr Clerici küßte sie zart auf die runzeligen Wangen, worüber das Altchen jugendlich errötete. Er legte ihr einen großen Rosenstrauß in den Arm, und sie winkte vom Schiff noch lange mit ihrem Tüchlein den Menschen zu, die am Strande standen und dem entgleitenden Schiff nachschauten.

Als sie in der Eisenbahn saßen, wandte sich ihre jugendliche Seele nach vorwärts. Ob der Buchenwald in Jugenheim schon grün war? Ob im Steingärtchen die Saxifragen blühten? Ob sie sich im Lesekränzchen auf ihre Rückkunft freuten?

Wie ihre Schrift in großen Buchstaben schräg aufwärts stürmte, so war auch ihre Natur der Zukunft zugewandt, und wenn die Zeit trübe und bedenklich aussah, so sagte sie munter: «Die Gegenwart läßt sich nur durch die Zukunft besiegen, nicht durch die Vergangenheit. Wir müssen immer nach vorwärts durchbrechen.»

Es war gerade, als hätte diese Italienreise der alten Frau neue Jugend gegeben. Wohl fing das Alter an, mit kleinen Beschwerden lästig zu werden, aber ihr Geist war so frisch, nahm an allem so stürmisch teil, daß jeder vergaß, daß er es mit einer Greisin zu tun hatte.

Kleine Bequemlichkeiten ließ sie sich allmählich gefallen: sie frühstückte im Bett, sie aß nicht mehr alles mit, sie zog sich aus den Arbeiten in der Küche zurück.

Aber sie las viel und flickte Wäsche, strickte Strümpfe und genoß das Radio, mit dem Helene sie überrascht hatte.

In diesem Sommer feierte sie ihren achtzigsten Geburtstag. Es sollte ein festlicher Ehrentag werden. Heimlich lud Helene alle Enkel und Urenkel ein, die reisefähig waren. Auch die alten Freundinnen kamen: das Berthelchen, schwerhörig und mit gekrümmtem Rücken, aber auch sie jung an Geist und im Genuß des Schönen, das sich ihren alten Maleraugen bot. Pauline, aufrecht und vornehm, mit gütigem Mund, die blindgewordene Emilie, von ihrer Tochter geleitet. Sie kamen von Karlsruhe und Essen, von Darmstadt und Kassel, und das Blaue Haus und seine Nachbarn wimmelten von großen und kleinen Gästen.

Erika war ihrer Familie schon vorausgeeilt. Tagelang lag sie auf dem Bauch und malte auf dem Boden die Bilder zu einer Moritat. Und was von Kindern schon anwesend war, lag um sie herum und schaute zu, während Helene Texte dichtete und Gesang probte.

Es gab eine lange Bilderrolle, in der Urchens Leben vom Kindergebet, Fall in den Bach, über die Afrikareisende im weißen Kleid mit den staunenden Wilden, zur Großmutter mit dem ersten Enkelkind geschildert wurde, bis zur Urgroßmutter und Ahnfrau.

Italien mit den Italienern war nicht vergessen: Clerici küßte ihr auf dem Bild feurig die Hand, und ein verwegener Zollwächter machte dem alten Frauchen im Kapotthut rollende Äuglein.

Zuletzt kam die Apotheose. «Aprikose», sagte Katja, die sich nichts darunter vorstellen konnte. Da sah man Urchen, die wie eine Urmutter den weiten Mantel schützend gebreitet hatte, und in seinen Schutz drängte sich eine bunte Schar Kinder, große und kleine, selbst Helene fand noch ein Zipfelchen, mit dem sie vor den Lebensstürmen und Gefahren gedeckt wurde.

Es wurde nach der Melodie des Deutschlandlieds gesungen und endete mit den Worten:

«Kinder, Enkel und Urenkel
spüren deiner Liebe Strahl —
blüh im Glanze dieses Glückes,
blühe, Urchen, allzumal!»

Der 28. Juli kam, ein strahlender Sonnentag. Vor Urchens Schlafzimmer versammelten sich die Hausgenossen und sangen den Choral: «Lobe den Herren, den mächtigen König der Ehren! Lob ihn, o Seele, vereint mit den himmlischen Chören!»

Urchen lag im Bett; ein weißes Nachthäubchen deckte das dünne, weißgelockte Haar; zum offenen Fenster herein wehte frische Waldluft und Vogelgezwitscher. Sie war sehr gerührt und ließ die Tränen über die runzeligen Wangen laufen.

«Der wie auf Flügeln des Adlers dich sicher geführet», sangen sie draußen.

«Ja, ja», schluchzte die alte Frau und faltete die Hände.

«Er ist dein Licht, Seele, vergiß es nur nicht!
Lob ihn in Ewigkeit! Amen.»

Dann tat sich leise die Türe auf, die Sänger traten zur Kußprozession an, wie Walter scherzend bemerkte. Die Kinder hatten Blumen in den Händen, sie reckten sich auf den Zehen; schweigend zogen alle vorüber, um die andächtige Stimmung nicht zu stören, und zuletzt erschien das Mädchen mit dem Frühstückstablett, auf dem leckerer Rosinenkuchen neben der Kaffeetasse lag.

«Kriegen wir auch?» fragte Micha lüstern.

«So viel bis ihr platzt», antwortete das Enne verheißungsvoll.

«Ich will aber nicht platzen», sagte Marjo.

«Dann darfst du halt nicht so viel Kuchen essen», warnte die Mutter und zog die festlich geschmückten Kinder aus dem engen Schlafzimmer.

Im Jugenheimer Wurschtblättchen hatte ein Freund des Hauses das Urchen zum achtzigsten Geburtstag begrüßt. Das war nach dem Morgengesang die nächste

Geburtstagsfreude. Und dann riß die Freudenkette den ganzen Tag nicht mehr ab. Es folgte die unerwartete Ankunft der Karlsruher Urenkel, die auf Rädern kamen und in Heidelberg übernachtet hatten, die Aufführung der Moritat, wobei alle Enkel und Urenkel im Chor sangen nach der Melodie bekannter Volkslieder.

Gratulanten erschienen mit Geschenken der Konditorbranche, acht Torten, die von den Urenkeln lüstern und mit Jubelgeschrei begrüßt wurden. Dann kam die Post mit einer Ladung Briefe und Päckchen. Ulrike durfte dem Postboten ein Stück Torte und ein Glas Wein bringen, was sie sehr niedlich machte und wichtig nahm. Der Gärtner erschien mit einem Karren voll Blumenstöcke. Ein früheres Mädchen kam mit einer Schale Eier; die Nachbarn schickten handfeste Bauernsträuße, Mirabellen, frühe Pfirsiche.

Man aß im festlich geschmückten Gasthaus zu Mittag, und dann wurde Urchen zu einem Schläfchen mit Gewalt ins Bett verpackt.

Um vier Uhr erschienen die Darmstädter Freundinnen und Verwandten. Die Kuchen und Torten schmolzen dahin, die Urenkel leisteten Tüchtiges. In der Küche wurden zum Abendbrot leckere Brötchen gestrichen, eine Pfirsichbowle gebraut. In allen Zimmern, auf allen Veranden hatten sich Gästegruppen zusammengefunden, und aus dem Geschwirr der Stimmen tönte hell das Lachen der Achtzigjährigen. Bis es dann dunkel wurde und die Auswärtigen abreisten.

Ein wenig abgekämpft saßen die Hausgenossen unter den Trümmern des Festes, da tönten Posaunenklänge durch die Nacht. Sie spitzten die Ohren. Alexander bot Urchen den Arm und führte sie feierlich in den Garten. Dort hingen plötzlich, von den Buben aufgehängt, an allen Sträuchern und Bäumen bunte

Papierlaternen, und der Posaunenchor von Jugenheim blies auf seinen funkelnden Instrumenten Dankchoräle und Jubelpsalmen.

Da erschien Helene mit einer geretteten Torte und einer Neuauflage der Bowle; man setzte sich an den Gartentisch und bewirtete die späten Gäste. Mütter schafften widerstrebende Kinder ins Bett; Väter boten Zigarren herum, und Urchen saß im neuen Lehnstuhl, redete huldreich mit den Bläsern «aus dem Volk», schöpfte mit zitternder Hand Bowle in benachbarte Gläser und fühlte die Wonne ihres Ehrentages dankbar bis in die Fingerspitzen.

* * *

Einige Tage dauerte es, bis das alte Frauchen sich von den Strapazen ihres Geburtstages erholt hatte, bis alle Briefe gelesen, die Kuchenreste gegessen waren, das Obst und die Leckereien. Treulich halfen die Urenkel dabei, und Urchen schwelgte in der Freude des Schenkens. Süßer Nachklang des Festes!

Der Sommer war in diesem Jahr herrlich und ungetrübt. Noch nie hatten die Phloxbüsche so ungekränkt geblüht; weder Engerlinge nagten an ihren Wurzeln, noch Regengüsse zerstörten ihre Blüten. Wenn abends die Kinder im Bett lagen, saßen die Erwachsenen noch lange auf der großen Veranda und genossen die milde Abendkühle. Urchen wickelte sich in den neuen Schal, den Helene ihr gearbeitet hatte, und ließ sich eine Decke über die Knie breiten. Die Männer rauchten, politisierten und philosophierten und nippten an einem spritzigen Moselwein; die Frauen strickten und häkelten, hörten den Männern zu und warfen kluge und mäßigende Reden in die Dispute. Am westlichen Himmel über dem Rhein stand eine Wolkenwand, aus der es wetterleuchtete.

«Achtung vor dem Menschentum des andern sollte alle Gegensätze in einem Volk überbrücken können», sagte Urchen friedlich.

«Nur die geistigen», widersprach Walter. «Du unterschätzest da die Macht des Materiellen.»

«Die geistigen und materiellen Strömungen verbinden sich untereinander und unterbauen sich, den meisten Menschen unbewußt, den Mächtigen bewußt und oft von ihnen ausgenützt.»

«Pfui!» sagte Urchen temperamentvoll.

Die Männer lächelten weise und überlegen.

«Es ist schwer, sich heute zurechtzufinden», sagte Helene ernst. «Was ist recht? Was unrecht? Was nützt unserm Volk? Was schadet ihm? Ich weiß nicht, was Gott von uns will, ich weiß nur, was er von *mir* will. Mehr brauche ich nicht.»

«Das genügt auch», pflichtete Erika bei. «Und selbst das ist nicht immer leicht zu erfüllen!»

«Ja, Urchen», sagte Walter neidvoll, «dich ficht die neue Zeit nicht mehr an.»

«Meine Devise ist: Tue recht und scheue niemand! Damit gedenke ich in allen Zeiten durchzukommen», sagte die alte Frau heiter.

Im Westen murrte ein ferner Donner. Eine riesige Hornisse, von der Lampe gelockt, flog in den Lichtkreis.

«Achtung!» schrie Helene und sprang ins Zimmer und brachte alte Radiozeitungen hervor und verteilte sie als Waffen. Urchen hatte ihre Decke abgeschüttelt und stellte sich kriegerisch zum Kampf. Die Männer sprangen auf. «Die sind gefährlich», warnte Erika.

Da hatte Urchen das Tier auch schon erwischt und

setzte ihren Fuß darauf. Es knackte. Triumphierend blickte sie sich um. «Siegfried tötet den Drachen», neckte Alexander.

Da kam eine zweite, eine dritte. Nun wurde es ernst mit der Schlacht, denn die Hornissen waren Krieger und griffen an.

Schlag folgte auf Schlag. Die Männer gerieten in Kampfstimmung.

«Tigerjagd in den Dschungeln», sagte Helene und beschlich die zehnte, die an der Wand saß.

Es brummte wütend. Drei auf einmal schlugen gegen das Milchglas der Lampe.

«Geh ins Zimmer, Urchen», bat Helene. «Du weißt, drei Hornissen können ein Pferd töten. Für ein altes Frauchen genügt schon eine.»

«Ich bin doch keine alte Frau und auch kein Feigling», entgegnete Urchen empört und tötete die fünfzehnte. Sie stand da, hocherhoben die papierne Waffe, mit funkelnden Augen. «Wespen töte ich mit den bloßen Händen, aber diese Biester haben eine zu robuste Leiblichkeit», entschuldigte sie sich.

«O Urchen», sagte Helene bewundernd, «wie gut paßt du doch in diese kämpferische Zeit!»

«Ich habe in alle Zeiten gepaßt. Es gibt immer, nicht nur heute, zu kämpfen.»

«Und zu lieben», ergänzte Helene und sah die alte Mutter warm an.

«Das habe ich auch nicht unterlassen», antwortete das Urchen leise. «Mütter tragen immer ihre Kinder unter dem Herzen, auch wenn diese schon erwachsen sind.»

«Siebenundzwanzig», zählte Walter die Leichen des Schlachtfelds.

Es wurde wieder friedlich auf der Veranda. Vom

nahen Wald schrie ein Käuzchen, der Himmel war überflammt. Vom Melibokusturm her warf der Scheinwerfer zuckende Lichter über den nächtlichen Garten.

«Ich bin müde», sagte das Urchen mit kleiner Stimme und gähnte.

Da gingen alle ins Haus, und es ward dunkel und stille.

* * *

Die Zeit kam, da das Alter Elisabeth bedrückte. Sie hörte nicht mehr so scharf wie früher; ihre Beine wurden schwach, so daß sie nicht mehr ausging und nur im Garten zwischen den Blumen wandelte, wo überall Bänke zum Ruhen standen. «Besser, das Alter fängt in den Beinen an als im Kopf», tröstete Helene.

Der Lesekranz kam nun immer ins Blaue Haus, ging nicht mehr reihum. Aber an den Büchern, die man las, nahm sie brennenden Anteil. Meist waren es Biographien oder Geschichtliches, auch einmal ein Buch von Ernst Wiechert oder Carossa. Auch die Zeitung las sie jeden Tag bis hinten zu den Todesanzeigen und Annoncen.

«Das Leben wird ein bissel langweilig, wenn man alt ist», sagte sie ausgangs des Winters. «Abwärts fließen die Ströme ins Meer.»

«Oh», tröstete Helene, «jetzt gibt es doch aufregende Geschehnisse: die Schneeglöckchen blühen, die Veilchen haben Knospen, die Erika im Steingärtchen färbt sich dunkelrot, und die Leberblümchen und das Wintergrün blühen.»

«Unten im Dorf blühen auch schon die Mandeln», ergänzte Erika, die über Ostern gekommen war, «alle Vögel sind schon da, und unsere Pfirsichbäume haben schon rosa Knospen.»

«Ja schon», sagte Urchen gedehnt. «Aber ich habe das Stricken satt, es macht mich müde; die Änni kocht so gut, sie braucht weder meinen Rat noch meine Hilfe; die Urenkel werden alle schon groß und sehen barmherzig auf das alte Mütterchen herab. Ich beschwere meine Umgebung und bin nicht mehr wer. Überflüssig wie ein Kropf . . .»

«Ein poetischer Vergleich», schaltete Erika ein. «Mir scheint, unsre jungen Burschen färben auf dich ab.»

Urchen suchte in der Tasche. «Ich habe neulich ein Gedicht geschickt bekommen von meinem Pfarrersenkel. Ich hätte es gern auswendig gelernt, aber mein alter Kopf will nicht mehr. Nun schreib ich's immer wieder ab, um mir's einzuprägen.» Sie entfaltete ein Blatt.

«Willst du's uns vorlesen?» fragte Helene.

Urchen forschte nach ihrer Brille und merkte nicht, daß sie sie aufhatte.

«Die Brille hast du auf», sagte die Tochter.

«Siehst du, so wird man!» entgegnete Urchen, und ihre Stimme klang vorwurfsvoll.

«So werden wir alle einmal, Urchen», sagte Erika tröstend.

Die alte Frau las mit zitternder Stimme, denn sie fühlte, daß sie ihr Innerstes entblößte:

«Die größte Kunst.

Was ist die größte Kunst auf Erden?
Mit frohem Herzen alt zu werden,
zu ruhen, wo man schaffen möchte,
zu schweigen, wo man ist im Rechte.
Zu hoffen, wo man am Verzagen,
gehorsam still sein Kreuz zu tragen

und neidlos andere zu sehn,
die rüstig Gottes Wege gehn.
Die Hände in den Schoß zu legen
und sich in Ruhe lassen pflegen,
und wo man sonst gern hilfreich war,
sich nun in Demut machen klar,
daß uns die Schwachheit überkommen,
wir nichts mehr sind zu andrer Frommen.
Und dabei still und freundlich doch
zu gehn im gottgesandten Joch.
Was kann uns diesen Frieden geben?
Wenn wir des festen Glaubens leben,
daß solche Last, von Gott gesandt,
uns bilden soll fürs Heimatland.
Ein letzter Schliff fürs alte Herz,
zu lösen uns von allem Schmerz
und von den Banden dieser Welt,
die uns so fest umfangen hält.
Die Kunst lernt keiner völlig aus.
Drum gibt's noch manchen harten Strauß
in alten Tagen durchzukämpfen,
bis wir des Herzens Unruh dämpfen
und willig uns ergeben drein,
in stiller Demut *nichts* zu sein.
Dann hat uns Gott nach Gnadenart
die beste Arbeit aufgespart.
Kannst du nicht regen mehr die Hände,
kannst du sie falten ohne Ende,
herabziehn lauter Himmelssegen
auf all die Deinen allerwegen.
Und ist *die* Arbeit auch getan,
und naht die letzte Stund' heran,
von oben eine Stimme spricht:
Komm, du bist mein, ich laß dich nicht.» — —

Urchen nahm die Brille ab und wischte sich eine Träne aus dem Auge. Die beiden andern schwiegen. Auf dem Tannenbaum vor der Veranda begann eine Amsel ihr Jubellied. Die drei Frauen lauschten.

«Ich ginge gern noch manchmal in die Kirche», äußerte die alte Frau, «aber ich kann den Berg nicht mehr steigen und fürchte mich vor den vielen Menschen; sie bedrücken mich.»

«Wir gehen fast jeden Sonntag in die Kirche», sagte Erika, «aber die größern Kinder haben Hemmungen. Die Schulkameraden spotten darüber.»

«Wißt ihr, was mir jetzt so auffallend ist», sagte Helene, «und zwar angenehm auffallend: daß die Kirche so gar keine Reklame für das macht, was sie in Jahrtausenden als einzige geleistet hat. Es ist ihr und uns selbstverständlich, daß sie Gutes tat, die Armen speiste, die Kranken pflegte, Gefangene besuchte, Nackende kleidete.»

Da trat Ulrike herein, Erikas fünfzehnjährige Tochter. Sie sah blühend und frisch wie ein Maimorgen aus und setzte sich auf Urchens Sessellehne. Die krachte vor Alter.

«Da wären ja die vier Generationen beieinander», sagte das Mädchen vergnügt. «Die älteste liest vor, die mittlern arbeiten, und die jüngste faulenzt.»

Urchen lachte; die Kleine hatte sie ihren trüben Gedanken entrissen. «Was machen denn die übrigen Glieder deiner Generation?»

«Die spielen Pingpong.»

«Und du, warum tust du nicht mit?»

«Ich hab mich mit dem Silvester gezankt.»

«Wegen was denn?»

«Ach, wegen einem Dreck!» Ihr Gewissen schien nicht ganz rein.

«Hört mal», sagte Erika, «ich will euch einmal eine Frage vorlegen, ich habe neulich mit Freunden davon gesprochen. Was möchtet ihr am liebsten sein: Quelle, Fluß, Strom oder Mündung?»

«Die Mündung», sagte Helene ohne Besinnen, «aber ich muß noch Strom sein und dienen.»

«So müde, Mütterchen?» fragte Erika.

«Nur manchmal. Und du?»

«Meine Liebe gehört der Quelle; aber auch ich muß Strom sein und ersehne die Mündung.»

«Ich möchte noch Strom sein, aber ich bin daran, im Meer zu münden, ob ich will oder nicht», sagte Urchen mit blitzenden Augen.

«Und ich», sagte Ule, «bin ja wohl noch Quelle, aber ich sehne mich stürmisch darnach, Fluß zu sein.»

«Komisch», meinte Helene, «jeder will etwas anderes sein als er ist.»

«Wir ersehnen von der Zukunft das Heil, das die Gegenwart nicht bietet», meinte Erika bedenklich. «Nur Urchen nicht, das wendet sich zurück.»

«Ja», sagte die alte Frau lebhaft, «Ruhe habe ich genug gehabt, ich ersehne wieder Schaffen und Tätigsein. Hoffentlich verwendet mich der liebe Gott einmal als Schutzengel für Urenkel und deren Kinder.»

«Die starken Flügel hast du in diesem Leben schon gehabt», sagte die Tochter herzlich. «Aber ich hoffe, du erlebst noch Ururenkel.»

«Das muß die Ulla machen, die ist älter als ich», wehrte Ulrike schnell ab.

«An dich hat kein Mensch gedacht», verwies die Mutter spöttisch.

Ule stand krachend von der Sessellehne auf. «Die vierte Generation empfiehlt sich und zieht Pingpong allen weisen Reden vor.»

Die Frauen lächelten hinter ihr drein.

«Noch etwas stachelig, die süße Knospe», sagte das Enne.

«Die wird sehr goldig», verhieß die Urgroßmutter. «Ich wünschte . . .» Sie sagte nicht, was sie wünschte.

«Urchen wolkt», neckte Erika. «Immer noch, wie einst in unsern Jugendtagen, träumt sie das Glück der Ihren mit.»

Die Amsel sang unentwegt, aus dem Garten tönte das Pingpong der aufschlagenden Bälle.

«Selige Jugend», sagte Urchen und seufzte tief auf.

* * *

Und wieder war ein Jahr vergangen, und es ward Frühling. Elisabeth hatte ihren vierundachtzigsten Geburtstag im Sommer gefeiert, und da Helene in diesem Winter viel an Husten litt und auch das Herz nicht recht wollte, hatte die Familie beschlossen, sie müsse nach Cannero und sich erholen und ein Buch schreiben, das in der Jugenheimer Unruhe nicht recht gedeihen wollte.

Tilly, Urchens Schwiegertochter, die Witwe Hermanns, nahm die alte Frau so lange zu sich und versprach, sie treu zu pflegen. Da lebte Elisabeth im Nachbarhaus, hatte ein hübsches, warmes Zimmerchen und ward täglich von ihren und der Tochter Freundinnen besucht. Sie war viel müde, ohne krank zu sein. Die Lust am Essen ließ nach; sie lag viel, und eines Tages sagte sie zu Tilly: «Jetzt wünsche ich mir noch eins: meine Helene sollte kommen, und ich würde noch vierzehn Tage mit ihr zusammen sein und dann einschlafen. Ich bin müde und lebenssatt.»

Das schrieb Tilly an die Schwägerin. Da packte Helene ihren Koffer, und vierundzwanzig Stunden später stand sie im Zimmer der Mutter, die die Tochter mit einem jugendlichen Freudenschrei begrüßte.

Sie wollte gleich mit hinüber ins Blaue Haus. Man trug sie auf einem Sessel. Wie war sie leicht geworden! Drüben wurde sie auf die helle Veranda gebettet, während man ihr Bett rüstete.

«Wie schön, wie schön», sagte sie und blickte verklärt in den roten Abendhimmel und hielt die Hand der Tochter umklammert.

«Du siehst schlecht aus», sagte sie plötzlich besorgt.

Die Tochter wich aus.

«Bist du krank gewesen?»

«Nur ein Magengeschwür», sagte Helene leichthin, «es geht mir auch schon etwas besser.»

«Gar nichts hast du mir geschrieben davon», sagte Urchen vorwurfsvoll.

«Dann hättest du dich nur geängstigt und Angst vor Krebs bekommen.»

«Wie lieb, daß du doch gekommen bist!» Sie streichelte zärtlich über die Hand der Tochter und sagte leise: «Wenn es nur schon überstanden wäre.» — —

Vierzehn Tage hatte sie gewünscht noch mit der Tochter zusammen zu sein. Der Wunsch wurde ihr erfüllt. Sie war ohne Schmerzen, nur schwach. Sie schlief viel, nippte an den zarten Leckereien, die die Freunde brachten, an den süßen Weinen, die Helene ihr hinhielt. Der Arzt kam. «Altersschwäche», sagte er achselzuckend. «Sie wird nicht leiden.»

Blumen standen an ihrem Bett, über die sie sich freute. Dann kam der 15. Mai. Es war frühe am Morgen, als Helene zu ihr hereintrat. Auch das Mädchen erschien und brachte warme Milch. «Setzen Sie mich einmal auf, Änni», sagte das Urchen und hatte blitzende Äuglein. Ein Kissen stützte sie im Rücken. Das

Fenster war offen, sie schaute hinaus. Vögel sangen, die Apfelbäume blühten rosa aus dem jungen Grün heraus, eine Biene flog geschäftig herein, summte ein wenig um die Blumen und flog wieder hinaus. Ein Kuckuck rief aus dem nahen Walde.

«Wie gut hab ich es doch in meinem Leben gehabt», sagte die alte Frau dankbar. «Und daß ich hier bei meinem Kind sein darf — schon viele Jahre und jetzt so treu gepflegt werde — wie gut habe ich's.»

Sie sprach's, schloß die Augen und sank mit einem Seufzer in die Kissen zurück und war tot.

«Was für ein schöner Tod!» sagte Änni, während die Tochter still vor sich hinweinte.

* * *

Und dann kamen sie alle noch einmal vom Norden und vom Süden, um die Ahnmutter des Hauses zur letzten Ruhe zu geleiten. So schön sah sie aus im blumenbedeckten Sarg. Die feinen Züge nun geglättet und ohne Runzeln, um den Mund ein leises Lächeln, die weißen Haare von schwarzen Spitzen umrahmt wie im Leben, in den Händen einen Maiblumenstrauß aus dem Garten, der alles mit seinem Duft erfüllte.

Scheu traten die Urenkel zu ihr hin, legten Blumen in ihren Schoß, sahen das liebe Gesicht in fremder Hoheit; die Kleinsten fingen an zu weinen.

Helene war nicht allein, alle ihre Kinder waren zu ihr geeilt. Hermann, der Sohn des Bruders, erledigte alle Formalitäten für sie. Besuche kamen und gingen, eine Weihe lag über den stillen Stuben.

«Was ist denn mit Urchens Vögelchen?» fragte der kleine Erdmann erschrocken. Das gelbe Federbällchen saß am Boden des Käfigs und sperrte schweratmend sein Schnäbelchen auf. Das Futternäpfchen war gefüllt, Wasser war da.

«Das Urle nimmt es mit», sagte Silvester geheimnisvoll. Da neigte es auch schon sein Köpfchen und fiel auf den Rücken.

«Wir begraben es im Garten.» Und still zogen die Kinder hinunter.

Am Nachmittag war die Beerdigung. Kaum konnte das Haus die Zahl der Trauergäste fassen. Als der Pfarrer die Einsegnung am Sarg vollendet hatte, traten alle Enkel und Urenkel zusammen und sangen dreistimmig:

«Wenn ich einmal soll scheiden,
So scheide nicht von mir.»

Auch die Kleinsten sangen mit. Durch die offene Verandatüre drang das Geläute der Kirchenglocken. Dann setzte sich der Zug in Bewegung durch den blühenden Garten, und es war wie ein Festzug, der den Ausgang eines reichen Lebens beschloß. Die Sonne ging mit und der Frühling, das junge Leben der Kinder und das alte der Gefährtinnen, und ein Weiblein aus dem Armenhaus sagte zu einer anderen, die mithinkte: «Das war eine gute Frau.»